utb 6043

utb.

AF706195

Eine Arbeitsgemeinschaft der Verlage

Brill | Schöningh – Fink · Paderborn
Brill | Vandenhoeck & Ruprecht · Göttingen – Böhlau Verlag · Wien · Köln
Verlag Barbara Budrich · Opladen · Toronto
facultas · Wien
Haupt Verlag · Bern
Verlag Julius Klinkhardt · Bad Heilbrunn
Mohr Siebeck · Tübingen
Narr Francke Attempto Verlag – expert verlag · Tübingen
Psychiatrie Verlag · Köln
Ernst Reinhardt Verlag · München
transcript Verlag · Bielefeld
Verlag Eugen Ulmer · Stuttgart
UVK Verlag · München
Waxmann · Münster · New York
wbv Publikation · Bielefeld
Wochenschau Verlag · Frankfurt am Main

Urban Fraefel

Erfolgreichen Unterricht planen

Pragmatisch, praktisch, professionell

Waxmann
Münster • New York

Online-Angebote oder elektronische Ausgaben sind erhältlich
unter www.utb.de

Bibliografische Informationen der Deutschen Nationalbibliothek
Die Deutsche Nationalbibliothek verzeichnet diese Publikation in der Deutschen Nationalbibliografie; detaillierte bibliografische Daten sind im Internet über http://dnb.dnb.de abrufbar.

utb 6043
ISBN 978-3-8252-6043-9
e-ISBN 978-3-8385-6043-4

© Waxmann Verlag GmbH, 2023
www.waxmann.com
info@waxmann.com

Umschlaggestaltung: Agentur Siegel, Stuttgart
Umschlagfoto: © 2017 Excellent backgrounds/Shutterstock.
Satz: MTS Layout, Münster
Druck: Plump Druck & Medien, Rheinbreitbach

MIX
Papier | Fördert gute Waldnutzung
FSC® C104521

Gedruckt auf alterungsbeständigem Papier,
säurefrei gemäß ISO 9706

Printed in Germany

Alle Rechte vorbehalten. Nachdruck, auch auszugsweise, verboten. Kein Teil dieses Werkes darf ohne schriftliche Genehmigung des Verlages in irgendeiner Form reproduziert oder unter Verwendung elektronischer Systeme verarbeitet, vervielfältigt oder verbreitet werden.

Inhalt

Einleitung

Planen ist eine durchaus rationale Tätigkeit. Wer plant, egal in welchem Metier, weiß, wozu der Plan dienen soll, und meist auch, wo die Grenzen der Planbarkeit liegen. Wer etwas möglichst erfolgreich oder schnell erreichen will, plant.

Auch im Lehrberuf, so denkt man, dient das Planen vor allem einem Zweck: im Unterricht junge Menschen zu bilden. Für viele, die schon einige Jahre erfolgreich unterrichten, ist Planen genau das. Ihre Pläne sind fokussiert, zweckmäßig, prägnant, aber auch geschmeidig, flexibel, entwicklungsfähig.

Doch wer schon miterlebt hat, mit welcher Akribie in der Lehrer:innenbildung bisweilen für 45 Minuten Unterricht analysiert, vorbereitet und durchgeplant wird, ist versucht, von einer Planungsverbissenheit zu sprechen, die das Ziel, die jungen Menschen im Klassenzimmer zu bilden, aus den Augen verloren hat. Für viele Studierende und manche berufstätige Lehrpersonen ist Planen zu einem Problem geworden, statt Probleme zu lösen.

Lehrpersonen verabschieden sich in großer Zahl von den Planungsverfahren und Empfehlungen, die ihnen von Seiten der Lehrer:innenbildung nahelegt wurden, weil sie im beruflichen Alltag schlicht nicht praktikabel sind. Wenn die Lehrpersonen als Fachleute für Lehren und Lernen sich nach Abschluss der Ausbildung eigene Planungsroutinen zurechtlegen müssen, ist vermutlich etwas schiefgelaufen.

Das liegt wohl nicht am weitgefächerten und systematisierten Expert:innenwissen über Planungs- und Unterrichtsprozesse, ungeachtet der Kontexte, in denen es theoretisiert und erforscht wurde. Wer sich aus akademischem Interesse mit Unterrichtsplanung befassen will, findet reichhaltige Literatur, zunehmend elaborierte Konzepte und Modelle und immer häufiger auch erhellende Forschungsbefunde. Das kann mit Gewinn zur Kenntnis genommen, diskutiert und weiterentwickelt werden.

Das Problem scheint auf einer anderen Ebene zu liegen und ist vielleicht bloß ein verbreitetes Missverständnis. Das wissenschaftliche und konzeptuelle Wissen über Planung ist nicht mit dem Gedanken der praktischen Nutzbarkeit aufgebaut worden. Deshalb eignet es sich fast nie als Heuristik für reale Planungsprozesse. Gleichwohl, aus welchen Gründen auch immer, werden strukturelle Analysen und Konzeptualisierungen von Unterricht, vorzugsweise der Allgemeinen Didaktik, als Verfahrenslogik für die Planung für den Unterricht interpretiert. Das kann nicht gut gehen, und es geht in der Tat nicht gut. Wiederholt ist darauf hingewiesen worden, dass Lehrpersonen nicht linear planen und keine Kästchen eines Planungsschemas abarbeiten, sondern pragmatischer vorgehen, indem sie von konkreten Herausforderungen ausgehen: Was tue ich? Was tun die Schüler:innen? Planungsempfehlungen müssten zuerst auf diese Fragen mit plausiblen und leistbaren Leitlinien antworten.

Dies allein ist indessen zu wenig. Bloß zu planen, was zu tun ist, greift zu kurz, weil das Unterfangen „Unterricht“ nur dann Sinn macht, wenn es Bedeutsames thematisiert und zu Resultaten führt (im weiteren Sinn, nicht nur in Form von Leistungstestergebnissen). Das Möglichste zu tun, damit die Schüler:innen relevante Ziele erreichen, gehört gewiss zum Kernauftrag und Selbstverständnis der meisten Lehrpersonen. Hier offenbart sich ein weiterer Schwachpunkt mancher Planungskonzepte: Erfolg als realer und messbarer Fortschritt der Schüler:innen ist eine höchst marginale Kategorie gerade auch in allgemeindidaktischen Werken.

Wenn im Unterrichtskontext von Erfolg die Rede ist, ist oft eine Ambivalenz festzustellen, weil das Wort einerseits mit reiner Leistungsorientierung und Konkurrenz assoziiert wird und andererseits alle wissen, wie wichtig Erfolgserlebnisse sind. Hier wird Erfolg durchaus positiv als das Erreichen von Zielen und das Vollenden von Werken verstanden: Erfolg stellt sich ein, wenn Schüler:innen in einem Sachgebiet Fortschritte machen, wenn sie etwas tiefer verstehen, wenn ein Pass beim Mitspieler ankommt, wenn ein kreativer Schreibprozess zu einem überzeugenden Text führt, wenn sie in gemeinsamer Anstrengung ein Projekt zu einem guten Ende führen, und selbstverständlich auch, wenn sie in Tests gute Leistungen erbringen können.

Zwei *Intentionen* sind leitend:

- *Praktikabilität für Lehrpersonen* ist das erste Gebot, wenn auch nicht ein hinreichendes. Planungsverfahren, die nicht als zweckmäßig und unterstützend erlebt werden, interessieren Lehrpersonen nicht, so durchdacht und elaboriert sie auch sein mögen. „Angehende wie amtierende Lehrkräfte sind … aufgrund der Anforderungen ihrer Praxis Utilitaristen. Sie gehen vom Nutzen für ihren Unterricht aus und erwarten eine Ausbildung, die diesem Test standhält“ (Oelkers, 2017, S. 7).
- *Fortschritte der Schüler:innen*, und zwar der realen Schüler:innen in dieser Klasse, sind fraglos eine Hauptfunktion von Schule und Unterricht, und damit auch der Planung. Auf ziemlich abstrakter Ebene können alle zustimmen; minutiös vorbereiteter und methodisch ausgefeilter Unterricht mag die Wahrscheinlichkeit erhöhen, dass am Ende ein Lernertrag resultiert, aber die Arbeit mit Kindern und Jugendlichen ist unmittelbarer und konkreter. Wie ist Unterricht so zu planen, dass Fortschritte gelingen, dass Schüler:innen sich nicht ausklinken, dass das Interesse am Lernen erhalten bleibt? Kurz: Es geht also um den Vorrang der Bildungswirkungen.

Der Anspruch, eine schlanke und effiziente Planungsheuristik zu skizzieren, ist zugleich eine Absage an aufwendige Formalismen und das „Over-Planning“ in der Lehrer:innenbildung. Lehrpersonen lernen das Planen nicht im Abarbeiten von Checklisten und Ausfüllen von Kästchen. Vielmehr sind die wichtigen Planungsdimensionen so zu *verinnerlichen*, dass sie auch in der Berufstätigkeit Anwendung finden.

Verschlankung bedeutet hier nicht Simplifizierung, sondern Verwesentlichung, Entschlackung von redundanten Formalitäten, Fokussierung auf das, was Fortschritte begünstigt und Hindernisse abbaut. Wie zu zeigen sein wird, sind zwei zentrale Werkzeuge einer solcherart pragmatischen Planung das *Denken vom Ende her*, d.h. von dem, was resultieren sollte, sowie die *herausragende Stellung von Aufgaben* in der Vorbereitung, im Unterricht und in der Evaluation.

Das Buch richtet sich an alle angehenden und berufstätigen Lehrpersonen, an Betreuungspersonen von Praktika und Berufseinführungsphasen sowie an Expert:innen der Lehrer:innenbildung.

Das Buch soll den Leser:innen praktikable und erfolgversprechende Strategien des Planens zeigen, die theoretisch begründet sind und auch verfügbares konzeptuelles und empirisches Wissen hinzuziehen. Der Fokus liegt auf der Darlegung, Begründung und Diskussion von pragmatischen und erfolgversprechenden und praktikablen Planungsstrategien.

Hingegen ist es nicht das vorrangige Ziel, Theorie-, Konzept- und Forschungswissen zur Unterrichtsplanung im Allgemeinen zu mehren. Wer sich über den Wissensstand zur Unterrichtsplanung kundig machen will, wird ohne Schwierigkeiten Literatur finden. Verweise auf das Literaturverzeichnis ermöglichen vertiefendes Nachlesen.

Zur Struktur des Buchs: Im Text sind zahlreiche Boxen eingestreut, die auf zusätzliche Informationen und Erklärungen verweisen, ein Beispiel geben oder zu einer Aktivität anregen. Umfangreichere Beispiele sowie Vertiefungen finden sich im Anhang.

1 Was heißt „Erfolgreichen Unterricht planen"?
Die Strategie in Kürze

1.1 Das Problem: die Planung als Bürde

Es ist eine der erstaunlichsten Tatsachen im Lehrberuf: Sobald Lehrpersonen in den Beruf eintreten, spielen die Planungsvorgaben, an die sie sich in der Ausbildung hatten halten müssen, kaum mehr eine Rolle. In der Lehrer:innenbildung gehören elaborierte Analysen und die Übertragung von fachlichem, didaktischem und pädagogischem Wissen mittels Planung in die Praxis zu den zentralen Anforderungen – aufwendig für Studierende mit wenig Erfahrung und erst recht übermäßig zeitintensiv für erfahrene Lehrpersonen.

So ist es nicht verwunderlich, dass sich Lehrpersonen in der täglichen Arbeit von den idealtypischen Vorlagen der Hochschule weitgehend verabschieden und sich eine Art von Subkultur der zweckmäßigen, arbeitsökonomischen und praxisorientierten Planung entwickelt. Es scheint, als verweigere der Berufsstand der Lehrpersonen den eigenen Fachleuten bei den Vorgaben zur Unterrichtsplanung weitgehend die Gefolgschaft. Es gibt in der Profession offensichtlich keinen Konsens darüber, was gute Planung ausmacht.

Nun ist Planen kaum etwas, das Lehrpersonen per se mit Freude erfüllt, allenfalls noch mit Vorfreude auf den folgenden Unterricht. Lehrpersonen unterrichten lieber als zu planen. Niemand bestreitet zwar die Wichtigkeit der Planung, aber sie beansprucht Zeit, die die Lehrpersonen lieber für die Arbeit mit Kindern und Jugendlichen einsetzen würden. Lehrpersonen im Schuldienst ist es wichtig, dass die Planung einfach, schnell, zielgerichtet und effizient ist, denn ihnen fehlt zumeist die Zeit, um weit ausholende Planungsüberlegungen anzustellen und methodisch raffinierte Unterrichtskonzepte zu elaborieren. Da ist es naheliegend, sich an simple Strategien zu halten, die mit limitiertem Aufwand einen funktionierenden Unterricht versprechen. Man könnte sagen: In der Lehrer:innenbildung ist die Planung (zu) kompliziert, in der Schule ist sie (zu) vereinfacht.

Nüchtern betrachtet ist es mehr als sonderbar, dass im Lehrberuf viele der Empfehlungen von Fachleuten so weit von dem entfernt sind, was die Praktiker:innen tatsächlich tun. In den meisten Berufen konvergieren die Konzepte der Expert:innen und das Handeln in der Praxis: Die Praktiker:innen lernen zunehmend, was „state of the art" ist, und die Fachleute lernen vom Berufsfeld, wie die tägliche Arbeit des Berufs funktioniert, und suchen Lösungen, die praktikabel sind. Für Profis in den meisten Berufen – Ärzte, Bauarbeiter, Technikerinnen, Piloten, Buchhalterinnen, Förster und viele mehr – ist es selbstverständlich, die Dinge erst mal so zu tun, wie die Expert:innen ihres Fachs es für richtig halten.

Nicht so sehr bei Lehrpersonen. Die meisten legen die anspruchsvollen Planungsroutinen des Lehramtsstudiums ab, sobald sie in den Beruf einsteigen, und suchen nach einfacheren Verfahren, vorgefertigten Lektionen, klaren Unterrichtsvorlagen und zeitsparenden Konzepten. Lehrpersonen befinden sich oft in diesem Dilemma: entweder eine ausgefeilte, durchdachte Planung, die den Ansprüchen einer fachlichen und pädagogischen Fundierung genügt, oder ein eher minimalistisches Vorgehen, das in erster Linie auf das Management des Unterrichts ausgerichtet ist, wobei manche Lehrperson insgeheim denken mag, dass sie eigentlich gründlicher planen sollte.

Es ist also offensichtlich, dass der Lehrberuf mit Ungereimtheiten bei der Planung zu kämpfen hat. Dies ist in einem so wichtigen Beruf beunruhigend. Es sollte doch möglich sein, die Planung kohärent zu gestalten, damit sowohl die professionellen Anforderungen als auch die Bedürfnisse und Erwartungen der Lehrpersonen erfüllt sind.

1.2 Ein Lösungsansatz

Den genannten Dilemmata und Ungereimtheiten kann begegnet werden, indem Planung *von den direkt Beteiligten her gedacht* wird, also von den Schüler:innen sowie den Lehrpersonen bzw. Studierenden – ein Ansatz, der in den deutschsprachigen Planungsdiskursen nicht unbedingt Tradition hat.

Zum einen sind es *die berechtigten Ansprüche der Schüler:innen*, etwas zu lernen, in vielfacher Hinsicht Fortschritte zu machen und im Unterricht eine Atmosphäre des Wohlwollens zu erfahren. Entsprechend ist es die Aufgabe der Planung, sich auf einen Unterricht zu konzentrieren, der die Lernenden weiterbringt, denn Planung kann nicht nur bedeuten, eine Unterrichtsstunde zu strukturieren und vorzubereiten, sondern Planung heißt, alles vorzukehren, damit die Schüler:innen kognitiv, sozial, körperlich und emotional wachsen können.

Zum andern bestehen *die berechtigten Ansprüche der Lehrpersonen*, für die die Planung kompakt, zweckmäßig, überschaubar und zielgerichtet sein sollte, um ihre begrenzte Zeit so effektiv wie möglich zu nutzen.

Die zentrale Frage: Wie machen Schüler:innen Fortschritte?

Die Planungsfrage reduziert sich zuerst einmal auf einen zentralen Punkt: *Was sollen die Schüler:innen tun, um Fortschritte zu erzielen?* Wenn diese Frage konsequent im Mittelpunkt steht, wird die Planung deutlich einfacher. Es gehört heute zu den Grundeinsichten des Unterrichtens, dass niemand den Schüler:innen das Lernen abnehmen kann, aber dass bestmögliche Bedingungen zu schaffen sind, damit die Schüler:innen sich auf Lernprozesse einlassen und sie zu Ende führen. Wer die Perspektive der Schüler:innen nicht nur analytisch, sondern auch empathisch einnimmt, gewinnt eine substanziellere Sicht auf Planungsentscheidungen: Was brauchen die Schüler:innen, um vorwärtszukommen? Reicht ihnen das Zuhören? Sollten sie schreiben? Bringt es ihnen Vorteile, Aufgaben zu bearbeiten, und wenn ja, welche? Ist es sicher, dass sie dabei etwas lernen, oder brauchen sie mehr? Was hindert sie womöglich, sich auf die Thematik einzulassen? Sollen sie diskutieren, eigene Ideen entwickeln und sich ausdrücken, eine Sache drillmäßig einüben? Sollen sie sich selbst testen? *Es geht also immer darum zu verstehen, was die Schüler:innen tun können, um voranzukommen*, bzw. den Anschluss nicht zu verpassen.

Diese Sichtweise kann die Lehrperson enorm entlasten, denn sie muss sich nicht zu sehr Gedanken darüber machen, was sie selbst zu tun hat. Hauptakteure sind nicht die Lehrpersonen, sondern die Schüler:innen. Um es bildlich auszudrücken: Der Motor des Lernens steckt in den Lernenden, die Lehrperson muss ihn nur in Gang bringen. So ist die Aufgabe der Lehrperson viel bescheidener zu verstehen: den Schüler:innen zu helfen, Fortschritte zu machen.

Die Vereinfachung des Planungsprozesses: drei Schritte

Die Allgemeine Didaktik hat in großer Zahl Instrumente zur Analyse und Planung von Unterricht entwickelt, die alle für sich genommen ihre Berechtigung und Funktion haben können, aber in ihrer Summe kaum als Heuristik für einen praktikablen Planungsprozess geeignet sind. Dieses Buch schlägt deshalb einige Akzentverschiebungen und eine *konsequente Vereinfachung des Planungsprozesses* mit Blick auf Handhabbarkeit und Wirkungsmächtigkeit vor, damit die Planung zugleich professionell, effektiv und schlank werden kann. Dies erfordert im Wesentlichen drei Schritte.

1. Der vorbereitende Schritt: eine klare Absicht entwickeln

Am Anfang des Planungsprozesses steht eine *klare Vorstellung davon, wo die Schüler:innen am Ende stehen sollen*, d.h., die Lehrperson entwickelt die „Vision" eines bedeutsamen Zielpunkts. Sie stellt sich so genau wie möglich vor, was die Schüler:innen am Ende tun, wissen, vollbringen, entscheiden, beantworten, produzieren usw. können sollen. Die Lehrperson führt sich plastisch vor Augen, was es heißt, in dieser wichtigen Thematik erfolgreich zu sein. Dieser Schritt ist eng mit dem nächsten gekoppelt.

2. *Der zentrale Schritt: die Aufgaben*

Die Lehrperson konkretisiert diese Absicht in exemplarischen Aufgaben (in der Folge werden sie als *Referenzaufgaben* bezeichnet), d.h., wer diese Aufgaben meistert, hat die Ziele erreicht. Diese Aufgaben können der abschließenden Lernkontrolle dienen, aber selbstverständlich auch – in variierter Form – dem Lernen im Unterricht. In jedem Fall repräsentieren sie genau das, worin die Absicht des Unterrichts besteht. Man könnte sagen: Als erstes schreibt die Lehrperson die finale Überprüfung mittels der Referenzaufgaben, denn eine gut konstruierte Prüfung (oder Klassenarbeit, Lernkontrolle oder ähnlich) spiegelt genau das, was die Schüler:innen am Ende im besten Fall gelernt haben.

Die beiden ersten Schritte gehören untrennbar zusammen. Ohne eine klare Vorstellung, wohin die Reise geht, sind alle Aktivitäten und Aufgaben im wahrsten Sinne des Wortes ziellos, und umgekehrt sind Absichten ohne jede Wirkung, wenn man nicht weiß, mit welchen Aktivitäten und Aufgaben sie erreicht werden sollen und wie die Zielerreichung überprüft wird.

3. *Der letzte Schritt: die Lektionsplanung*

Die konkrete Lektionsplanung folgt erst am Ende, was für manche Lehrpersonen gewöhnungsbedürftig sein dürfte. Sie besteht hauptsächlich darin, die bereits gemachten Überlegungen konsequent auf eine Unterrichtsstunde zu übertragen und ein paar Elemente der Lektion bereitzustellen – etwas, das viele Lehrpersonen in ihrer Bedeutung überschätzen und das sich eigentlich logisch aus den vorangegangenen Schritten ergibt.

Lehrpersonen wollen sich selbstverständlich einen Überblick verschaffen, wie der Unterricht anlaufen soll, und dies zurecht. Sie wollen vermeiden, dass die Stunde aus dem Ruder läuft. Diese Gewissheit bekommen sie jedoch eher, wenn sie aus der Sicht der Lernenden planen und weniger ihr eigenes Handeln in den Mittelpunkt stellen. Zentral sind die Lernaktivitäten der Schüler:innen, d. h., dass sie in die Dinge eintauchen, sie durcharbeiten und gründlich verstehen, dass sie sie üben, transferieren und anwenden können. So schafft die Planung eine solide Grundlage für einen zutiefst lernfördernden Unterricht.

Rückwärtsplanung: zweckmäßig und zielorientiert

Die soeben beschriebene *nichtchronologische* Reihenfolge bei der Planung, beginnend mit der finalen Lernkontrolle – eine Umkehrung der Gewohnheiten der meisten Lehrpersonen – kann man „Rückwärtsplanung" nennen, im

Gegensatz zum linearen Fortschreiten der üblichen Vorwärtsplanung (siehe Abbildung 1).

Wer sich die Strategie der Rückwärtsplanung zu eigen macht, wird sich von einigen Routinen verabschieden, die vielleicht kaum mehr hinterfragt werden. Vom Ende auszugehen (wo die Lernenden am Ende stehen sollten), hat weitreichende Auswirkungen auf die Planungsstrategien und den Unterricht.

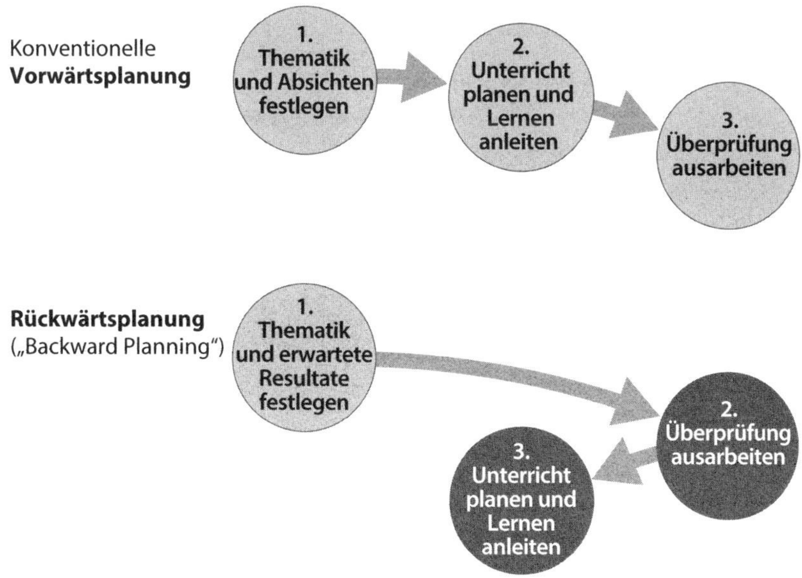

Abb. 1: Zwei Prinzipien des Planungsprozesses: Vorwärts- und Rückwärtsplanung

Rückwärtsplanung als ein stringenter, zielgerichteter Planungsprozess ist nichts grundsätzlich Neues und müsste eigentlich in Zeiten der Standard- und Kompetenzorientierung Konjunktur haben. Doch Rückwärtsplanung widerspricht der Intuition vieler Lehrpersonen, die nur die Vorwärtsplanung kennen. Sie fragen sich in der Regel zuerst, was die *Lehrperson* in der Stunde tun soll (den Ablauf der Stunde festlegen, erklären, Fragen stellen, Aufträge erteilen, organisieren, testen usw.), und überlegen sich erst danach, was die *Schüler:innen* tun werden; ganz am Ende befassen sie sich dann mit der Überprüfung der Fortschritte.

Die Vorteile des Ansatzes der Rückwärtsplanung liegen auf der Hand:

- Die Absichten, d.h. die Ziele, sind immanenter Bestandteil des gesamten Unterrichts.
- Schüler:innen lernen genau das, was an Ende erwartet wird.

- Lernphase und Überprüfung sind kohärent aufeinander abgestimmt, d.h., es wird nur geprüft, was gelernt wurde, oder anders ausgedrückt:
- Es wird weder im großen Stil von den Zielen abgewichen noch wird Unbekanntes geprüft.
- Zeit- und energieraubende und oft irreführende Umwege in der Stunde und auch über ganze Unterrichtseinheiten hinweg werden vermieden.

Implikationen für die Lehrpersonen

Der Ansatz der Rückwärtsplanung legt nicht nur die Umkehrung des Planungsprozesse nahe, sondern rückt auch einige bekannte Aspekte von Planung und Unterricht ganz betont in den Vordergrund.

Aufgaben als Dreh- und Angelpunkt der Planung sehen

Aufgaben haben im Unterricht schon immer eine wichtige didaktische Funktion innegehabt, doch in diesem Ansatz rücken sie auch in der *Planung* verstärkt ins Zentrum. Alle Aufgaben enthalten implizit Inhalte *und* Ziele. Wenn die Aufgaben gut und kohärent gestellt sind, sind sie ein Abbild der Absichten der Lektion oder der ganzen Einheit und führen die Lernenden zu den erwünschten Fortschritten. Man könnte sagen: Zeige mir deine Aufgaben, und ich nenne dir die Ziele und Inhalte deines Unterrichts.

Die enge Kopplung von Absichten und Aufgaben bedingt, dass diese so konzipiert sein sollten, dass sie die ganze Breite der Absichten widerspiegeln können: Aufgaben, um etwas zu erforschen, um besser zu verstehen, um zu üben und zu automatisieren – und um den Lernfortschritt zu überprüfen. Das Spektrum reicht von simplen Testfragen bis hin zu authentischen Herausforderungen, bei denen ein Problem gelöst oder etwas erschaffen werden soll. Es braucht die gesamte Bandbreite möglicher Aufgabentypen, um alle Fähigkeiten der Lernenden zu unterstützen. Aufgaben sind leicht verständliche Orientierungshilfen, damit die Schüler:innen wissen, worauf es ankommt, und für Lernzwecke braucht es Aufträge, Aktivitäten, Probleme, die die Schüler:innen nach und nach zu bewältigen lernen. Aufgaben sind das Rückgrat des Unterrichts, und sie sollten auch im Zentrum der Planung stehen.

Transparent und dialogbereit sein, wenn es um die Absichten geht

Ziele zu setzen und zu kommunizieren, ist didaktisches Allgemeingut; es reicht nicht, nur als Lehrperson zu wissen, wohin die Reise geht. Der Ansatz der Rückwärtsplanung jedoch denkt diesen Gedanken konsequent zu Ende und setzt auf volle Transparenz und gute Verständlichkeit aller Planungsüberlegungen. Zu Beginn einer Stunde sollten die Schüler:innen zweifelsfrei nachvollziehen können, worum es heute geht; sie sollen wissen, was am Ende von ihnen erwartet wird, wofür sie sich anstrengen. Am Schluss soll klar werden, inwieweit sie Fortschritte gemacht haben oder noch Lücken aufweisen; sie sollten auch genau wissen, wie ihre Fortschritte schließlich überprüft werden. Volle Transparenz geht noch einen Schritt weiter und bedeutet, dass die Lehrperson auch die Erfolgskriterien und die vorgesehenen Prüfungsaufgaben oder -aufträge uneingeschränkt offenlegt. Das ist gewiss ein gewöhnungsbedürftiger Gedanke, der später aufgegriffen wird.

Schüler:innen sollten zudem Gelegenheit haben, ihre Kommentare, Bedenken und Vorschläge zur Planung anzubringen. Es ist durchaus sinnvoll, dass die Lernenden mitbestimmen, was, wie und zu welcher Zeit sie lernen sollen. Das trägt zum Engagement der Schüler:innen bei, die bekanntermaßen bisweilen abgelenkt, müde, unmotiviert oder schlicht schlechter Laune sind. Lehrpersonen sind deshalb gut beraten, kritische Stimmen aus der Klasse nicht zu ignorieren, um auch jene ins Boot zu holen, die gedanklich noch woanders sind. Das erfordert Offenheit für den Dialog; wenn alle an einem Strang ziehen sollen, braucht es direkten Austausch und verständnisvolles Zuhören, gewiss aber keine Motivierungstricks oder diskussionsloses Verordnen, da bekanntlich Druck, Angst und Gesprächsverweigerung keine guten Methoden sind, um die Schüler:innen zu mehr Leistung zu bewegen.

Die formative Lernbegleitung als Schlüssel zum Lernerfolg sehen

Das Herzstück einer Lektion ist also nicht der Auftritt als Lehrperson, sondern die *Aktivität der Schüler:innen*. Alles, was die Lehrperson tut, dient dazu, diesen Kern des Unterrichts in Schwung zu bringen. Voraussetzung ist, wie schon gesagt, dass alle genau verstehen, was erreicht werden soll. Manche Dinge, die ins Stocken geraten, regeln sich zwar von selbst, oder die Schüler:innen finden einen Weg, damit zurechtzukommen, aber öfters ist es nötig, dass die Lehrperson hilft, Hindernisse aus dem Weg zu räumen. Einmal erklärt sie einen Sachverhalt, ein andermal bespricht sie mit einer Schülerin, welche Strategie die beste ist, und danach ermutigt sie einen Schüler, der nicht mehr weiterweiß. Kurz: Die Lehrperson ist dort zur Stelle, wo Sand im Getriebe ist, und bringt die Dinge wieder in Bewegung.

Tief in die Aufgaben eintauchen und sie in jeder Hinsicht verstehen

Dass angehende und berufstätige Lehrpersonen die Aufgaben selbst verstehen sollten, die sie den Schüler:innen stellen, ist eigentlich selbstverständlich – und doch: Manche Lehrpersonen durchdringen nicht immer in der Tiefe, was sie von den Schüler:innen verlangen, vor allem, wenn sie die Aufgaben nicht selbst konstruiert haben und sie eilig aus zahlreichen Quellen zusammensuchen.

Sich mit den Aufgaben gründlich auseinanderzusetzen, bedeutet für die Lehrperson, 1. die Inhalte der jeweiligen Aufgaben genau und aus vielen Perspektiven zu verstehen und zu beherrschen, und 2. die Aufgaben auch aus der Sicht der Schüler:innen zu sehen, die vielleicht Schwierigkeiten damit haben oder eigenwillige Ansätze entwickeln. Beides – das Verstehen der Inhalte und das Einfühlen in die Perspektive der Lernenden – sind unabdingbare Voraussetzungen, damit die Lehrpersonen zielführende Aufgaben stellen und die Schüler:innen beim Lernen unterstützen können.

2 Vom Planungsverständnis erfahrener Praktiker:innen lernen

Schule und Unterricht sind dazu da, etwas zu bewirken. Nicht umsonst betreiben Gemeinden, Behörden, Familien, Organisationen aller Art und natürlich Lehrpersonen und weiteres Personal einen enormen Aufwand, um die nächste Generation zu bilden und ihr nahezubringen, wie unsere Gesellschaft funktioniert. All diese Bemühungen haben nur dann einen Sinn, wenn sie auch Wirkung zeigen. Bis zu diesem Punkt sind sich wahrscheinlich alle einig.

Lehrpersonen tragen einen erheblichen Teil dazu bei, dass die Bildungsanstrengungen zu Resultaten führen. Deshalb ist davon auszugehen, dass sie ihre Energie in diese Aufgabe investieren und den Unterricht darauf ausrichten, dass die Schüler:innen Fortschritte machen. Auch das ist wohl unstrittig. Aber die Realität, insbesondere bei weniger erfahrenen Lehrpersonen und bei Lehramtsstudierenden, sieht oft anders aus, und dies zeigt sich nun vor allem bei den Planungsstrategien.

Hier offenbart sich einmal mehr eine Besonderheit des Lehrberufs im Unterschied zu vielen anderen Berufen und auch zu Alltagsaktivitäten. In realen Lebenssituationen ist es normalerweise so, dass alle, die einen Plan machen, etwas erreichen wollen, ob im Beruf oder im privaten Bereich. Man will zum Beispiel zu einem bestimmten Ort gelangen, man will ein Produkt fertigstellen, man will ein Geschäft eröffnen, man will ein Spiel gewinnen – wenn man einen Plan macht, dann immer mit dem Ziel, Erfolg zu haben. Aber wie sieht es mit der Unterrichtsplanung aus? Ist der Erfolg wirklich immer das Ziel des Plans, oder führen die sorgfältig formulierte Ziele eine Art Eigenleben, das von der konsequenten Zielerreichung abgekoppelt ist?

2.1 Worum geht es bei der Planung? Drei gängige Verständnisse

Treten wir einen Schritt zurück und schauen wir uns an, wofür Lehrpersonen tatsächlich planen, was sie von der Planung erwarten. Grob gesagt kennen wir in der Realität des Unterrichts und der Lehrer:innenbildung drei Funktionen der Unterrichtsplanung, die hier kurz dargestellt sind. Allein in deren Beschreibung wird schon deutlich, mit welchen Verständnissen ernsthaft eine Wirkung bei den Schüler:innen erzielt werden soll – und mit welchen eher nicht.

Planungsverständnis 1: ein Dokument verfassen

Sehr oft wird das Produkt einer Planung als ein *Dokument* verstanden, das man in den Händen halten kann („Unterrichtsplanung", „Unterrichtsplan", „Unterrichtsentwurf"). Es kursieren unzählige Anleitungen, oft unterteilt in einen Teil zu Zielen, Analysen und Inhalten, gefolgt von einer chronologischen Abfolge der Phasen des Unterrichts, die das Wann, Was, Wie und Womit beschreiben. Die Detailliertheit wird in der Lehrer:innenbildung und bei Lehrproben bisweilen gar als Qualitätsmerkmal der Planung gedeutet. Diese „Planung" erweist sich als ein Artefakt der Ausbildung, als ein oft hoch elaboriertes Produkt nach den Vorgaben der Institution oder des Fachpersonals der Lehrer:innenbildung, findet so aber im Berufsalltag in dieser Form kaum Verwendung.

Kiper und Mischke (2009, S. 13) betonen, dass es bei der Unterrichtsplanung nicht „um die Erstellung von Kunstprodukten (schriftliche Unterrichtsvorbereitung) geht, die mit dem anschließenden Unterricht wenig zu tun haben und nur der personenbezogenen Überprüfung und Bewertung im Kontext von Ausbildung oder Evaluation dienen" (S. 13).

Planungsverständnis 2: sicherstellen, dass die Stunde gelingt

Man kann unter dem Resultat einer Planung auch den *gelingenden Unterrichtsverlauf* verstehen, der sich wie geplant vollzieht (wobei der misslingende Unterricht dann einer wäre, in dem die Lehrperson die Planung nicht vollständig umsetzen kann). Der real ablaufende Unterricht ist gewissermaßen die Materialisierung der Überlegungen, die die Studierenden oder Lehrpersonen angestellt haben. Der Fokus liegt hier auf der *planmäßigen Steuerung durch die Lehrperson*, was vielfach als vordringliches Anliegen gesehen wird.

Demgegenüber kann mit guten Gründen eine Gegenposition vertreten werden: In der beruflichen Praxis müssen Lehrpersonen keinen Unterricht „machen", als wenn er ein Produkt wäre. Es geht nicht primär darum, die verfügbare Zeit nach den Regeln der Kunst auszugestalten. Unterricht muss auch nicht kunstvoll sein, er ist keine kreative Selbstverwirklichung der Lehrperson. Raffiniert gedrechselter Unterricht ist ein Pseudoproblem: Schüler:innen brauchen keine „Abwechslung", kein Übermaß an kreativen und originellen Gestaltungsformen. Eher wollen sie verstehen, worum es geht, was sie zu tun haben, wie sie es erreichen, und dies in einer wertschätzenden Atmosphäre.

Planungsverständnis 3: bestmögliche Fortschritte der Lernenden

Es kann nicht im Ernst als „Erfolg" bezeichnet werden, wenn der geplante Unterricht wie antizipiert verläuft. Unterrichtsplanung und -gestaltung sind als solche kaum von Interesse, wenn sie bei den Schüler:innen keine nachhaltigen Spuren des Lernens und Verstehens hinterlassen und den Kern des Unterrichtens verfehlen. Die sichtbare Inszenierung ist nur *Mittel zum Zweck, nie Selbstzweck.*

Dazu braucht die Lehrperson einen Plan, eine Strategie, so wie ein Fußballcoach oder eine Bergführerin einen Plan braucht, um ans Ziel zu kommen. Der äußere Verlauf ist lediglich der notwendige Rahmen, in dem sich das Wesentliche – Lernen, Verstehen, Einsicht, Interesse, Fortschritte, Können, Kooperation – abspielen kann. Wenn das Wesentliche sich nicht einstellt, bleibt die Inszenierung gewissermaßen eine leere Hülle.

Die Fortschritte der Schüler:innen sind der Kompass – kognitive, körperliche, soziale, ästhetische, motivationale und emotionale Fortschritte. Der Plan (d.h. die Planung) zielt auf diese erwünschten Ergebnisse. Umgekehrt: Wenn Schüler:innen Schulstunden verlassen, in denen sich auf keiner Ebene etwas bewegt hat und sie nichts dazugelernt, gefestigt oder besser verstanden haben, dann mag man sich zu Recht fragen, wozu der Aufwand gedient haben sollte.

Die je eigene Logik der drei Verständnisse von Planung

Gewiss lassen sich alle drei Verständnisse im jeweiligen Kontext begründen:

- Das erste Verständnis von Planung findet insbesondere während der Lehrer:innenbildung verbreitete Anwendung, stellt das schriftliche Planungsprodukt in den Vordergrund und ist zudem recht gut erforscht (König, Buchholtz & Dohmen, 2015; König & Rothland, 2022). Für Lehramtsstudierende im Studium und Vorbereitungsdienst, deren Planungsprodukte auch bewertet werden, ist das Verständnis 1 offensichtlich wichtig.
- Wer möglichst die Kontrolle über den Unterricht behalten will, oder wer unerfahren und unsicher im Unterrichten ist, wird im Verständnis 2 eine Hilfe sehen. Ein vernünftiges Maß an Sequenzierung ist für die Lehrperson und die Schüler:innen zweckmäßig; problematisch wird dieses Verständnis erst, wenn Kontrolle und strikte Umsetzung der Planung zum dominierenden Prinzip werden.
- Dem dritten Planungsverständnis zufolge will eine Lehrperson im Sinne des Bildungsauftrags primär etwas erreichen; die Schüler:innen sollen so gründlich und nachhaltig wie möglich lernen können. Es ist jenes, das dem eigentlichen Zweck des Unterrichts am explizitesten Rechnung trägt. Verständnis 3 ist Ausdruck einer Haltung, die den Unterricht immer wieder auch von den Schüler:innen her betrachtet und entwickelt.

Von diesen drei Verständnissen von „Planung" ist zwar das dritte das unkonventionellste, aber auch das geeignetste, um auf die essentiellen Aufgaben des Berufs vorzubereiten.

Aktivitäten und Anregungen

Ihre Planungsunterlagen: Wie ist der aktuelle Stand?

1. Suchen Sie mindestens ein halbes Dutzend Unterrichtsentwürfe heraus, die Sie als Lehramtsstudierende bereits umgesetzt haben, möglichst aus unterschiedlichen Kontexten (z.B. Praktikum, Hospitationen, eigener Unterricht, „Modellunterricht"; Einführungen, Phasen mit vorrangigen Lernaktivitäten usw.).
2. Wie bereits beschrieben, können Unterrichtspläne zu drei verschiedenen Zwecken erstellt werden. In der Realität sind sie oft miteinander verwoben:
   - Notizen, die einfach nur aufgeschrieben werden, damit man sie nicht vergisst und alles zusammen hat.
   - Teile, die nur deshalb aufgeschrieben werden, weil es vorgeschrieben ist, sie im Unterrichtsplan zu erwähnen.
   - Teile, die den Fluss der Lektion kontrollieren und Sie vor dem Unerwarteten bewahren; sie sollen sicherstellen, dass die Lektion nicht entgleitet.
   - Teile, die aufgeschrieben werden, um Platz für ein besseres Verständnis und tieferes Lernen zu schaffen, das Lernen der Schüler:innen so effektiv wie möglich zu gestalten und die Fortschritte der Schüler:innen zu unterstützen.
3. Überfliegen Sie die Planungsunterlagen und ordnen Sie jeden Teil einer der vier oben genannten Kategorien zu (z.B. anhand von Farben). Vielleicht überschneiden sich die vier Kategorien hier und da. Erkennen Sie eine Häufung, Muster oder Defizite?
4. Notieren Sie in wenigen Worten, inwieweit Sie Probleme oder Handlungsbedarf in Bezug auf Ihre Planungspraxis erkennen.

2.2 Wie planen erfahrene Lehrpersonen?

Es ist ein wohlbekanntes Phänomen, dass erfahrene Lehrpersonen schon bald nach Berufseintritt eine Distanz zu den Empfehlungen der Lehrer:innenbildung aufbauen; darauf wurde schon eingangs verwiesen. Andrea Seel (2011) fasst es so zusammen: „Studierende erleben die eingeforderte Feiertagsdidaktik als unökonomisches, vorwiegend prüfungsrelevantes, aber wenig praxistaugliches Erfordernis und legen das in der Ausbildung eingeübte Planungsverhalten mit dem Berufseinstieg ab." Scholl und Plöger (2020) konstatieren, „dass Lehrpersonen diese Modelle [zur Planung] in ihrer Berufspraxis bestenfalls rudimentär aufgreifen" (S. 27). Eine Studie von Hatch und Clark (2021) hat untersucht, wie erfahrene Lehrpersonen in ländlichen Gebieten planen und Entscheidungen treffen. Sie kommt zum Schluss: „Die Lehrpersonen schrieben keine ausgefeilten Unterrichtspläne und stützten sich nicht auf ausgearbeitete Curricula. Stattdessen nutzten die Lehrpersonen Unterrichtsstrategien, disziplinierte Improvisation, Wissen über ihre Schüler:innen, Lernergebnisse sowie formelle und informelle Beurteilungen, um den Unterricht zu steuern." (S. 1)

Es ist nun interessant zu sehen, welche Verfahren erfahrene Lehrpersonen stattdessen anwenden. Zu diesem Thema werden über die Jahre hinweg immer wieder Studien veröffentlicht (z.B. Yinger, 1980; Bromme, 1981; zu Expertenlehrpersonen: Berliner, 2004; auch Wernke & Zierer, 2017).

Erfahrene Lehrpersonen scheinen über eine Reihe von Werkzeugen zu verfügen, die ihnen helfen, Unterricht nach ihrer eigenen Façon erfolgreich zu planen. Unter anderem sind die folgenden Punkte charakteristisch für erfahrene Lehrpersonen (zusammengefasst bei Shavelson, 1987; Seel, 1997; König, Buchholtz & Dohmen, 2015; Munthe & Conway, 2017).

1. Wissen, wo die Schüler:innen stehen, und Monitoring der Lernfortschritte
Damit erfahrene Lehrpersonen wissen, wo ihre Schüler:innen und die gesamte Klasse stehen, nutzen sie üblicherweise alle verfügbaren Informationen: Beobachtungen, Gespräche, informelle Kontakte, Schülerarbeiten, manchmal auch Tests und Befragungen zu formativen Zwecken.

2. Präzises Wissen, was überhaupt gelernt werden soll
Lehrpersonen mit viel Erfahrung und Expertise richten ihre inhaltliche Planung darauf aus, was die Schüler:innen tatsächlich beherrschen müssen. Sie wissen, was bedeutsam ist, kennen die vorgegebenen Standards und nutzen sie, insofern sie hilfreich erscheinen. Sie machen auch Gebrauch von Lehrmitteln und anderen verfügbaren Materialien, falls sie nützlich sind.

3. Geschärfte Intuitionen
Erfahrene Lehrpersonen haben eine Expertise im Umgang mit Entscheidungssituationen entwickelt: Sie „spüren" intuitiv, was in diesem Moment zu tun ist, wie die Vorgehensweise anzupassen ist, wie das Problem zu lösen ist, was jetzt vordringlich ist usw.

4. Eigene Handlungsmuster entwickeln und anwenden
Sie haben zahlreiche alltägliche Handlungsmuster, für die sie kaum mehr einen Gedanken verschwenden. Diese helfen, den Unterrichtsablauf gelassen zu organisieren (Yinger, 1980).

Offenbar erleben erfahrene Lehrpersonen gerade diese vier Bereiche als besonders unterstützend, ohne dass sie Teil der ausformulierten Unterrichtsplanung sein müssten. Kompetenzen in den vier Bereichen sind gewissermaßen das Fundament, auf dem sie den jeweiligen Unterricht planen. Nach der Lehrer:innenbildung entwickeln Lehrpersonen ihre vereinfachten Planungsroutinen. Diese konzentrieren sich oft primär auf die *Auswahl der von den Schüler:innen zu erledigenden Aufgaben.*

Wenn Lehrpersonen höchst pragmatisch nach einigen Jahren eigene und offenbar zweckmäßige Planungsroutinen entwickeln, ist zu fragen, warum in der Lehrer:innenbildung nicht genau diese Verfahren analysiert werden, um daraus zu lernen und sich von denjenigen inspirieren zu lassen, die für erfahrene Lehrpersonen erfolgreich und zweckdienlich sind. Das oft vorgebrachte Argument, dass sich Expertise – auch in der Planung – erst nach Jahrzehnten der Berufstätigkeit entwickle (Fuller & Bown, 1975), mutet reichlich sonderbar an, ist es doch die Aufgabe der Lehrer:innenbildung, möglichst früh die Grundlagen für Expertise zu legen.

Im Lehrberuf scheint noch eher selten, was in den allermeisten Berufen völlig selbstverständlich ist – man übt in der Ausbildung natürlich das, was sich im Beruf als besonders nützlich erweist, und man lernt durch bewusstes Handeln und Erfahrungen daraus. In der Lehrer:innenbildung liegt der Akzent eher darauf, „zunächst in Gedanken Handlungsschemata zu erstellen, bevor gehandelt wird" (König et al., 2015, S. 377). Dabei ist das simple Prinzip, von den besten und erfolgreichsten Berufspersonen zu lernen, nicht neu und liegt auch der Expert:innenforschung zum Lehrberuf zugrunde (Borko & Livingston, 1989; Bromme, 1992/2014; Berliner, 2001).

2.3 Was ist von erfahrenen Lehrpersonen zu lernen?

Was bedeutet das für die Unterrichtsplanung? Die Sichtweise ist hier eine betont pragmatische, das heißt: „Was trägt zur Lösung des Problems bei? Was hilft, die Herausforderung zu meistern?" Die folgenden Konsequenzen beruhen daher nicht in erster Linie auf theoretischen Konzepten, sondern auf Plausibilität und Erfahrung, doch sie sind auch durch empirische Befunde gestützt (siehe Box „Unterrichtsplanung: ein Thema für die Forschung" im Kapitel 3).

Keine exzessiven Sachanalysen, sondern tiefes Verständnis der Schüler:innenaufgaben

Natürlich bestreitet niemand, dass Lehrpersonen in der „Sache" – der Thematik, dem Lerngegenstand – fachlich kundig sein sollen. Die fachbezogenen Anteile der Lehrer:innenbildung sind unverzichtbar, auch als Kontextwissen der Bezugswissenschaften der einzelnen Schulfächer. Hier steht aber weniger das grundlegende fachwissenschaftliche Wissen zur Debatte, sondern eher das berufsrelevante Verständnis der konkreten Lerngegenstände, die sich die Schüler:innen aneignen sollen, also das fachdidaktische Wissen (Bromme, 1997; Baumert & Kunter, 2006). Die Wichtigkeit dieses speziellen Wissens, das auf *Lehr- und Lernbarkeit* zugeschnitten ist, hat in jüngerer Zeit durchaus zurecht viel Aufmerksamkeit erlangt (siehe Box „Lehr- und lernbares Wissen – was ist damit gemeint?").

Auf *dieser* Ebene ist es unabdingbar, dass die Lehrpersonen den Inhalt *in seiner ganzen Tiefe* verstehen, damit sie in der Lage sind, den Stoff aus verschiedenen Perspektiven flexibel zu beherrschen. Dazu sind leider nicht alle Lehrpersonen gleichermaßen in der Lage, wie das Beispiel in der Box „Lehr- und lernbares Wissen" zeigt. „Flexibel beherrschen" heißt, dass die Lehrperson mit den Dingen, die sie von den Schüler:innen erwartet, selbst virtuos umgehen kann. Das bedeutet, dass sie eine Aufgabe oder einen Test, den sie ihren Schüler:innen vorlegt, nicht nur fehlerfrei löst, sondern auch jeweils mehrere Varianten und Lösungen durchspielen kann und deren Besonderheiten versteht.

Gründliches Verstehen: besonders bei offenen Aufgaben unverzichtbar

Gerade wenn die Schüler:innen selbst etwas erschaffen oder entdecken sollen, wäre es falsch zu denken, dass sie nun ihren eigenen Ideen überlassen werden können. Die große Offenheit des entdeckenden Lernens birgt auch die Gefahr, sich zu verlaufen, nicht mehr weiter zu wissen und entmutigt zu werden (z.B. Mayer, 2004). Hier ist das tiefe Aufgabenverständnis der Lehrperson besonders wichtig. Ohne profunde Kenntnis der Fallstricke und Lösungsoptionen einer Aufgabe kann die Lehrperson weder den Lernenden helfen noch sie korrigieren. Wenn die Lehrperson z.B. die Aufgabe stellt: „Überlege und recherchiere, welche Konsequenzen es hätte, wenn in Europa die Rindfleischproduktion innerhalb von zehn Jahren halbiert würde", dann reicht es nicht, die Schüler:innen einfach suchen und entdecken zu lassen; vielmehr wird sie klare Vorstellungen der Fakten, der Zusammenhänge und auch der nicht auf den ersten Blick erkennbaren direkten und indirekten Folgen haben. Sie muss also *alle Facetten dieser speziellen Aufgabe kennen.*

Sachanalysen in der Lehrer:innenbildung – meist weder sinnvoll noch leistbar

Um Missverständnisse zu vermeiden, sei erneut betont, dass die Wichtigkeit von Fachwissen für angehende Lehrpersonen außer Frage steht. Jedoch im Kontext der Planung die Sache erneut von Grund auf zu analysieren und womöglich schriftlich festzuhalten, ist in den allermeisten Fällen mit unverhältnismäßigem Aufwand verbunden und in seinem Nutzen fraglich. So benötigt die Lehrperson für die Sachanalyse gemäß Becker (2007, S. 86) „möglichst aktuelles und reichhaltiges Informationsmaterial, wie es in Fachbüchern und Fachartikeln, in Lexika, Handbüchern und Lehrerhandbüchern, in Lehrbuch-

Weiterführende Informationen

Lehr- und lernbares Wissen – was ist damit gemeint?

Was wir in fachwissenschaftlichen Lehrbüchern zu einem Thema finden, ist selten das, was Schüler:innen lernen sollen und können. Fachleute befassen sich z.B. mit Konzepten der Linguistik oder Beweisen der höheren Mathematik oder technologisch anspruchsvollen chemischen Analysemethoden. Selbst Lehramtsstudierende haben manchmal das Gefühl, dass das akademische Fachwissen wenig mit den Dingen zu tun hat, die der Lehrplan desselben Fachs vorsieht.

„Pädagogisches Fachwissen" – „Pedagogical Content Knowledge"

Von Lehrpersonen und Studierenden wird immer wieder erwartet, dass sie wissenschaftliches Fachwissen auf das Niveau von Schüler:innen reduzieren, um es verständlich zu machen („didaktische Reduktion"). In den meisten Fällen ist dies jedoch weder möglich noch sinnvoll, weil lehr- und lernbares Schulwissen anders strukturiert ist als der akademische Wissenskorpus der Fachwissenschaften. Dessen logische Struktur ist eher ein Hindernis für das Lernen. Besonders deutlich wird dies bei Inhalten, in denen die Schüler:innen über alltägliche Vorerfahrungen verfügen, so in den Naturwissenschaften oder in der Muttersprache. Was die Schüler:innen lernen sollen, findet man kaum je in der wissenschaftlichen Fachliteratur, sondern es ist in Schulbüchern, Lehrplänen und Lernmaterialien bereits ausgearbeitet und materialisiert. Es basiert auf der kollektiven Erfahrung des Berufsstandes und der Arbeit der Fachdidaktiken, wie man Dinge lehr- und lernbar machen kann.

Dieses Problem wurde in den 1980er Jahren von Lee Shulman aufgegriffen und mündete in einen Vorschlag, der sich als sehr produktiv und folgenreich erweisen sollte: Er postulierte, dass es zwischen dem reinen Fachwissen und dem pädagogischen Wissen einen dritten Wissensbereich mit einer eigenen Logik gibt. Er nannte es „Pädagogisches Fachwissen", bzw. auf englisch „Pedagogical Content Knowledge", kurz PCK (Shulman, 1986). Hume, Cooper und Borowski (2019, S. ix) fassen die weitreichende Bedeutung dieses Konzepts so zusammen:

> Mit PCK wollte Shulman eine spezielle Form des beruflichen Wissens von Lehrpersonen würdigen und sichtbar machen, eine Wissensform, die sie von anderen Berufsgruppen unterscheidet. Dieses Wissen wächst in der Regel mit der Erfahrung im Klassenzimmer und bildet das Fundament für die Fähigkeit effektiver Lehrpersonen, den Lehrstoff so zu vermitteln, dass er von den Schüler:innen verstanden werden kann. Die Idee einer spezialisierten Form professionellen Wissens, das für die Expertise im Unterrichten entscheidend ist, fand bei Fachleuten großen Anklang, so dass PCK schnell aufgegriffen und von Forschenden in zahlreichen Fächern, insbesondere in den Naturwissenschaften und der Mathematik, untersucht und angepasst wurde.

„Verstehen der Sache" ist nicht selbstverständlich: ein Beispiel

Heute besteht weitgehende Einigkeit darüber, dass Lehrpersonen die Sachverhalte und Zusammenhänge *auf Ebene der Schüler:innen* gründlich beherrschen sollen, d.h., sie haben die Lerninhalte aus verschiedensten Perspektiven durchdrungen und kennen auch unterschiedliche Lösungen, Varianten und Erklärungen. Das folgende Beispiel entstammt der stark beachteten COACTIV-Studie, die den Zusammenhang zwischen den Kompetenzen der Lehrpersonen und den Fortschritten der Schüler:innen in Mathematik der Sekundarstufe I untersuchte. Eines der Ergebnisse ist sehr ernüchternd: Für eine Aufgabe auf Sek-I-Niveau konnten die Lehrpersonen im Durchschnitt gerade mal 1.15 verschiedene Lösungswege angeben – und etwa jede siebte Lehrperson brachte überhaupt keine Lösung zustande.

Die folgenden Absätze sind ein Auszug aus einer Publikation im Rahmen der genannten COACTIV-Studie (Blum, Krauss & Neubrand, 2011, S. 229–331):

> Lehrkräfte sollten Aufgaben, die sie im Unterricht einsetzen, nicht nur selber lösen können, sondern auch verschiedene Lösungsmöglichkeiten kennen, unter anderem, um Schüler:innen bei auftretenden Problemen besser verstehen und adäquat individuell unterstützen zu können. Dies war auch eine der drei Facetten des COACTIV-Fachdidaktik-Tests: Erzeugen von möglichst vielen Lösungsmöglichkeiten zu vorgegebenen Aufgaben. Im Folgenden zeigen wir eine solche Beispielaufgabe aus dem Test. Im Vorspann wurde eine allgemeine Instruktion gegeben, und die Aufgabe „Nachbarzahlen" war dann die letzte von vier gegebenen Aufgaben.
>
> **Testaufgabe Fachdidaktik Mathematik**
> Im Folgenden zeigen wir Ihnen eine Reihe von Aufgaben, die mehrere Lösungsmöglichkeiten haben. Nennen Sie bitte für jede Aufgabe so viele verschiedene Lösungsmöglichkeiten wie möglich.
> Bemerkung: Es geht dabei nicht darum, zu erraten, welche Lösungsansätze Schüler wählen würden, sondern um alle Lösungsmöglichkeiten, die Sie selbst zu dieser Aufgabe sehen.
> Luca behauptet: „Das Quadrat einer natürlichen Zahl ist immer um 1 größer als das Produkt ihrer beiden Nachbarzahlen." Stimmt Lucas Behauptung?
>
> Zwei naheliegende Lösungsmöglichkeiten für „Nachbarzahlen" sind erstens eine algebraische Begründung mit Variablen und zweitens ein geometrischer Ansatz mit Punktmustern. Die Abbildung 2 zeigt, wie viele Lösungsmöglichkeiten für die Aufgabe „Nachbarzahlen" von den Lehrkräften im COACTIV-Test niedergeschrieben wurden. Die durchschnittliche Anzahl der von den Lehrkräften erzeugten korrekten Lösungen war 1.15; nach Schulformen aufgeschlüsselt: Gymnasium 1.33, Realschule 1.17, Gesamtschule und Sonstige je 0.80. Etwa jede siebte Lehrkraft konnte keine korrekte Lösung angeben. Ergebnisse wie dieses zeigen exemplarisch, dass das fachbezogene Professionswissen von Lehrkräften offenbar ganz verschieden ausgeprägt ist (andere derartige Aufgaben haben ähnliche oder noch größere Unterschiede enthüllt).

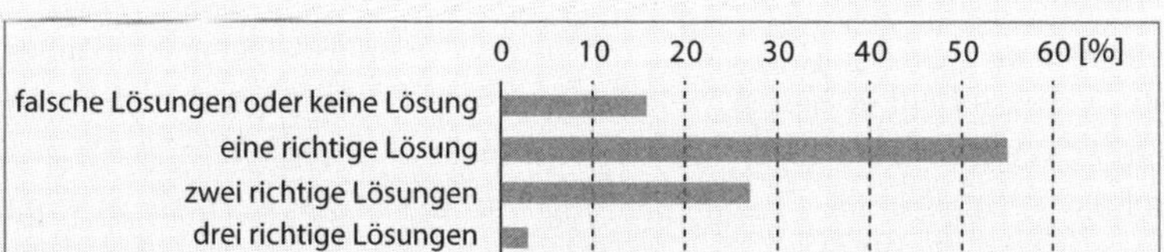

Abb. 2: Anzahl der von Lehrkräften gegebenen Begründungen für „Nachbarzahlen"

werken und Begleitheften, in didaktischen Handreichungen, schon ausgearbeiteten Unterrichtsentwürfen oder im Internet zur Verfügung steht. … auch Aufzeichnungen der Studienzeit, Entwürfe aus den Praktika oder dem Referendariat." Gerade während der Ausbildung sind solche Ansprüche an eine umfassende Sachanalyse überzogen und mögen da und dort auch dazu dienen, dass die Studierenden ihr Engagement unter Beweis stellen sollen.

Zudem ist vielfach unklar, wie ausführlich und auf welcher Abstraktionsebene eine sogenannte „Sachanalyse" zu gestalten ist:

- Eine kurze, allgemein gehaltene „Sachanalyse" kann kaum anders als oberflächlich, allgemein oder simplifizierend sein. Sie ist bestenfalls eine Zusammenfassung dessen, was die Lehrperson ohnehin schon weiß. So ist sie weder nützlich noch kann sie zeigen, ob und inwieweit die Lehrperson die Sache durchdrungen hat.
- Eine detaillierte und ausufernde Sachanalyse ist hingegen zeitraubend und überkomplex, führt von der eigentlichen Planungsaufgabe weg und kann von Lehrpersonen kaum geleistet werden. Es erstaunt deshalb nicht, wenn solche verschriftlichten „Sachanalysen" oft ein Patchwork von zusammenkopierten Textbausteinen sind. Auf diese Art wird schon aus Zeitgründen keine im Beruf stehende Lehrperson vorgehen können.

Selbstverständlich soll die Lehrperson alle erforderlichen Quellen nutzen, um die Sache *auf der Ebene der Schüler:innen* gründlich und flexibel zu verstehen und kontextualisieren zu können, denn Lehrpersonen können nichts lehren, was sie selbst nicht verstehen und einordnen können. Die rituellen Sachanalysen tragen jedoch zum Verständnis wenig bei und erzeugen eher Frustration als Einsicht; dazu sind andere, praxisnahere Ansätze zu entwickeln.

2.4 Entspanntes Verhältnis zur Zielformulierung

Meist ignorieren erfahrene Lehrpersonen überzogene Ansprüche an die Zielformulierungen seitens der Lehrer:innenbildung. Hingegen nehmen sie die impliziten Ziele der Lehrmittel und Lehrpläne als gegeben hin und betrachten sie eher als allgemeine Richtlinie, von der gelegentlich auch abgewichen werden kann.

Man mag den mangelnden Enthusiasmus beim Festlegen von Zielen bedauern, aber offenbar halten viele Lehrpersonen dies für entbehrlich. Selbstverständlich haben sie Ziele und zweifeln nicht an ihrer Wichtigkeit, doch sie erachten es offensichlich nicht für nötig und der Mühe wert, sie in expliziter und systematischer Form aufzulisten. Wir kommen auf die Frage der Ziele in späteren Kapiteln ausführlich zurück.

Von der linearen zur flexiblen Planung

Die Aneinanderreihung von vielen kleinschrittigen Teilzielen in einer Unterrichtsstunde zeichnet zwangsläufig einen linear zu durchschreitenden Verlauf vor. Metaphorisch gesprochen könnte man die lineare Planung als eine Wanderung auf einem Grat beschreiben, dessen Pfad genau eingehalten werden muss, wenn man nicht nach links oder rechts abstürzen will. Der Weg ist sowohl für die Lehrperson als auch für Schüler:innen vorgegeben. Der Verzicht auf die Teilzielkette ermöglicht hingegen eine flexible Planung. Sie kann mit einem Weg verglichen werden, der aus einem Netz von vielen Trittsteinen besteht und über einen Teich führt: Die Trittsteine bieten Sicherheit, aber der Weg ist nicht festgelegt und wird nur angedeutet. Das Ziel ist klar erkennbar, aber sowohl Lehrperson als auch Schüler:innen können den Weg variieren, vor- und zurückgehen, zusätzliche Schleifen einbauen.

Die meisten Lehrpersonen verzichten weitgehend auf die Planung eines linear verlaufenden Unterrichts; sie versuchen nicht, planmäßig und Schritt für Schritt von A nach B zu gelangen, indem sie den vorgegebenen Weg und Zeitplan einhalten. Vielmehr verfügen professionelle Lehrpersonen – neben vorbereiteten Materialien – über einen *Vorrat an soliden, eingeübten und erfolgversprechenden Praktiken*, auf die sie immer dann zurückgreifen können, wenn die Situation es erfordert. So haben sie – bildlich gesprochen – viele solide Inseln, die ihnen Sicherheit geben; der Weg ist nicht unbedingt vorgezeichnet und bleibt offen, weil sie sich auf ein Netz von Stützpunkten verlassen können, die fest im Boden verankert sind.

Mit Offenheit umgehen dank flexibel einsetzbarer Praktiken

In der Realität des Schulalltags sind pädagogische Situationen bekanntlich nicht gänzlich kontrollier- und vorhersehbar. Es kann Unerwartetes eintreten, oder die Reaktion der Schüler:innen ist anders, als die Lehrperson es sich gedacht hat. Erfahrene Lehrpersonen haben verstanden, dass das Unerwartete weder eine Störung des Unterrichtsplans noch beunruhigend ist, sondern der *Normalfall*, der meist sogar erwünscht ist. Für sie ist das Unplanbare und Unerwartete etwas, mit dem sie ganz natürlich umgehen können, weil sie wissen, dass sie es mit jungen Menschen zu tun haben, die ihre spontanen Reaktionen zeigen, auf die die Lehrperson eingehen kann, wenn es nötig und wichtig ist.

In solchen unerwarteten Situationen zeigen Lehrpersonen manchmal unüberlegte Kurzschlussreaktionen, die sich später als kontraproduktiv erweisen – aber was sollen sie tun, wenn keine Zeit für sorgfältige analytische Überlegungen bleibt?

Es gibt in der Tat einen goldenen Mittelweg zwischen schnellen unüberlegten Reflexen und sorgfältigem Analysieren der Situation: Erfahrene Lehrpersonen mit Expertise verfügen über einen Vorrat an *flexibel einsetzbaren Praktiken*, die sich aus Wissen, Routinen und vor allem aus geschärfter Intuition speisen: Das Moderieren eines spontanes Klassengesprächs, eine schnelle Erklärung, das Eingehen auf einen frustrierten Schüler, der geschmeidige Übergang von einer Phase zur nächsten – verinnerlichte Praktiken dieser Art befähigen die Lehrperson, gelassen mit den vorbereiteten Elementen der Planung umzugehen und sie nach Bedarf anzupassen. Für sie ist dieses *Prinzip der flexiblen Planung* die natürlichste Sache der Welt. Sie können mit der Planung sozusagen „spielen" und die Bausteine des skizzierten Verlaufs umstellen. Dank solcher professioneller Praktiken sind sie in der Lage, die Unterrichtsstunde immer wieder in produktive Bahnen zu lenken, ohne sich an eine streng lineare Abfolge zu halten.

Eine kurze Beschreibung des Konzepts der Kernpraktiken findet sich in der folgenden Box, eine Liste von Kernpraktiken, vorgeschlagen von einem in den USA stark beachteten Forschungs- und Entwicklungsprojekt, im Anhang.

Verlassen auf Wissen über Schüler:innen und Klasse

Erfahrene und professionelle Lehrpersonen kennen ihre Schüler:innen, ihre Stärken, Schwächen und Besonderheiten, manchmal auch ihre charakterlichen Eigenheiten. Sie setzen sich aktiv mit den Schüler:innen auseinander und haben ein intuitives Gespür dafür, wie und wie schnell sie vorgehen können.

Lehramtsstudierende können solche Fähigkeiten durchaus auch im Rahmen eines Praktikums erwerben, selbst wenn sie eher am Anfang ihres Lernprozesses stehen, was den flexiblen Umgang mit unterrichtlichen Herausforderungen anbelangt. Sie können große Schritte in diese Richtung machen, wenn sie sich nicht zu sehr auf ihre eigene Performanz zu konzentrieren haben, sondern aktiv werden dürfen, um die Schüler:innen besser zu verstehen, und reichlich dafür Zeit investieren.

Diese Fähigkeit der Wahrnehmung, wo die Schüler:innen stehen und was sie benötigen, erfordert Übung, und es ist nie zu früh, damit zu beginnen. Das Wissen über die Schüler:innen – im Allgemeinen und auch über deren jetzigen Stand und die aktuellen Schwierigkeiten – ist absolut entscheidend für einen erfolgreichen Unterricht.

2.5 Fazit

Jene erfahrenen Lehrpersonen, die sich über die Jahre hinweg eine Könnerschaft erarbeitet haben, stellen eine sehr wichtige Wissens- und Know-how-Ressource dar, die es zu nutzen gilt. Es spricht nichts dagegen, von den Expert:innen auf diesem Gebiet zu lernen, und es spricht auch nichts dagegen, dass sich die Lehrer:innenbildung von deren zielführenden Praktiken inspirieren lässt. Vor allem das Modell der flexiblen Planung erweist sich bei diesen Lehrpersonen als erfolgreich. Den Kern des Planungsprozesses bilden „Bausteine", über die eine kompetente Lehrperson verfügt, während die vorbereitete zeitliche Abfolge der Aktivitäten nur skizzenhaft ist und jederzeit geändert werden kann, wenn die Situation es erfordert.

Das verstehen wir unter den „Kernpraktiken"

Weiterführende Informationen

Das Konzept der Kernpraktiken hat in jüngster Zeit große Aufmerksamkeit erlangt, weil es in Aussicht stellt, dass Lehrpersonen diese Praktiken nutzen können, um in unterschiedlichen Situationen der täglichen Arbeit professionell zu handeln und das Lernen zu fördern (Grossman, Hammerness & McDonald, 2009; Grossman, 2018). Die folgende Zusammenfassung beruht auf Fraefel (2020).

Wenn man von *Kernpraktiken* spricht: Was kann sich eine Lehrperson darunter vorstellen? Eine einfache Umschreibung lautet so:

> Kernpraktiken sind wiederkehrende Aktivitäten der Lehrpersonen, die wichtig sind, um die Fortschritte der Schüler:innen bestmöglich zu unterstützen.

Kernpraktiken sind also nicht irgendwelche Routinen, sondern jene Handlungsmuster, die die Lehrerpersonen einsetzen, um die Lernprozesse in Gang zu bringen und am Laufen zu halten, „flexible Muster …, die ein intuitiv-improvisierendes Handeln auf der Grundlage impliziten Wissens ermöglichen" (Neuweg, 2022, S. 135). Grundlegende Praktiken wie beispielsweise das „Führen eines Klassengesprächs" sind für das Lehren und Lernen in den meisten Fächern unerlässlich. Alle wissen, dass Klassengespräche gründlich misslingen können, dass dabei weder etwas gelernt wird noch das Interesse zunimmt. Eine Lehrperson jedoch, die ein dialogisches Klassengespräch führen kann, wird die Schüler:innen anregen, ihr Interesse wecken und das Lernen erleichtern.

Die meisten dieser Kernpraktiken lassen sich gut charakterisieren, und es gibt dazu mittlerweile viel Erfahrung, Forschung und Wissen. Letztlich werden die Kernpraktiken aber von der Lehrperson geprägt und haben daher immer eine individuelle Färbung. Wenn die Lehrperson daran interessiert ist, ihre Praktiken zu verbessern, wird sie sie häufig anwenden, sie einüben, sie besser verstehen und sie flexibel einsetzen. Solche Praktiken bieten einer Lehrperson eine solide Grundlage für die professionelle Arbeit.

Lehrpersonen bauen ihre Praktiken selbst auf

Was unterscheidet Praktiken von rezeptartigen Empfehlungen? Rezepte werden übernommen, aber oft fehlt dazu das Verständnis: Wann, wie und warum wirkt es oder wirkt es nicht? Ein Rezept sagt uns selten, wann es am besten angewendet wird und bei wem bzw. wann es zu Verwirrung und Unmut führen kann, wenn die Lehrperson meint, es jetzt applizieren zu müssen. Die vielen gut gemeinten Ratschläge, die Lehrpersonen ständig angeboten werden, sind selten geeignet, ihr eine echte Orientierung zu geben.

Praktiken hingegen müssen von den Lehrpersonen von Grund auf entwickelt und durch Erfahrung, Kontextwissen, Feedback von anderen, Reflexion und – warum nicht – gelegentliche praktische Ratschläge kontinuierlich verbessert werden. Mit der Zeit werden die Praktiken zur zweiten Natur und so verinnerlicht, dass sie intuitiv angewendet werden können. Daher ist es fast unmöglich, Praktiken durch Kopieren oder Lesen zu erlernen. Praktiken akkumulieren sich kontinuierlich, je tiefer man in sie eindringt. Am wichtigsten ist, dass sich die Lehrpersonen engagiert und ernsthaft mit ihnen befassen. Letztlich sind es *ihre* Praktiken für *ihren* Unterricht. Es ist nicht übertrieben zu sagen: Für Lehrpersonen, die sich verbessern wollen, ist das Erlernen von Praktiken ein Muss.

Es gibt keinen schnellen Weg zum Aufbau von Praktiken; das ist echte Arbeit. Genau aus diesem Grund sollte die Arbeit an grundlegenden Praktiken *bereits in der Lehrer:innenbildung eingeführt* und nicht den Lehrpersonen im Berufseinstieg überbürdet werden, wenn sie mit zahlreichen anderen Dingen gefordert sind. In der Lehrer:innenbildung kann man sich im Rahmen von Lehrveranstaltungen auf dem Campus mit Praktiken befassen, aber ein besonders großes Lernpotenzial haben Praktika und die dazugehörigen Formate. Dort können Praktiken fokussiert, verbessert, flexibel gestaltet und trainiert werden. Was hilft, ist die Unterstützung durch Fachleute der Lehrer:innenbildung, der Austausch mit anderen angehenden und erfahrenen Lehrpersonen sowie Diskussionen mit Mitstudierenden.

Praktiken brauchen Wissen und „Theorie"

In der Lehrer:innenbildung werden die angehende Lehrpersonen mit viel Wissen konfrontiert. Das allermeiste davon ist irgendwann für den Lehrberuf relevant – aber nur allzu selten haben die Lehrpersonen das entsprechende Wissen im richtigen Moment zur Hand. Daher sollte an der Hochschule oder sonstwo erworbenes Wissen mit dem tatsächlichen *Handeln* der Lehrperson verschmolzen werden, und als der „Ort" des Zusammenführens von Theorie und Handeln bieten sich idealerweise die Kernpraktiken an.

Wirkungsvolle Praktiken beruhen also nicht nur auf Erfahrung und gesundem Menschenverstand, sondern wesentlich auf dem Wissen der Hochschule. Auf die Wissensbestände aus den Fachwissenschaften, den Fachdidaktiken und den Erziehungswissenschaften zurückzugreifen, ist unverzichtbar. Allerdings ist zu prüfen, was davon im konkreten Fall zieldienlich ist.

Das Ziel sind Praktiken für *bestmögliches professionelles Handeln*. Lehrpersonen sollten sich gewohnheitsmäßig fragen, ob ihre Praktiken optimale Wirkungen erzielen und ob sie auf dem neuesten Stand gesicherten Wissens sind. Die Disziplinen der Fachdidaktiken und der Erziehungswissenschaften erforschen und überprüfen dauernd, wie sich Schule, Unterricht und Gesellschaft entwickeln, welche Konzepte erfolgversprechend sind, welche (Neben-)Effekte sie haben usw. Studierende haben zu diesem Wissen einen leichten Zugang, denn Fachpersonen der Lehrer:innenbildung vermitteln und erklären solche Konzepte berufsmäßig, und beim Fachpersonal kann im Prinzip jederzeit nachgefragt werden.

Professionelle Praktiken sind flexibel

Wer über professionelle Praktiken verfügt, kann eine berufliche Situation richtig „lesen" und schnelle und zweckdienliche Entscheidungen treffen. Das ist aber nur dann möglich, wenn man in diesem Gebiet zuhause ist. Nehmen wir z. B. „Lernschwierigkeiten der Schüler:innen erkennen und verstehen": Wer sich hier auskennt, wird auf die einzelnen Schüler:innen aufmerksam werden und das Spezielle an der konkreten Situation wahrnehmen. Man merkt intuitiv, worauf zu achten ist, hat das entsprechende Fachwissen und kennt verschiedene Varianten des Reagierens. Man weiß meist sofort, was zu tun und zu lassen ist. So trifft man schnell die bestmöglichen Entscheidungen zum Vorteil der Schüler:innen. Kurz: Professionelle Praktiken ermöglichen flexibles und zielführendes Handeln, auch in variierenden Situationen.

Professionelle Praktiken entlasten die Lehrperson

Immer wieder berichten Berufseinsteigende, dass sie der Schulalltag überfordert, weil sie an so viele Dinge denken müssen, um die sie sich im Studium kaum zu kümmern hatten. Die berufliche Realität ist unerbittlich: Ohne Unterlass ist die Lehrperson mit neuen Herausforderungen konfrontiert. Der Handlungs- und Zeitdruck in der Schule löst einen andauernden Stress aus, der vor allem Berufseinsteigende an ihre Grenzen bringen kann. Hier helfen Praktiken: Anders als bloße Routinen und starre Handlungsempfehlungen geben sie den Lehrpersonen Handlungsoptionen, um in der Situation adäquat und professionell zu handeln. Und deshalb – es sei nochmals betont – ist es so wichtig, dass professionelle Praktiken *geübt* werden.

Nur gute Praktiken tragen zum Bildungserfolg bei

Last but not least: Nicht alle Praktiken haben Qualität. Es gibt auch suboptimale oder sogar schädliche Praktiken. Manche Praktiken sind Handlungsmuster, die nicht bewusst gestaltet wurden, sondern sich mit zunehmender Routine gebildet haben. Es kann sein, dass sie keineswegs zielführend sind. Vielleicht unterstützen sie die Lehrperson in der Bewältigung des Alltags, aber sie können auch unprofessionell und kontraproduktiv sein. Die entscheidende Frage ist: Helfen die Praktiken den Lehrpersonen, ihre Aufgaben möglichst gut und professionell zu erfüllen? Und vor allem: *Tragen sie dazu bei, dass die Schüler:innen weiterkommen?* Praktiken mit diesen Fragen weiterzuentwickeln, ist ein großer Schritt zu einer professionellen Lehrperson.

3 EXKURS: Konventionen der Unterrichtsplanung überdenken

Vorbemerkung:
Dieses Kapitel beleuchtet die Planungsproblematik, wie sie sich oft in der Lehrer:innenbildung darstellt, und thematisiert einige kontroverse Aspekte der Unterrichtsplanungsmodelle und deren Vermittlung, des Planungsprozesses sowie der Planungsraster. Wer an diesen Fragen zurzeit nicht interessiert ist, kann die Lektüre auf später verschieben und sich direkt der Aktivität am Ende dieses Kapitels zuwenden.

Leitlinien für die Unterrichtsplanung sind insgesamt eher verwirrend. Von einem Konsens über gute oder richtige Planung ist man weit entfernt. „Es gibt keinen Maßstab, wann eine Unterrichtsstunde gut vorbereitet ist“ (Haas, 2005, S. 6). Dass das meiste von dem, was in der Lehrer:innenbildung dazu für wichtig gehalten wird, in der alltäglichen Praxis kaum umgesetzt wird, ist eines der auffälligsten Paradoxa des Lehrberufs. Umgekehrt scheinen alltägliche und subjektiv als bewährt erlebte Planungspraktiken erfahrener Lehrperson in der Lehrer:innenbildung auf wenig Interesse zu stoßen.

Ein Ziel dieses Buches ist es, eine Planungspraxis zu skizzieren, die sowohl den Bedürfnissen der Lehrer:innenbildung und der Studierenden als auch jenen der Praktiker:innen gerecht werden kann. Es soll den Studierenden und Lehrpersonen ein theoretisch begründbares und praktisch effizient umsetzbares Verfahren der Planung in die Hand geben, dessen maßgebliche Leitlinie für Planungsentscheide die bestmöglichen Fortschritte der Schüler:innen sind. „Erfolg“ in diesem Sinne ist irritierenderweise in manchen Allgemeindidaktischen Diskursen immer noch ein kritisch kommentiertes Ziel (z.B. Kron, Jürgens & Standop, 2014, S. 102), wohingegen Wolfgang Klafki dieses zielorientierte „zweckrationale Unterrichtskonzept“ im Rahmen eines flexibleren Modells offenen, problem- und schülerorientierten Unterrichts durchaus akzeptabel findet (Klafki, 1986, S. 137).

Dieses Kapitel bietet die Gelegenheit, im Beruf eingebettete Planungsgewohnheiten aus der Perspektive der Zweckmäßigkeit zu betrachten und einige davon womöglich in Frage zu stellen.

3.1 Kontroverse Aspekte der Unterrichtsplanung

Belastungen durch Planungsmodelle

In jeder Phase des Lehramtsstudiums sehen sich Studierende, die Unterricht planen, vielfältigsten Erwartungen gegenüber, seien dies Ansprüche der Mentor:innen oder des weiteren Fachpersonals der Lehrer:innenbildung, oder seien es Vorgaben und Regeln, die zu beachten sind. Meist wird erwartet, dass kleinschrittig vorausgeplant wird, dass die Ziele ausformuliert werden und dass der Planung analytische Überlegungen vorangestellt werden. Das Planen von Unterricht wird als Notwendigkeit zwar allgemein akzeptiert, aber oft und besonders während der Ausbildung auch als Last empfunden.

Es gilt in der deutschsprachigen Lehrer:innenbildung indessen als ausgemachte Sache, dass das Planen von Unterricht eine Kernkompetenz jeder Lehrperson sei: „Die Planungskompetenz nimmt … eine zentrale Rolle in der Professionalisierung einer Lehrkraft ein" (Wernke & Zierer, 2017, S. 11). König et al. (2015) äußern sich in gleicher Weise: „Die Planung … ist insofern auch zentraler Bestandteil der Lehrerausbildung, als angehende Lehrkräfte in dieser Tätigkeit wissenschaftlich ausgebildet und in der Praxis geschult werden sollen. Unterricht planen zu können, ist grundsätzlich lehr- und lernbar" (S. 377). Entsprechend zahlreich und divers sind die normativen Anleitungen, wie idealerweise zu planen sei. Sie reichen von hoch elaborierten, vielschichtigen Planungsmodellen der Allgemeinen Didaktik (z.B. Standop & Jürgens, 2015) und breitem Prüfungswissen über Planung (z.B. Wiater, 2015) bis zu fach- und stufenspezifischen Planungsanleitungen.

Den alltäglichen Realitäten berufstätiger Lehrpersonen wird von solchen Planungsempfehlungen kaum Rechnung getragen. Wernke und Zierer (2017) halten fest: „Wenn … Planung im Rahmen der Lehrerbildung als etwas wahrgenommen wird, was einem nichts nützt, worin man keinen Sinn findet, was einen nur gängelt, dann überrascht es nicht, wenn später nicht mehr intensiv darauf zurückgegriffen wird" (S. 14).

Der Druck auf Studierende, während der Ausbildung ihre Unterrichtsplanungskompetenz nachzuweisen, ist nicht zu unterschätzen. Planungen werden in der Lehrer:innenbildung oft als Nachweis des Engagements interpretiert, und Studierende, die ihre Überlegungen nicht verschriftlichen und begründen, können schnell in den Verdacht der Inkompetenz oder des Schlendrians geraten. So legen die Studierende ihre den Empfehlungen konformen Planungen vor, um nicht den Eindruck entstehen zu lassen, sie hätten sich zu wenig mit dem zukünftigen Unterricht auseinandergesetzt.

Berufstätige Lehrpersonen haben in dieser Hinsicht freie Hand, beschränken sich auf ihnen zweckmäßig erscheinende Planungselemente und verhalten sich dadurch wohl durchaus rational, wie Jürgen Oelkers bemerkt: „Im Mittelpunkt der Arbeit der Lehrkräfte stehen die unterrichtsbezogenen Tätigkeiten. Alles, was den Aufwand steigert, ohne den Ertrag zu verbessern, wird in dieser Praxis keine Verwendung finden" (2009, S. 9). Werner, Wernke und Zierer stellen nüchtern fest: „‚Gut' geplante Stunden können ebenso misslingen, wie ‚schlecht' geplante Stunden gelingen können" (2017, S. 105).

Trotz dieser weitherum bekannten Probleme gilt die auf umfassenden Analysen basierende und die Lektion minutiös antizipierende Planung weiterhin als Maßstab, auch weil sie in Prüfungssituationen zur Anwendung kommt und über Berufskarrieren mitentscheidet. Es gibt zurzeit in der Lehrer:innenbildung kaum Anzeichen, dass sich an der Schlüsselstellung dieser schriftlichen Unterrichtsplanungen etwas ändern wird.

Planen zur Komplexitätsreduktion – und die Folgen

Als zentrales Motiv für elaborierte Planungen wird oft die *Reduktion von Komplexität* genannt. Unterricht ist vielschichtig und dessen Verlauf beschränkt vorhersehbar, und so liegt es nahe, dass Lehrpersonen das Geschehen kanalisieren wollen, um unerwünschte Verläufe zu vermeiden. Ein durchgeplanter Unterricht kann den Lehrpersonen mehr Sicherheit bieten und das Risiko der Überforderung verringern.

Gegen eine vernünftige Komplexitätsreduktion ist gewiss nichts einzuwenden, solange der Unterricht nicht mit einer kleinschrittigen Detailplanung übersteuert wird. Befeuert wird dieser Hang zur Ausführlichkeit insbesondere durch die ausschweifenden Planungen für „Lehrproben". Solcherart exzessive Planungsdokumente mit allerlei analytischen Vorüberlegungen kommen faktisch nur bei sogenannten „Feiertagslektionen" zur Anwendung, die bewertet werden oder über eine Anstellung entscheiden.

Um Pannen in einer prüfungsähnlichen Situation zu vermeiden, neigt man zum „Over-Planning" – einem Planungsaktivismus, der letztlich niemandem dient: Möglichst viele Eventualitäten werden antizipiert, Alternativpläne werden erstellt, und auf mögliche Äußerungen von Schüler:innen soll die Lehrperson bereits eine passende Reaktion vorsehen. Der perfektionistische Planungsmodus nährt die Vorstellung, dass Unterricht *beherrschbar* sei, dass die Lehrperson die Dinge im Griff haben könne.

Mit dem Mittel der straffen Planung werden unerwünschte Verläufe gewissermaßen „weggeplant" und bedrohliche Situationen antizipiert, um vorsorglich Gegenmaßnahmen zur Hand zu haben und die Kontingenz – also die Unentschiedenheit des zukünftigen Geschehens – in enge Bahnen zu lenken. Der Aufwand ist entsprechend groß. Das Beispiel einer Lehrerin in einem Referendariat formuliert es in einer Zuspitzung so: „Mein Seminarlehrer hat es bei der Lehrprobenvorbesprechung angedeutet. Ich muss wirklich jede Sekunde planen. Jede mögliche Antwort, jedes Detail. Mir fällt es ein wenig schwer …" (referendar.de, Forumseintrag vom 16.01.2017).

Grenzen der Planbarkeit schüler:innengerechten Unterrichts

Minutiöse Planung tendiert zu einem lehrpersonenzentrierten Unterricht der durchgetakteten Inszenierung, die wenig Spielraum für individuelle Lernprozesse lässt. Lehrpersonen nehmen dann Zuflucht zu Sätzen wie: „Gute Idee, aber das führt jetzt von Thema weg …", „Wir müssen jetzt leider weiterfahren …", „Wer Fragen hat, soll nach der Stunde vorbeikommen."

Wenn der Unterricht als Abbild der linearen Schritt-für-Schritt-Planung der Lehrperson verstanden wird, sieht sich die engagierte Lehrperson in einem Dilemma: Die Engführung entlang der Planung gibt zwar Sicherheit, aber um den Preis, nur eingeschränkt situativ handeln und reagieren zu können.

Fokus auf Denkprozesse der Schüler:innen erfordert flexiblere Planung

Unterricht darf sich selbstverständlich nicht auf die Kontrolle des Verlaufs, das Im-Griff-Haben der „Sichtstruktur" beschränken, aber das lineare Planungsmuster hat genau die Tendenz, auch die *Denkprozesse* der Schüler:innen zu kanalisieren und unvorhergesehene Wendungen eher als Störung zu interpretieren. Bildungswirkungen bei den Schüler:innen sollen zwar eintreten, aber sie sind im linearen Planungsmodus nicht die Hauptsorge. Hier tritt dessen Widersprüchlichkeit deutlich zutage: Dass Unterricht von den Schüler:innen und deren Lernen her zu denken ist, ist längst Gemeingut geworden. Ein schüler:innengerechter Unterricht, der dem individuellen Denken, Fühlen und Handeln der jungen Menschen Raum gibt, kann zwar angestrebt werden, ist in diesem Sinne aber *nicht direkt planbar*.

Seel (1997) stellt fest, dass Studierende folgendes Muster stark verinnerlicht haben: „Studierende bemühen sich um eine möglichst plangetreue Umsetzung der Unterrichtsvorbereitung. *Das Festhalten am Plan wird häufig über den Lernprozess der Schüler:innen gestellt*" (S. 270, Hervorhebung U.F.). Studierende werden darin eher noch bestärkt, indem in Nachbesprechungen oft die Übereinstimmung von Planung und Durchführung analysiert wird. Wolfgang Klafki (1986) sieht dagegen in dieser Passung gerade *kein* Qualitätsmerkmal; Unterrichtsplanung könne nie mehr als ein *offener Entwurf* sein. „Der Maßstab für die didaktische Qualität einer Unterrichtsplanung ist nicht, ob der tatsächlich abgelaufene Unterricht dem Plan möglichst genau entsprach, sondern ob die Planung dem Lehrer didaktisch begründbares, flexibles Handeln im Unterricht und den Schülern … produktive Lernprozesse ermöglichte" (S. 269).

Persistentes lineares Planen in der Lehrer:innenbildung

Dass Studierende oft am Schritt-für-Schritt Planungsmodus festhalten und sich wenig Raum für adaptiven, der Situation angepassten Unterricht ausbedingen, dürfte mehrere Gründe haben:

- die eigenen Schulerfahrungen der Studierenden, die den Unterricht als linear dahinfließenden Prozess erlebt haben,
- das Kontrollbedürfnis der Studierenden, die vermeiden wollen, dass Stunden aus dem Ruder laufen,
- der Fokus der Lehrer:innenbildung auf der „Unterrichtsplanungskompetenz",
- die Persistenz von historischen Planungsmodellen des 20. Jahrhunderts in der Lehrer:innenbildung,
- das Wissen darum, dass aufgrund durchgeplanter Stunden Karriere- und Anstellungsentscheidungen getroffen werden.

Es sprechen aber auch gute Gründe für eine radikale Neuorientierung der Planungsprozesse in der Lehrer:innenbildung. Eine ausführliche Planung ist noch längst keine gute Planung, und eine gute Planung muss nicht hoch elaboriert sein. Eine funktionale Planung wird die zentralen Überlegungen für einen lernfördernden Unterricht umfassen und – wenn Schriftlichkeit gefordert ist – diese nachvollziehbar darlegen. Es muss nicht alles „auf Vorrat" festgelegt werden, was besser im Verlauf des Unterrichts entschieden wird. Dieses In-der-Situation-Entscheiden bedarf des gezielten Trainings, um in ungeplanten Phasen nicht in dilettantisches Improvisieren zu verfallen. Wie im nächsten Abschnitt diskutiert wird, reichen meist wenige Meilensteine aus; die Planung darf den *Charakter einer Skizze* haben, um den flexiblen Einsatz von Planungselementen zuzulassen.

3.2 Problematik der Planungsschemata und Raster

Tendenz zu komplexen Anleitungen

Es ist gängige Praxis und wird in der Lehrer:innenbildung durchaus begrüßt, dass Studierende auf der Suche nach zweckmäßigen und arbeitseffizienten Hilfsmitteln Planungsvorlagen verwenden, die sie Punkt für Punkt abarbeiten können. Wer nach solchen Planungsschemata sucht, wird leicht fündig.

Zahlreiche Planungsraster zur Strukturierung der Planung basieren auf didaktischen Modellen des 20. Jahrhunderts und nennen checklistenartig deren vorbereitende Analysen. Als Beispiel sei das prominente Perspektivenschema von Wolfgang Klafki (1986, siehe vereinfachte Abbildung 3) genannt. Dieses Schema ist für die alltägliche Planung jedoch ungeeignet, wie Klafki selbst einräumt. Der Einbezug der wesentlichen Dimensionen des Unterricht dürfe „nicht mit dem Postulat gleichgesetzt werden, der planende Lehrer müsse seine Antworten auf alle Fragen des Rasters bei jeder Unterrichtsplanung explizit ausformulieren und schriftlich niederlegen“ (Klafki, 1986, S. 269-270).

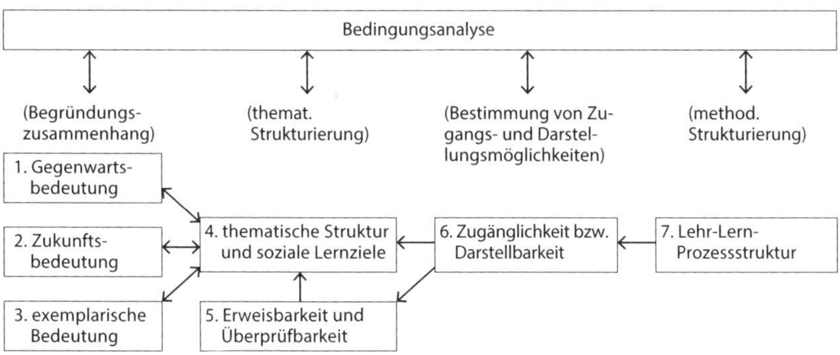

Abb. 3: Vereinfachte Darstellung des (vorläufigen) Perspektivenschemas von W. Klafki (1986, S. 272). Klafkis Schema wird oft als Grundlage für Planungsvorlagen verwendet.

Den meisten Rastern ist gemein, dass sie auch eine tabellarische Verlaufsplanung einfordern. Jank und Meyer (2018) bezeichnen den „geplanten Stundenverlauf als Kern der Unterrichtsplanung“ (S. 346). Eine überschaubare zeitliche Strukturierung ist ein zweckmäßiges Arbeitsinstrument, wohingegen allzu rigide Verlaufs- und Zeitvorgaben Flexibilität und Adaptivität erschweren.

Raster sind aus mehreren Gründen beliebt. Lehrerbildner:innen sehen Planungsvorlagen als Steuerungsinstrument, um Studierende dazu zu bringen, präferierte Konzepte in die Praxis umzusetzen. So ist jede Vorlage explizit oder implizit von gewissen Prinzipien geleitet (siehe Abbildung 4).

Die Problematik vieler Planungsvorlagen besteht darin, dass sie für ein allzu formalistisches, ja technologisches und mechanistisches Verständnis von Lehren und Lernen stehen. Sie werden bisweilen fast schon als Garantie für gelingenden Unterricht gesehen, solange die vorgegebenen Schritte genau befolgt werden, auch wenn dies nicht die Absicht der Autor:innen gewesen sein mag.

Auch manche Studierende mögen Raster der Lehrer:innenbildung nützlich finden, denn sie verweisen genau auf jene Punkte, auf die besonderen Wert gelegt wird. Man weiß, was zu tun ist, gerade bei bewerteten Lehrproben.

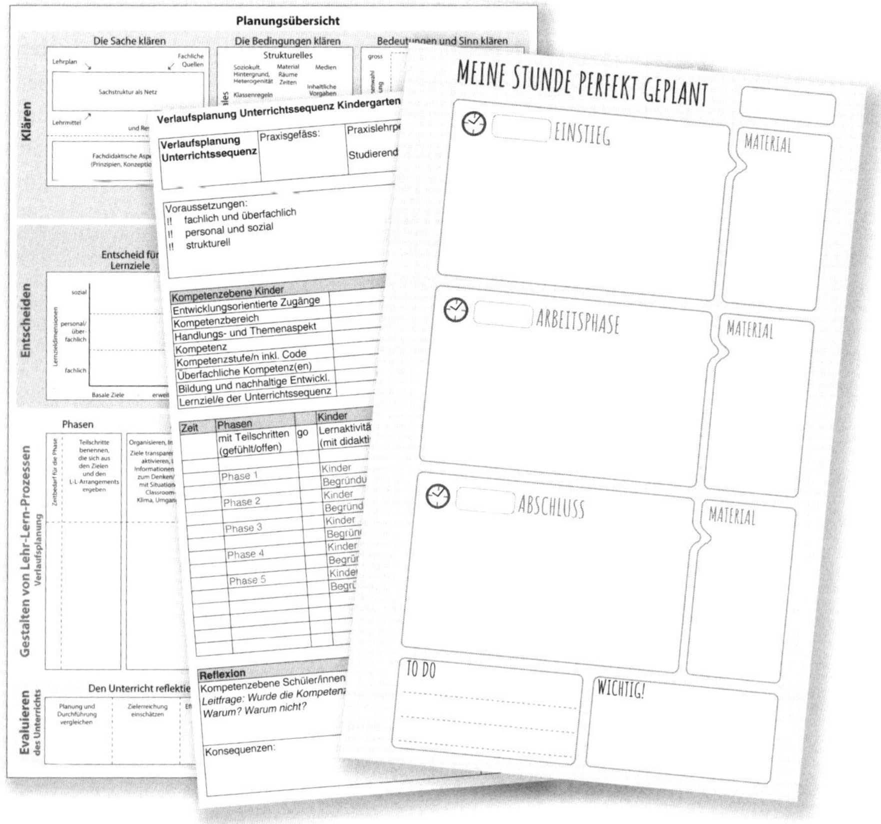

Abb. 4: Beispiele für Planungsraster, die teils auf didaktischen Modellen und elaborierten Konzepten basieren und diese mittels des Rasters transportieren (Zumsteg et al., 2009; Futter et al., 2022) oder die Lektionsplanung radikal auf wenige Komponenten der Sichtebene reduzieren (Abreißblock des Verlags an der Ruhr). Nachzeichnungen U.F.

Hoch strukturierte Planungsvorgaben münden dann tendenziell in detailreiche Planungen und bahnen einen verstärkt lehrpersonenzentrierten Unterricht an. Damit stehen sie in kategorialem Widerspruch zu einem adaptiven, schüler:innen- und wirkungsorientierten Unterricht.

Die meisten Raster stellen eine praktische Hilfe in Aussicht, aber sie sind gleichwohl mit Merkpunkten zu Sachanalyse, Bedeutungsanalyse, Bedingungsanalyse, Kompetenzorientierung, Lernzielformulierung usw. überladen und erzeugen wiederum eine Komplexität, die den alltagspraktischen Nutzen schmälert. „Fragt man nun Lehrkräfte zur persönlichen Bedeutung allgemeindidaktischer Modelle für deren Unterrichtsplanungen, so fallen die Antworten entsprechend negativ aus, zumal diese häufig nur in Verbindung mit den Prüfungsanforderungen und ausführlichen Unterrichtsentwürfen aus dem Referendariat gesehen werden" (Wernke, Werner & Zierer, 2015, S. 447).

Offensichtlich taugen elaborierte Planungsraster in ihrer Breite nicht als Arbeitsinstrument für die tägliche Unterrichtsplanung, was zwangsläufig nach handhabbaren Vereinfachungen ruft.

Alltagspraktische Raster mit Tendenz zur Simplifizierung

Haas (2005) stellt fest, „dass Lehrpersonen ihre Unterrichtsplanung an keinem speziellen didaktischen Modell ausrichten" (S. 14). Sobald Studierende und Lehrpersonen nicht mehr unter Aufsicht sind, bevorzugen sie einfachere Raster. Diese *ignorieren zahlreiche Elemente*, die bei der Bewältigung des Unterrichtsalltags ihres Erachtens keine direkte Hilfe anbieten, und fokussieren auf praktisch relevante Komponenten, wie z.B. Einsatz des Lehrmittels, Lernaufgaben während des Unterrichts, Materialien oder allfällige Hausaufgaben.

Einfache Raster wie das Beispiel „Meine Stunde perfekt geplant" in Abbildung 4 haben zweifellos praktische Vorteile: Die Planung wird überschaubar und handhabbar, sie limitiert den Aufwand, sie tendiert nicht zum „Over-Planning". Oft nur in Stichwörtern festgehalten, lassen solche Raster mehr Flexibilität und Improvisation zu. Aber simple Planungsraster können auch zu Minimalismus, Oberflächlichkeit, Banalisierung und belanglosem Unterricht verleiten. Zeigt sich hier das Dilemma der Raster? Komplex und unpraktikabel, oder aber simpel und banal?

Dilettantisches Improvisieren

Wenig erfahrene Lehrpersonen und Studierende lassen sich nicht selten von der Praxis der Kürzestplanung *erfahrener* Lehrpersonen inspirieren. Sie gestalten ihre Unterrichtsentwürfe ebenfalls nur skizzenhaft (oder verzichten sogar darauf), ohne aber Expertenlehrpersonen zu sein, die die „Lücken" der Planung mit ihrer Erfahrung, ihrem profunden Praxiswissen und verinnerlichten Praktiken füllen können. Hier zeigt sich eine Tendenz, die man als *dilettantisches Improvisieren* bezeichnen könnte (im Gegensatz zum *disziplinierten Improvisieren*, vgl. Sawyer, 2004). Das eilige, stichwortartige Planen der Studierenden kann sehr wohl mit Selbstüberschätzung gepaart sein. Rothland (2018) spricht im Zusammenhang von Praxissemestern von „latenten Kompetenzüberschätzungen der Lehramtsstudierenden, die angeben, bereits zu können, was [zu erlernen] und in einem langwierigen Professionalisierungsprozess auszubilden ist" (S. 491). Die Infragestellung idealisierter Selbstkonzepte mag für die Studierenden ernüchternd sein, ist aber notwendig.

Was ist unter dilettantischem Improvisieren zu verstehen? Es handelt sich um spontanes Entscheiden mittels naiver Rückgriffe auf das vermeintliche Wissen, wie „es geht". Unterricht ist, so die Annahme, ein kulturell tief verankertes Format, über das schlichtweg alle einen Grundbestand an Kenntnissen haben, was in gewisser Hinsicht nicht falsch ist. Dass selbst die Schüler:innen bei der Inszenierung von Unterricht weitgehend ihre Rolle spielen, scheint dies zu bestätigen. Doch gerade unerfahrene Lehrpersonen werden nicht selten dazu verleitet, sich zu sehr auf solch fragilen Konventionen abzustützen und sich zu überschätzen, wenn der Unterricht mehr oder weniger geordnet abläuft. Sie können den Eindruck gewinnen, sie würden das Handwerk des Planens und Unterrichtens beherrschen. Die Planungen sind dann minimalistisch, auch wenn das Hintergrundwissen dürftig und die Erfahrungen für flexibles Handeln unzureichend sind.

Das Phänomen ist bekannt und erforscht und heißt „unbewusste Inkompetenz", auch Dunning-Kruger-Effekt genannt (Kruger & Dunning, 1999). So kann es vorkommen, dass Studierende die eigenen Schwachpunkte nicht erkennen oder nicht zu erkennen bereit sind, da sie von der eigenen Kompetenz überzeugt sind, und unüberlegt auf Versatzstücke von Unterricht zurückgreifen, die sie selbst als Schüler:innen erlebt haben. Sie bauen auf die stabilisierende Kraft von tradierten Unterrichtskonventionen. Vielleicht bringen sie die Stunden damit über die Runden, aber mit professionellem Handeln, das bei den Schüler:innen einen Fortschritt sicherstellen will, hat dies wenig zu tun.

Einfache Raster brauchen Professionswissen, Engagement und Praktiken

Es lässt sich nicht generell sagen, dass einfache Planungsraster den Unterricht banalisieren; die Planung allein macht ja noch nicht den Unterricht. Die Steuerung unterrichtlichen Handelns erfolgt auch durch

1. das implizite und explizite *berufsbezogene Wissen*, über das Lehrpersonen in zunehmendem Maß verfügen,
2. das *Engagement* für die Fortschritte der Lernenden, d.h. der Wille, die erwünschten Wirkungen zu erzielen, Lernen zu begünstigen und Hindernisse abzubauen,
3. und vor allem die verinnerlichten *Praktiken*, auf die die Lehrperson zurückgreifen kann, um situativ angemessen zu entscheiden und zu handeln.

Wenn also eine Lehrperson über solche Attribute verfügt, darf die Planungsskizze bzw. der Raster durchaus knapp sein. Sie kann entlang eines einfachen Gerüsts der Stunde „diszipliniert improvisieren".

Verinnerlichung der Planungsdimensionen

Es lässt sich festhalten: Für wenig erfahrene Lehrpersonen und Studierende sind elaborierte Planungsraster insgesamt problematisch; sie werden eher als einengend und unpraktikabel wahrgenommen. Simplifizierende Raster hingegen könnten missverstanden werden als Botschaft, ein paar wenige Punkte würden für guten Unterricht ausreichen. Beide Deutungen von Rastern setzen mit ihrem Checklisten-Charakter falsche Akzente.

Lehrpersonen arbeiten anders als etwa eine Pilotin, die vor dem Start Checklisten durchgeht. Lehrpersonen planen dann effizient, wenn sie 1. die bedeutsamen Planungsdimensionen verinnerlicht haben und situativ aufgreifen, und 2., wenn sie in einleutenden und sinnstiftenden Planungsaufgaben engagiert sind, z.B. im Zusammenstellen von Lernaufgaben.

Studentisches Planungsverständnis über Raster entwickeln zu wollen, scheint nicht zielführend, zumal Form und Ausführlichkeit der Planung keine tauglichen Qualitätsindikatoren sind, weder für die Planung selbst noch für die Qualität des geplanten Unterrichts. Die Frage, die sich die Lehrer:innenbildung zu stellen hat, lautet vielmehr: Wie können relevante Planungsdimensionen und wirkungsvolle Planungsstrategien so verinnerlicht werden, dass sie auch im Berufsalltag nutzbar sind?

3.3 Andere Prioritäten in der angelsächsischen Welt

Als Kontrastierung ist es interessant, einen Blick auf Praktiken der Unterrichtsplanung im englischen Sprachraum zu werfen. Die meisten Empfehlungen für die Unterrichtsplanung sind in Rastern, Checklisten oder Diagrammen konkretisiert und folgen einem ähnlichen Grundmuster. Norm Friesen (2010) stellt anhand eines Überblicks über die Planungspraxis fest: „Die Entwicklung von Unterrichtsplanungen mithilfe von Planungsvorlagen ist ein zentraler Bestandteil der Lehrerbildungsprogramme im Vereinigten Königreich, in Kanada und in den Vereinigten Staaten. Darüber hinaus unterscheiden sich die grundlegenden Designs dieser Vorlagen von Land zu Land erstaunlich wenig“ (S. 417). Nicht nur in praktischen Leitfäden, sondern auch in wissenschaftlichen Veröffentlichungen wird immer wieder die Frage gestellt, wie solche formalisierten Planungsverfahren verbessert werden könnten (z.B. Ornstein, 1997; Causton-Theoharis, Theoharis & Trezek, 2008; Vermette et al., 2010).

John (2006) und Friesen (2010) stellen fest, dass der *Schwerpunkt auf effektivem Unterricht* liegt, und im Zusammenhang mit der Planung gibt es viele direkte oder indirekte Verweise auf dieselben Autoren, die den Ansatz des effektiven Unterrichts in ihre Konzepte und Planungsempfehlungen einbeziehen. Als besonders einflussreich ist vor allem Tyler (1949) zu nennen, aber auch Bloom und Kollegen (1956), Gagné (1974) und Hunter (1994). Das verbindende Merkmal dieser Ansätze ist der Fokus auf effektiven Unterricht und der Bezug auf psychologisches Wissen aus behavioristischer und kognitivistischer Perspektive. Mit der konstruktivistischen Wende gegen Ende des letzten Jahrhunderts wurde der Ansatz eines wirkungsorientierten Unterrichts und der Gewährleistung optimaler Lernbedingungen nicht grundsätzlich in Frage gestellt, sondern es wurde auf „blinde Flecken" hingewiesen, insbesondere auf die Notwendigkeit, die individuelle und soziale Konstruktion von Wissen beim Lernen der Schüler:innen zu berücksichtigen, was sich der direkten Kontrolle der Lehrpersonen entzieht (z.B. Berg & Clough, 1991; Uhrmacher, Conrad & Moroye, 2013).

Die deutschsprachige Lehrer:innenbildung hatte Impulse für eine konsequente Zielorientierung im Planungsprozess insbesondere aus den USA aufgenommen (Mager, 1962, 1983, siehe auch Box am Ende des Kapitels 9). In Verbindung mit dem Fokus auf effektiven Unterricht und der in den 1990er Jahren aufkommenden Standardorientierung erlangte der Ansatz der Rückwärtsplanung (Backward Planning, Backward Design) in den USA zunehmende Aufmerksamkeit und kann als eines der dort am stärksten rezipierten Planungsprinzipien betrachtet werden (Wiggins & McTighe, 1998). Der Ansatz stellt *die effektive Zielerreichung* ins Zentrum des Planungsprozesses; die Planung erfolgt von den Zielen her konsequent „rückwärts". Anders als die Operationalisierung der Lernziele hat das Konzept des Backward Planning im deutschen Sprachraum bisher keine Resonanz gefunden, obwohl es sich bestens in die allgegenwärtige Kompetenzorientierung einfügen würde.

3.4 Was leistet ein praktikables Planungsverfahren?

Wie bereits erörtert, taugt das Auflisten und systematische Abarbeiten von theoretisch relevanten Aspekten des Unterrichts kaum, um den Planungs*prozess* sinnvoll zu gestalten. Studierende und Lehrpersonen planen praktisches Handeln nicht nach der strukturellen Logik von Planungsmodellen. Der Planungsvorgang ist auch nicht eingrenzbar auf einen Zeitrahmen. Lehrpersonen planen in Zyklen und bisweilen sprunghaft, mit Unterbrüchen und an verschiedenen Orten, teils mental, teils an konkreten Materialien, und eine schriftliche Ausarbeitung erfolgt selten systematisch oder überhaupt nicht (Gassmann, 2013, S. 110–115).

Nach Scholl (2018) wären didaktische Theorien einer Praktikabilitätsprüfung zu unterziehen. „Um die tatsächliche Praktikabilität [...] in der Unterrichtsplanung bestimmen zu können, müssten didaktische Theorien mit den Erwartungen des Berufsstandes an sie abgeglichen werden" (S. 237). Befunde, wie berufstätige Lehrpersonen tatsächlich planen, haben indessen *keine erkennbaren Spuren in Planungsanleitungen hinterlassen.* Seel (2011) stellt fest, es sei „interessant, dass aktuelle Planungsdidaktiken die Planung zwar als zirkulären und intuitiven Prozess beschreiben, jedoch nicht auf ihre linearen, zum Teil engen Planungsschemata verzichten" (S. 40).

Den Planungsprozess von den Planenden her denken

Um eine Analogie zu Lernprozessen von Schüler:innen heranzuziehen: Die unterrichtliche Vermittlung ist *von den Lernenden her zu entwickeln*, d.h., es ist zu berücksichtigen, wie Schüler:innen denken, wofür sie sich interessieren, was sie selber zu erarbeiten imstande sind, wo sie welche Hilfe brauchen, sogar wie ein Sachverhalt mit Blick auf Lernbarkeit neu zu strukturieren ist. Das sind didaktische und lernpsychologisches *Basics*, die die Lehrer:innenbildung den Studierenden vermittelt.

Auch eine *Didaktik des Planungsprozesses* wäre gut beraten, vom Denken und der Motivation der Planenden (also der Studierenden und Lehrpersonen) auszugehen. Das könnte für die Lehrer:innenbildung heißen, dass das Planen nicht nur systematisch und theoriegeleitet zu vermitteln ist, sondern als *pragmatischer und zyklischer Prozess* aufgebaut wird; dass die *zentralen Interessen von Planenden* – gelingender und lernwirksamer Unterricht sowie Arbeitsökonomie – den Planungsprozess vorantreiben; dass *implizite und nicht verschriftlichte Planungselemente* – z.B. Ziele – als solche erkannt und stärker gewürdigt werden. Die Forschungsbefunde zu den realen Planungspraktiken von Studierenden und Lehrpersonen geben dazu deutliche Hinweise. Die Anlehnung an reale Praktiken muss nicht bedeuten, dass in der Praxis kaum berücksichtigte Planungskomponenten wie Sachanalyse, Lernzielformulierung oder Bedingungsanalyse einfach gestrichen würden; vielmehr ist zu überlegen, wie sie *die Planungskomponenten implizit in das Planen integrieren* können und wie die (angehenden) Lehrpersonen *relevante Planungskomponenten dauerhaft verinnerlichen*. Eine Schlüsselrolle dürfte dabei die Auswahl und Konstruktion von Aufgaben spielen (siehe Kapitel 6).

Fazit: drei Anforderungen an ein schlankes Planungsverfahren

Das Planungsverfahren, das in den folgenden Kapiteln entwickelt und vertieft wird, sollte zumindest drei Anforderungen erfüllen.

1. *Bereitstellen von Werkzeugen, die professionelles Handeln im Unterricht unterstützen*: Planung hat einen pragmatischen Charakter, indem sie das reale Problem der Gestaltung zukünftigen Unterrichts lösen soll. Deshalb ist der Akzent auf zweckdienliche Werkzeuge legitim und notwendig.
2. *Ausrichten auf Wirksamkeit bezüglich der Fortschritte der Lernenden*: Den Schüler:innen gebührt im Planungsprozess ein zentraler Platz, und nicht

nur, indem deren Bedingungen, Vorwissen und Bedürfnisse analysiert werden, sondern als jene, die in diesem konkreten Unterricht einen Anspruch auf Fortschritte in einem Bildungsbereich haben. Deshalb ist die Frage, wie diese Fortschritte erreicht werden, für die Planung unbedingt leitend.

3. *Zweckmäßiges, schlankes und arbeitsökonomisches Vorgehen*: Ein praktikables Verfahren berücksichtigt, dass Lehrpersonen im Durchschnitt 10 bis 20 Minuten für die Planung einer Lektion aufwenden können. Sie erwarten, dass in dieser knappen Zeit die zentralen Punkte für die Durchführung der Stunde und das Ermöglichen von Lernfortschritten geklärt werden können.

Weiterführende Informationen

Unterrichtsplanung: ein Thema für die Forschung

Angesichts der Dominanz der normativer Vorgaben zur Unterrichtsplanung in der Lehrer:innenbildung erstaunt es, dass dazu lange Zeit nur wenige Forschungsbefunde vorgelegt wurden und „der Forschungsstand zur Unterrichtsplanung bis dato als defizitär gilt" (Gassmann, 2013, S. 116). Gemäß Scholl (2018) gibt es nach wie vor überraschend wenige empirische Studien zum Planungshandeln von Lehrpersonen" (S. 246). Wernke und Zierer (2017) sprechen von einem „vergessenen Forschungsbereich", wohingegen König und Rothland (2022) in jüngerer Zeit ein „prosperierendes Forschungsfeld" erkennen, in welchem zunehmend klärende Forschungsbefunde vorgelegt werden. Zusammenfassungen des Forschungsstands finden sich bei den genannten und weiteren Autor:innen (z.B. Seel, 2011; Weingarten, 2019), sowie unter Einbezug des englischen Sprachraums bei Munthe und Conway (2017). Auf ein paar bemerkenswerte Befunde, die für die *Gestaltung des Planungsprozesses bedeutsam* sein können, sei hier hingewiesen.

Planungsverhalten von erfahrenen Lehrpersonen

Die Analyse pragmatischer Planungsverfahren erfahrener Berufspersonen hat als Forschungsfeld ein Potenzial auch für die Lehrer:innenbildung (zusammenfassend Gassmann, 2013; Stender, 2014). Gemäß einem bereits diskutierten Befund orientieren sich Lehrpersonen bei der alltäglichen Unterrichtsplanung an keinem vorgegebenen Modell und verwenden eigene alltagstaugliche Prozessabläufe (Haas, 1998).

Nicht belegter Nutzen von normativen Planungsmodellen

Gemäß Haag und Streber (2017) wird den allgemeindidaktischen Modellen vorgehalten, „dass sie aufgrund des Fehlens einer hinreichenden empirischen Überprüfung ihrer Aussagen und praktischen Empfehlungen weit davon entfernt seien, dem praktischen Handeln ein sicheres Fundament zu geben" (S. 167). Bemerkenswert ist in der Tat, dass sich für den Nutzen und die Wirksamkeit von präskriptiven Planungskonzepten kaum solide Belege finden lassen.

Uneinheitliche Qualitätskriterien und Wirkungserwartungen für Planung

Die Anforderungen an Planungen divergieren von Institution zu Institution, von Fachperson zu Fachperson, teilweise auch in Abhängigkeit von Fach, Stufe und

Erfahrung der Lehrpersonen. Entsprechend schwierig ist es festzustellen, ob eine vorliegende Planung „gut" ist.

Ein naheliegendes Qualitätsmerkmal wäre es, wenn ein Zusammenhang von Planungen und Outcomes zu zeigen wäre. Relativ einfach sind Examensnoten und Selbsteinschätzungen der Studierenden heranzuziehen, methodisch anspruchsvoller steht es mit der Unterrichtsqualität des geplanten Unterrichts. Bisweilen werden auch Urteile der Schüler:innen erhoben. Hingegen finden sich praktisch keine Studien, die zeigen können, inwieweit die bestimmte Art des Planens einen Einfluss auf die Fortschritte der Schüler:innen hat (Munthe & Conway (2017).

Die wenigen Hinweise auf Zusammenhänge von Planung und Lernen der Schüler:innen stammen bezeichnenderweise aus den USA (Darling-Hammond, Newton & Wei, 2013; Goldhaber, Cowan & Theobald, 2016), wo ein Planungsverständnis vorherrscht, das die Fortschritte der Lernenden von Anbeginn in den Mittelpunkt rückt – etwas, was im deutschen Sprachraum kein zentrales Thema ist, allenfalls mittelbar über eine lange Wirkungskette, die am Ende einen Mehrwert für die Schüler:innen wahrscheinlicher machen soll (vgl. Scholl & Pröger, 2020).

Didaktik des Planungsprozesses: kein bevorzugtes Forschungsthema

Gewiss ist die Forschung zu bedeutsamen Planungskomponenten von Interesse, und ebenso die Frage, inwieweit diese mit Qualitätsmerkmalen des Unterrichts und mit dem Lernen der Schüler:innen zusammenhängen. Die ebenso wichtige Anschlussfrage wäre, wie das Wissen über wirksame Planung in einem praktikablen Planungsprozess verankert wird, der von Studierenden sowie Lehrpersonen verstanden und akzeptiert wird, d.h. der in die tägliche Praxis des Planens Eingang finden kann. Eine solche *Didaktik des Planungsprozesses* hat sich leider noch nicht als Forschungs- und Entwicklungsgegenstand etabliert. Wie zahlreiche Studien belegen, reicht es nicht, Studierenden und Lehrpersonen die relevanten Planungskomponenten vorzulegen; als funktionierende Heuristiken für den Planungsprozess haben sie sich nicht durchsetzen können. Der Versuch, mit forschungsbasiertem Wissen über Planung auch den Planungsprozess anzuleiten, dürfte in der beruflichen Praxis keine nachhaltige Wirkung entfalten, weil das tatsächliche Planungsverhalten von Lehrpersonen offenbar nicht der strukturellen Logik von Planungstheorien folgt.

Es wäre lohnend, weiter zu erforschen, in welcher Art und Weise relevantes Planungswissen in Praktiken überführt werden kann, die bei Lehrpersonen tatsächlich Anwendung finden. Es gibt Hinweise, dass die Ansätze der Lesson Studies (Soukup-Altrichter, Steinmair & Weber, 2020). und des zyklischen Aufbaus von Kernpraktiken (z.B. Janssen, Grossman & Westbroek, 2015) die Planung auf pragmatische und wirkungsorientierte Art und Weise integrieren.

Einen interessanten Hinweis zu einer alternativen Akzentuierung mit Blick auf Praktikabilität hat bereits vor Jahrzehnten Rainer Bromme (1986) gegeben: „Die Aufgabenauswahl ist sozusagen ein Kern, um den herum sich je nach dem Typ der Stunde und nach der für die Planung zur Verfügung stehenden Zeit die anderen wichtigen Kriterien erfolgreicher Unterrichtsgestaltung gruppieren" (S. 12–13).

Aktivitäten und Anregungen

„Planung" – Ihre Erfahrungen und Vorstellungen

In der Lehrer:innenbildung werden den Studierenden Konzepte der Unterrichtsplanung präsentiert, die darüber bestimmen, nach welchen Vorgaben sie ihre Zeit in die Planung investieren. Zweifellos löst dies Reaktionen aus, die bis weit in die Berufstätigkeit hinein nachhallen. Daher der folgende Vorschlag zur Bestandsaufnahme.

1. Notieren Sie spontan in möglichst vielen Stichworten, was Ihnen zum Thema „Unterrichtsplanung" in den Sinn kommt.
2. Sichten Sie nun die Stichwörter nach den untenstehenden Aspekten und versuchen Sie, sich ein Gesamtbild zu verschaffen. Dazu können Sie die Stichwörter z.B. mit entsprechenden Farben markieren oder sich Notizen dazu machen.

Gesamtbild	Sind die Stichwörter in der Mehrzahl eher sachlich-neutral oder positiv bzw. negativ gefärbt?
Emotionen	Inwieweit beziehen sich die Stichwörter in der Hauptsache auf Ihre (emotionalen) Reaktionen zum Thema Planung?
Spezifische Elemente	Haben Sie auch konkrete Elemente einer Planung (z. B. Sachanalyse, operationalisierte Ziele, Auftragserteilung) notiert?
Theoretische Konzepte	Sind Ihnen Planungskonzepte (z. B. Klafkis Perspektivenschema) in den Sinn gekommen?
Prozess des Planens	Haben Sie etwas zu Ihren eigenen Praktiken des Planens aufgeschrieben, z. B. Aufwand, Detaillierungsgrad?
Materielle Vorbereitung	Zu welchem Anteil sind die praktischen Vorbereitungen vertreten, wie z. B. Material beschaffen und bereitstellen, Aufgaben und Aktivitäten planen, Texte verfassen, Visualisierungen vorbereiten usw.?
Weiteres	Gibt es notierte Aspekte, die in keine der obigen Kategorien fallen?

3. Zwischenbilanz: Welchen Aspekten zum Thema Planen gilt Ihre Aufmerksamkeit ganz besonders? Wenn Sie die Stichwörter und Markierungen bzw. Notizen nochmals durchgehen: Welche maximal drei bemerkenswerten Aspekte identifizieren Sie – d. h. was ein Problem oder eine Belastung darstellt, oder im Gegenteil, was Ihnen Freude bereitet und worin Sie sich kompetent fühlen?

4 Die „Rückwärtsplanung"

Ein Schlüsselprinzip erfolgsorientierten Planens

Manche Dinge sind so verblüffend einfach und naheliegend, dass es verwunderlich ist, warum sie sich nicht schon lange durchgesetzt haben. „Backward Planning" oder „Rückwärtsplanung" gehört in diese Kategorie. Es handelt sich nicht einfach um ein weiteres Planungsschema, sondern ein Planungsprinzip, das eine professionelle, zielgerichtete, schlanke, effiziente und schülerzentrierte Planung begünstigen kann. Die Rückwärtsplanung ändert, wie der Name schon sagt, die Richtung der „Vorwärtsplanung" und beginnt mit dem, was als Ergebnis des Lernprozesses erwartet wird. In seiner Grundanlage leitet sich der Ansatz des „Backward Planning" aus einem ziel- bzw. kompetenzorientierten Unterrichtsverständnis ab. Es erstaunt, dass er in Kontinentaleuropa, wo Kompetenz als ein Leitkonzept der Bildungssysteme etabliert ist, bisher kaum Resonanz gefunden hat.

4.1 Von der Vorwärtsplanung zur Rückwärtsplanung

Die Kontrastierung zur üblichen Vorwärtsplanung legt offen, worin die fundamentalen Unterschiede liegen.

Probleme der Vorwärtsplanung

Beim chronologischen Vorgehen der traditionellen Vorwärtsplanung entwickelt die Lehrperson planend ein Lernangebot, unterrichtet und entscheidet am Ende über die Überprüfung der Lernergebnisse. Diese Reihenfolge scheint logisch und ist dermaßen alltäglich, dass kaum Anlass besteht, sich darüber Gedanken zu machen.

Im Mainstream des Zuerst-Unterrichtens und anschließenden Prüfens richtet sich die Aufmerksamkeit zunächst auf den erfolgreichen Ablauf des Unterrichts („smooth running" oder „geschmeidiger Verlauf", McDonald, 1992) und befasst sich erst nachher mit der Überprüfung der Lernfortschritte. Aus Sicht der Lehrperson ist die Priorität des Unterrichtens verständlich, da hier die größeren Herausforderungen warten und der Handlungsdruck stärker ist als beim Verfassen und Durchführen einer Prüfung.

Die chronologische Abfolge von der Planung – Unterricht – Überprüfung bringt indessen erhebliche Probleme mit sich, insbesondere Ungewissheiten bei den Lernenden, sowie ein Loyalitätsdilemma bei der Lehrperson, was im Folgenden erklärt wird.

Ungewissheit, was wirklich zu lernen ist

Im traditionellen Unterricht wird aus der Überprüfung oft ein gut gehütetes Geheimnis gemacht, das erst im Augenblick der Prüfung gelüftet wird. Oft entscheidet die Lehrperson erst im letzten Moment, wie sie die Lernfortschritte summativ evaluieren will. Die häufig gestellte Frage „Kommt das in der Prüfung?" legt offen, dass Lernende in der Prüfung einen entscheidenden Referenzpunkt unterrichtlichen Lernens sehen, sobald sie sich bewusst werden, dass Prüfungen und Noten über das schulische Fortkommen entscheiden.

Periodische Überprüfungen der Lernfortschritte sind sinnvoll, nötig und unbestritten. Prüfverfahren und Inhalte sollten aber hoch transparent sein. Hier offenbart sich ein Schwachpunkt der Vorwärtsplanung: Die Lernenden werden über die Einzelheiten der Überprüfung im Ungewissen gelassen, weil die Konzeption der Überprüfung vielfach erst *nach* der Lernphase erfolgt.

Dilemma der Lehrperson: die Ziele oder das real Gelernte überprüfen?

Mit der Praxis der Vorwärtsplanung sehen sich Lehrpersonen oft in einem Dilemma, weil die gesetzten Ziele und der reale Unterricht selten deckungsgleich sind. Welche *Prüfungskriterien* sollen gelten: was den gesetzten Zielen entspricht, oder was die Schüler:innen real gelernt haben?

- *Die realen Lernprozesse haben den Vorrang*, wenn die Lehrperson fair sein will und nur das prüft, was tatsächlich bearbeitet wurde. Die Lehrperson wird also Rückschau halten und sich vergegenwärtigen, was behandelt wurde, auch wenn es nur am Rande oder ungeplant war. Sie wird gerechterweise dies und nichts anderes in ihre Prüfung (Lernkontrolle, Klausur etc.) aufnehmen, selbst wenn die ursprünglichen Ziele anders lauteten. Das heißt in diesem Fall: *Anstelle der Ziele wird der reale Unterricht zum Maßstab der Überprüfung.* Die Lehrperson wird damit aber den gesetzten Zielen untreu und passt sie nachträglich den tatsächlichen Umständen an.
- *Die gesetzten Ziele haben den Vorrang*, wenn die Lehrperson den Zielen treu bleiben will und genau das prüft, was den anfänglichen Zielen entspricht, ungeachtet des realen Verlaufs des Unterrichts und der Lernfortschritte der Schüler:innen. Die Lehrperson wendet konsequenterweise nur sachbezogene Maßstäbe an (kriteriale Bezugsnorm). Die Überprüfung erfolgt strikt nach den anfänglich genannten Kriterien und ohne Berücksichtigung besonderer Umstände, z.B. Schwankungen der Unterrichtsqualität, Unvollständigkeit der thematisierten Teilthemen oder Lernschwierigkeiten der Schüler:innen. Das heißt: Die Lehrperson nimmt allein *die definierten Ziele*

zum Maßstab der Überprüfung, jedoch ohne den realen Unterricht und die Situation der Schüler:innen zu berücksichtigen.

Wie auch immer die Lehrperson im „Vorwärtsmodus" die Lernkontrolle konzipiert, sie wird entweder mit Rücksicht auf die Lernenden von den Zielen abweichen, oder sie wird den Zielen treu bleiben und die Realitäten des Lernstands der Schüler:innen ignorieren müssen.

Was bringt Lernende dazu, sich die Ziele zu eigen zu machen?

Dass Ziele nicht mit aller Klarheit gesetzt sind oder dass sie im schulischen Alltag bald wieder aus dem Blick geraten, ist beim linear fortschreitenden Planen und Unterrichten nichts Ungewöhnliches. Dadurch verkompliziert ein nicht ausreichend zieltransparenter Unterricht die Lernprozesse zusätzlich, weil den Schüler:innen nebulös bleiben muss, was eigentlich zu lernen ist und worauf es letzten Endes ankommt. Bei der Überprüfung muss sie sich wiederholt im genannten Dilemma zwischen dem Prüfen der Ziele und der realen Lernschritte der Schüler:innen wiederfinden.

Zahlreiche bekannte Strategien des Unterrichtens können zu mehr Kongruenz von Zielen und Lernprozessen beitragen, etwa *hoch strukturierte Programme* entlang kleinschrittiger Ziele, kontinuierliche *formative Überprüfung* der Zielerreichung mit laufender Nachsteuerung des Unterrichts sowie *individuelle Zielsetzungen* und Lernunterstützung. Diese Strategien sind erprobt und tragen zu mehr Lernerfolg bei, damit die Lücke zwischen den Zielen und dem Erreichten kleiner wird, oder anders gesagt: damit die Schüler:innen das lernen, was erwartet wird.

Die wirkungsvollste Strategie aber ist, *dass die Schüler:innen die Ziele aus eigenem Antrieb erreichen wollen*. So übernehmen die Lernenden die Verantwortung dafür, dass sie am Ende die gewünschten Resultate erbringen können. Auch dieser Ansatz ist nicht neu, kann aber selten erfolgreich umgesetzt werden; es reicht nicht, den Lernenden die Ziele darzulegen und zu begründen. Indem die Schüler:innen die Ziele gehört oder gelesen haben, sind sie noch nicht motiviert, diese auch zu erreichen.

Genau dies – die Schüler:innen machen sich die Ziele zu eigen und wollen sie von sich aus erreichen – führt nun zum Konzept der Rückwärtsplanung.

Die Rückwärtsplanung: erwartete Resultate als Ausgangspunkt

Angesichts der immanenten Schwachpunkte der Tradition des Vorwärtsplanens, die tief in Praktiken der Lehrpersonen verwurzelt ist, stellt sich die Frage, wie eine Alternative aussehen kann. Der Grundgedanke liegt auf der Hand, erfordert aber einiges Umdenken: *Bevor die Lehrperson den Unterricht und die Lernprozesse plant, legt sie die gewünschten Ergebnisse fest und bestimmt, wie diese überprüft werden sollen.*

In der Tat entspricht dies weitgehend der Absicht des lernzielorientiertes Unterrichts. Die Realität ist aber, dass Ziele – wenn überhaupt – meist nur für die Lehrperson selbst oder im Fall der Lehrer:innenbildung für die Mentor:innen ausformuliert werden. Es gelingt aber kaum je, dass die Ziele *auch von die Schüler:innen assimiliert* werden und dadurch immer präsent und handlungsleitend sind. Die Rückwärtsplanung bietet nun eine Strategie an, die helfen kann, dieses schwerwiegende Manko zu beheben.

Abb. 5: Das Prinzip der Rückwärtsplanung

Das Prinzip lässt sich an einem Beispiel zeigen. Angenommen, eine Lehrperson plant eine Unterrichtseinheit und sagt:

> Wenn ich ein neues Thema in Angriff nehme, schreibe ich zuerst den Abschlusstest (oder die Prüfung etc.). Ich wende ziemlich viel Zeit und Energie auf, faire Aufgaben zu stellen. Die Aufgaben sollen lösbar und nicht trivial sein, und mittels der Aufgaben können die Schüler:innen zeigen, was sie von der Thematik verstehen. Wenn die Schüler:innen am Ende der Unterrichtseinheit die Aufgaben lösen können, haben wir das Ziel erreicht oder sogar übertroffen. Das ist es, was alle wollen.
> Mit einem Set von durchdachten Aufgaben weiß ich, wohin die Reise geht, und nicht nur ich: Diese Aufgaben zeige ich den Schüler:innen bereitwillig. Wir alle haben nun den Abschlusstest sozusagen vor dem inneren Auge, und so können wir zielgerichteter und effizienter arbeiten.

Diese Lehrperson hat vielleicht noch nie etwas von Rückwärtsplanung gehört, aber sie setzt den Grundgedanken perfekt um. Das Vorgehen ist durchaus rational, und es mag überraschen, dass nicht mehr Lehrpersonen so vorgehen. Das Planungsprinzip besteht aus *drei Schritten* (siehe Abbildung 5):

1. *Thematik und erwünschte Resultate festlegen*:
   Die Lehrperson entscheidet sich für eine *Thematik* und legt fest, was zu erreichen ist, d.h., sie entwickelt eine klare Vorstellung von den gewünschten *Resultaten* bei den Lernenden. Sie beschränkt sich nicht darauf, die aufzubauenden Kompetenzen aufzuzählen, sondern vergegenwärtigt sich, woran sie erkennen wird, dass die Lernenden diese tatsächlich erworben haben.

2. *Referenzaufgaben ausarbeiten*, die auch der Überprüfung dienen können, und zugleich *Lernaufgaben entwickeln und die Sache klären*:
   Die Lehrperson entwickelt *Referenzaufgaben*, die genau den Erwartungen entsprechen; Kiper und Mischke (2009) nennen sie auch „Überprüfungsaufgaben". Anhand dieser Aufgaben und Aktivitäten können die Schüler:innen am Ende zeigen, dass sie die erforderlichen Kompetenzen aufgebaut haben. Sie definiert auch die *Erfolgskriterien*, d.h., was genau an Resultaten zu erbringen ist. Zudem erlangt die Lehrperson selbst beim Ausarbeiten der Aufgaben ein *vertieftes Verständnis der Thematik*, um sicherzustellen, dass sie diese in jeder Hinsicht durchdrungen hat.

3. *Den Unterricht planen*:
   Die Lehrperson legt für die Lektion einen spezifischen *Lernfokus* fest und erstellt eine *Verlaufsskizze* des ungefähren Ablaufs des Unterrichts. Sie plant eine *transparente Kommunikation*, damit die Schüler:innen informiert sind, was genau zu erreichen ist. Dann widmet sie sich der *materiellen Vorbereitung*, z.B. einem Input, den Lernmaterialien, den Versuchsanordnungen, den Aufträgen. – An dieser Stelle setzt der Unterricht ein.

Transparente Erfolgskriterien für Lehrende und Lernende

Bei der Rückwärtsplanung wissen alle Beteiligten – Lehrperson *und* Lernende – von Anfang, was konkret zu leisten ist, um die Ziele zu erreichen (mancherorts auch *Kompetenz*ziele genannt). Transparenz ist ein Schlüssel für produktiven Unterricht. Deshalb sollten die zentralen Planungsüberlegungen offen kommuniziert werden.

Für die *Lehrperson* ist das Unterrichten leichter und stringenter, wenn die finalen Erwartungen an die Lernenden als *Referenzaufgaben bzw. Referenzaufträge ausformuliert und kommuniziert* und dadurch präsenter sind. So muss der Unterricht kein Blindflug sein und kann angesichts konkreter Erwartungen zielgerichteter gesteuert werden.

Für die *Schüler:innen* bedeutet es eine große Erleichterung, von Anbeginn exakt zu wissen, wie die abschließende Beurteilung funktioniert, sei es mittels einer schriftlichen Schlussprüfung, eines zu verfassenden Texts, einer Präsentation, einer körperlichen Leistung, eines Gesprächs, eines künstlerischen

Produkts oder eines anderen Verfahrens. Die Schüler:innen bekommen eine klare Vorstellung von dem, was sie am Ende leisten sollen, denn konkrete Aufgaben oder Aufträge vermitteln eine Botschaft, die die Schüler:innen gut verstehen, im Gegensatz etwa zu oft folgenlosen Kompetenzzielformulierungen („Die Schüler:innen sollen am Ende der Stunde … darstellen können / erklären können / berechnen können" usw.). Verständliche Aufgaben erleichtern es den Schüler:innen zudem, jederzeit ihren *aktuellen Lernstand zu überprüfen*.

Die Rede vom „Lernerfolg der Schüler:innen" mag durchaus gemischte Reaktionen auszulösen. Klarzustellen ist: Damit sind *Fortschritte im weiteren Sinn* gemeint, also nicht nur kognitive Leistungen ausgewählter Fächer, wie es oft verkürzt wahrgenommen wird, sondern auch Fortschritte und Erfolge in sozialen, affektiven und motorischen Bereichen. Auf die naheliegende Frage, ob denn der „Erfolg" die einzige Leitlinie des Unterrichtens sei, wird im nächsten Abschnitt eingegangen.

Die Ursprünge der Idee der Rückwärtsplanung

Immer dann, wenn ein Produkt zu einem bestimmten Zeitpunkt fertiggestellt oder ein Prozess abschlossen sein muss, ist es von Vorteil, vom Endpunkt aus zurückzurechnen, um den Prozess sinnvoll zu planen. Dieser Grundgedanke der „Rückwärtsplanung" wird schon seit langem in vielen Bereichen verwendet (Filmwissenschaft: z.B. Rose, 1962; Logistik: z.B. Bowers, 1971; Produktionsplanung: z.B. Andersson, Jönsson & Axäter, 1980; Bildungssystem und Lehrpläne: z.B. McDonald, 1992). Für den Lehrberuf finden sich solche Ansätze bereits bei Tyler (1949). Er betonte mit Nachdruck die Bedeutung der genauen Evaluation, d. h. einer Überprüfung, die die Ziele bestmöglich abbildet. Präzise und jederzeit transparente Zielformulierungen forderte auch Mager (1962, 1983).

Erst mit Estaire und Zanón (1990, 1994) fanden die Rückwärtsplanung und die Schlüsselstellung der Referenzaufgaben („final tasks") im Lernprozess Eingang in die Didaktik. Wiggins und McTighe (1998, 2005, 2011) arbeiteten ein kohärentes Konzept des „Backward Planning" oder „Backward Design" aus, das als Strategie der Unterrichtsplanung genutzt werden kann. Dank Wiggins und McTighe hat die Grundidee des Backward Planning eine breitere Beachtung gefunden.

Das Prinzip der Rückwärtsplanung weist überdies Parallelen zum Prinzip des „Cognitive Alignment" auf (Biggs, 1996; Biggs & Tang, 2011), gemäß dem die Überprüfung, die Ziele und die Lerngelegenheiten eng abgestimmt sein sollen: „Die Lehrpersonen müssen sich darüber im Klaren sein, was ihre Schüler:innen lernen sollen und wie sie dieses Lernen in Form von ‚Verstehensleistungen' manifestieren würden" (Biggs, 1996, S. 360). Die „Verstehensleistungen" (*performances of understanding*) können als anspruchsvolle Referenzaufgaben oder Abwandlungen davon interpretiert werden.

Alles nur „Teaching to the Test“? Ein Missverständnis

Ein ernstzunehmender Einwand gegen die Rückwärtsplanung lautet, dass sich alles nur noch um die abschließende Überprüfung drehe; dass nur noch unterrichtet werde, was am Ende geprüft werde, und dass auch die Schüler:innen sich nur auf das konzentrierten, was zu besseren Noten führe. Der Unterricht, so kann argumentiert werden, sei auf Prüfungen und Tests enggeführt; dadurch werde alles Lernen und Entdecken, das nicht summativ evaluiert werde, abgewertet und erhalte kaum mehr Raum und Wertschätzung.

Realitäten der Kompetenzorientierung – und Spielräume

Es steht hier außer Frage, dass Unterrichten mehr ist als das Vorbereiten auf Prüfungen. Es gilt indessen auch, die schulischen Realitäten anzuerkennen. *Lehrpläne und zu erreichende Kompetenzziele sind eine Realität.* Die Tatsache, dass es sie gibt und die Gesellschaft alle jungen Menschen gleichermaßen bilden will, kann grundsätzlich als Errungenschaft betrachtet werden. So sind Lehrpersonen denn auch *verpflichtet, das Erreichen von gewissen Standards zu prüfen und zu bewerten,* mit nur wenigen Ausnahmen. Dieses Faktum ist zu akzeptieren, auch wenn es bisweilen mit Frustrationen verbunden ist.

Jenseits der Lehrplanvorgaben haben Lehrpersonen selbstverständlich die Aufgabe und auch den Spielraum, *eigene Schwerpunkte* zu setzen, neue Themen aufzugreifen, motivierende Akzente zu setzen oder abzuschweifen, wenn Aktualitäten es nahelegen. Kaum je erschöpft sich der Unterricht im alleinigen Hinarbeiten auf vorgegebene Kompetenzen. *Inzidentelles Lernen* – d. h. unbeabsichtigtes und folglich ungeprüftes Lernen – findet ohnehin immer statt. Im Unterricht ereignet sich viel mehr als nur das, was durch die Ziele bestimmt ist. Dieses ungeplante, aber gleichwohl erwünschte Lernen wird nicht durch einen erfolgsorientierten Unterricht behindert.

Chancen für bedeutsame Ziele

Das Prinzip der Rückwärtsplanung soll *keine Verengung* des Unterrichtens auf Prüfungen hin bedeuten, sondern *größtmögliche Transparenz* herstellen über das, was an überprüfbaren Ergebnissen zu erreichen ist. So verstandene Rückwärtsplanung hat nichts mit einer Reduktion des Unterrichts auf Prüfungsdrill zu tun. Das Argument des „Teaching to the Test“ (das Lehren einzig auf Prüfungen hin) anhand klarer Kriterien und Musteraufgaben mag dort zutreffen und auch Sinn machen, wo z.B. auf Zulassungsprüfungen oder auf landesweite Leistungstests hingearbeitet wird wie über weite Strecken in den USA, oder auf die theoretische Führerscheinprüfung. Aber das entspricht in keiner Weise der generellen Schulwirklichkeit im deutschsprachigen Raum.

Weiterführende Informationen

Überprüfung als Fixpunkt bei Planung und Unterricht

Wie sieht der Planungsprozess aus, wenn „rückwärts" geplant wird, d. h. vom Ende her, im Gegensatz zur Vorwärtsplanung? Hier ein Vergleich.

Ausgangslage: Die Lehrperson plant eine Einheit, z.B. in Mathematik, Sport, Fremdsprache oder Geschichte

	Vorwärtsplanung	**Rückwärtsplanung**
Schritt 1	Thematik und Inhalte Die Lehrperson … – wählt die Thematik – entscheidet, was sie „durchnehmen" will	**Thematik, erwünschte Ergebnisse** Die Lehrperson … – wählt die Thematik – klärt für sich, was die Lernenden im Idealfall am Ende erbringen sollten.
Schritt 2	**Unterricht planen, Lernen anleiten** Die Lehrperson … – entscheidet über die Gestaltung des Unterrichts (Einstieg, geeignete Aktivitäten, Sozialformen usw.) – bereitet Inputs, Lernmaterialien und Aktivitäten vor – führt den Unterricht durch – begleitet das Lernen	**Überprüfung ausarbeiten Aufgaben entwickeln** Die Lehrperson … – klärt, woran erfolgreiches Lernen konkret erkennbar sein wird (Wissen, Verständnis, Problemlösen, Zusammenarbeit usw.) – entwirft Referenzaufgaben für die Überprüfung sowie analoge Aufgaben, Aufträge, Settings usw. als Lerngelegenheiten – vertieft dabei ihr fachliches Verständnis für die Thematik
Schritt 3	**Überprüfung ausarbeiten** Die Lehrperson … – überlegt, was überprüft werden kann, was zur Thematik real gelernt wurde – welche Aufgaben dafür geeignet sind	**Unterricht planen, Lernen anleiten** Die Lehrperson … – plant den konkreten Unterricht (Inputs, Lernmaterialien, Aktivitäten) konsequent so, dass die Lernenden bei der Überprüfung erfolgreich sein können. – macht zu diesem Zweck völlig transparent, was sie am Schluss erwartet, inklusive aller Aufgaben, die als Überprüfung verwendet werden könnten.

Gerade die Offenlegung aller Erfolgskriterien und Aufgaben eröffnet Handlungsmöglichkeiten und Spielräume:

- Mit intelligenten Lern- und Prüfungsaufgaben können Lehrpersonen *das breite Spektrum von Zielsetzungen als Förderchance nutzen* und die Entwicklung der Schüler:innen lenken. Entsprechend konstruierte Aufgaben richten die Aufmerksamkeit der Schüler:innen und deren Lernprozesse gezielt auf spezifische Kompetenzen, z.B. auf das tiefere Verstehen eines Naturvorgangs, auf das Entwickeln einer kreativen Idee, auf das Erzählen einer spannenden Geschichte oder auf einen anspruchsvollen Vergleich historischer Epochen.
- Es ist ein verbreitetes *Vorurteil, dass die Test- und Prüfungsaufgaben die Schüler:innen eher auf einer niedrigen kognitiven Ebene ansprechen*. Das stimmt so nicht. Es gehört der Vergangenheit an, dass Prüfungen vor allem memoriertes Wissen und Skills abfragen. Es ist sehr viel unternommen worden, um Kompetenzbereiche und Anforderungsniveaus zu identifizieren und neben den kognitiven auch soziale, körperliche, emotionale und ethische Dimensionen anzusprechen. Neuere Lehrpläne, Kompetenzmodelle und Lehrmittel sprechen zahlreiche Kompetenzfacetten an, und Lehrpersonen können einfacher nach Schwierigkeitsgrad differenzieren.

4.2 Fazit: Klare Vorteile der Rückwärtsplanung

Der Ansatz der Rückwärtsplanung ist zweifellos gewöhnungsbedürftig. Viele Lehrpersonen sind mit dem Modus des Vorwärtsschreitens – Planung, Unterricht, Überprüfung – vertraut und haben sich nicht angewöhnt, die Beurteilung gleich zu Beginn der Planung im Detail in den Blick zu nehmen. Aber die konsequente Umstellung zahlt sich für Lehrpersonen und Schüler:innen in mehrfacher Hinsicht aus, wie in den folgenden Kapiteln noch detaillierter ausgearbeitet wird:

- *Fokussierung der Planung auf das Wesentliche ohne unnötige Elaborationen*: Die Rückwärtsplanung geht davon aus, dass die pragmatischen Planungsverfahren von Expertenlehrpersonen *alle* wichtigen Elemente einer professionellen Planung enthalten können. Daher kann die detaillierte Ausarbeitung jener Elemente weggelassen werden, die implizit in anderer Form berücksichtigt sind oder bei denen die Verschriftlichung weder Mehrwert noch Nutzen für den Unterricht darstellt. Zur Disposition stehen insbesondere die minutiöse Beschreibung von Lernzielen sowie eine schriftliche Sachanalyse, wenn sowohl eine klare Zielvorstellung als auch ein tieferes Sachverständnis mit der sorgfältigen Ausarbeitung der Aufgaben und Aktivitäten einhergehen.

- *Arbeitsökonomische Rückwärtsplanung*: Wenn die Lehrperson die Überprüfung als Steuerungsinstrument ernst nimmt und sie frühzeitig ausarbeitet, hat sie bereits die Grundlage für fast die gesamte Planung gelegt. Die Beschäftigung mit der Überprüfung zieht es nach sich, dass sich die Lehrperson in die Inhalte vertieft und dass sie Aktivitäten und Aufgaben erarbeitet, die formativen und summativen Zwecken dienen. Sie hat auch bereits die Grundlagen für einen stringenten Unterrichtsverlauf geschaffen und muss sich nicht mehr überlegen, was sie in der Stunde machen soll.
- *Entspannter für die Schüler:innen*: Für die Schüler:innen ist es ein Segen, wenn sie wissen, worauf es ankommt und was sie zu lernen haben, um erfolgreich zu sein. Es ist nachvollziehbar, berechtigt und rational, dass sie sich vor allem auf das konzentrieren, was geprüft wird. Lehrpersonen können sich diese Testorientierung auf intelligente Weise zunutze machen, indem sie anspruchsvolle Aufgaben und herausfordernde Probleme stellen, um das Interesse der Schüler:innen in die gewünschte Richtung lenken.

Ein Beispiel: Vom erwarteten Resultat zur Überprüfung

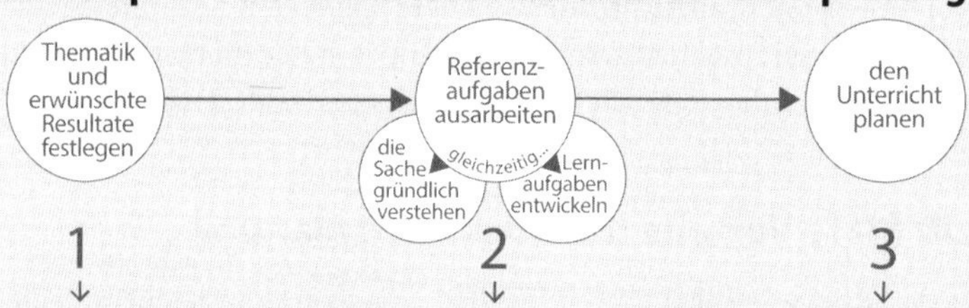

Thematik
Mathematik / Rationale Zahlen / Grundoperationen

Ein erwartetes Resultat
Mathematische Strategien entwickeln, um beliebige Brüche mit Nennern bis 12 der Größe nach zu ordnen

Referenzaufgaben
Lehrperson entwirft oder wählt Referenzaufgaben, nicht nur zum Ordnen der Brüche, sondern *auch zu mathematischen Strategien.*

Analyse der Sache
Sie betrachtet die Aufgaben aus Sicht der Schüler:innen und erkundet, wie sie Ideen zur Lösung entwickeln könnten, und entdeckt dabei neue Bezüge, Aspekte und Verfahren.
Sie klärt, wie sie mit minimaler Hilfe das mathematische Denken fördert.
Sie macht sich mögliche Tücken bewusst.

Lernaufgaben
Sie entwirft Lernaufgaben, die Teilaspekte der Referenzaufgaben vertiefen, damit diese schließlich gemeistert werden.

Transparente Kommunikation der Absichten
Hier: Brüche ordnen *und* mathematische Strategien entwickeln; Referenzaufgaben dazu offenlegen

Lernaktivität
anhand der Lernaufgaben

Überprüfung
Anhand der Referenzaufgaben oder analoger Aufgaben, *insbesondere offene Aufgaben zur Entwicklung mathematischer Strategien*

5 Planung einer Unterrichtseinheit

Die Prinzipien der Rückwärtsplanung sind anwendbar sowohl für einzelne Unterrichtsstunden als auch für eine Einheit, d.h. eine Reihe von mehreren Unterrichtsstunden zu einer Thematik. Manchmal spricht man bei Einheiten von Makroplanung, bei Unterrichtsstunden von Mikroplanung (Kleinknecht, Bohl, Maier und Metz, 2011).

Die Ebene der Unterrichtseinheiten – d.h. die Makroplanung – weist einige *Besonderheiten* auf:

- Bei der Planung einer Einheit nimmt die Lehrperson die *Perspektive der Anforderungen* (Lehrplan, Kompetenzziele) ein; später wird sie die einzelnen Unterrichtsstunden aus der Perspektive der Schüler:innen betrachten. Die Planung einer Unterrichtseinheit kann verstanden werden als Top-down-Prozess mit der Frage: „Wie bringe ich bestimmte übergeordnete Anforderungen in den Unterricht ein?"
- Bei der Planung einer Einheit trifft die Lehrperson Entscheidungen vor dem *Hintergrund des Lehrplans*: Welche Kompetenzen sollen sich die Schüler:innen aneignen? Welche Inhalte will ich thematisieren?
- Bei der Planung einer Einheit setzt die Lehrperson zusätzlich auch *eigene Prioritäten*: Welche Setzungen möchte ich persönlich machen? Wo (im Rahmen dieser Thematik) können die Schüler:innen von mir profitieren? Was sehe ich jetzt als besonders vordringlich an?
- Auch wenn thematische Entscheidungen letztlich bei der Lehrperson liegen, können die *Schüler:innen in die thematische Planung einbezogen* werden. Eine entsprechende Klassenzimmerkultur vorausgesetzt, kann es sogar ein erheblicher Beitrag zum Erfolg sein, die Meinung der Schüler:innen einzuholen und sie zur Mitwirkung einzuladen.
- Schließlich ein zentrales Element: Bei der Planung einer Unterrichtseinheit entwirft oder sucht die Lehrperson *Aufgaben*, die den Schüler:innen als Leitlinie dienen und die sie am Ende bewältigen sollen (Kapitel 6).

Die Lehrperson denkt „von oben", von den Vorgaben her. Was ist verbindlich und muss thematisiert werden? Welche Kompetenzen, welches Wissen, welche Einsichten sollen erlangt werden? Was findet die Lehrperson besonders wichtig? Die Abstimmung auf die konkreten Umstände der Schüler:innen – Vorwissen, Bedürfnisse, Fragen, Interessen, Fähigkeiten – erfolgt sinnvollerweise erst bei der Planung der einzelnen Lektionen. Dazu später mehr.

5.1 Eine vereinfachte Planungspraxis

Eine rationale, zweckmäßige und schlanke Planungspraxis müsste sich auf die wesentlichen Aspekte der Planung von Unterrichtseinheiten konzentrieren:

1. Klären der grundsätzlichen Fragen der Thematik und der Absichten,
2. erhebliche Vorarbeiten für den Unterricht, insbesondere die Bereitstellung von Aufgaben, und
3. arbeitsökonomische und effiziente Praktiken.

Ein schlankes Planungsverfahren sollte indessen weder zu Trivialisierung und Qualitätsdefiziten noch zu einer bloßen Verlagerung der Belastungen in andere Bereiche führen.

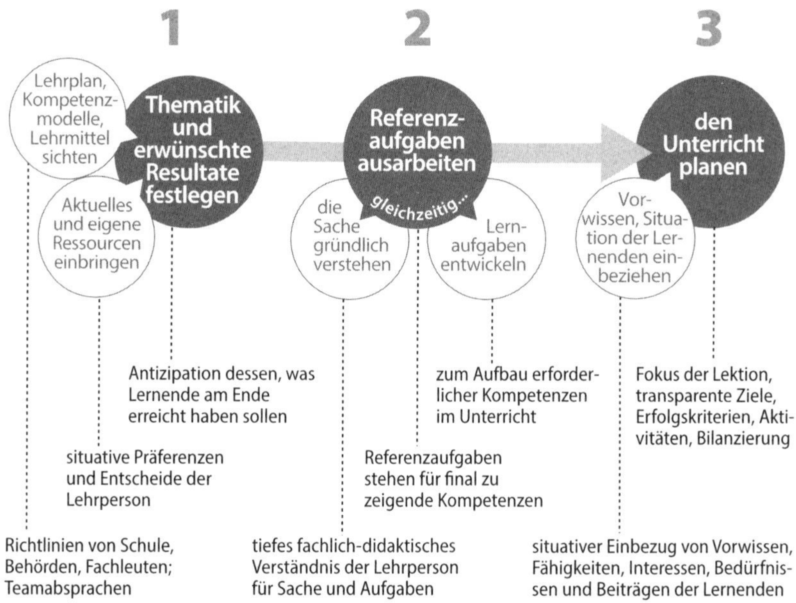

Abb. 6: Planungsprozess einer thematischen Einheit, die mehrere Lektionen umfasst

Der Prozess der Rückwärtsplanung, so scheint es, erfüllt diese Erwartungen an eine stringente und schlanke Planung weitgehend. Die Abbildung 6 zeigt den Ablauf des Planungsprozesses für eine thematische Einheit. Das einfache Modell der Rückwärtsplanung, das bereits in Abbildung 5 vorgestellt wurde, ist hier um einige Elemente erweitert: Beim Schritt 1 werden Thematik und erwünschte Resultate um die Ressourcen erweitert, auf die die Lehrperson zurückgreift; beim Schritt 2 wird noch einmal betont, dass die Beurteilung untrennbar mit dem vertieften Verstehen der Sache und mit der Ausarbeitung von Aufgaben gekoppelt ist, und in Schritt 3 wird die einzelne Lektion unter Einbezug der Schülerperspektive vorbereitet.

Im Anschluss an die Ausarbeitung der Unterrichtseinheitsplanung folgt die Aufteilung in Lektionen weitgehend aus der Logik der Einheit, indem pro Unterrichtsstunde ein überschaubarer und erreichbarer Schwerpunkt gesetzt wird, der hier als *Lernfokus* bezeichnet ist.

Verschlankung ohne Substanzverlust

Die Vereinfachungen, die die Rückwärtsplanung nahelegt, sind in ihren Implikationen nicht zu unterschätzen. Sie unterlaufen Gewohnheiten und provozieren einen veritablen *Bruch* mit Selbstverständlichkeiten jener Planungsprozesse, die v.a. in der Lehrer:innenbildung von Generation zu Generation weitergetragen worden sind. Die Kernpunkte der *Transformation dysfunktionaler Planungselemente in einen kohärenten, stringenten und handhabbaren Prozess* sind hier nochmals auf den Punkt gebracht.

Bruch mit Planungstraditionen in der Lehrer:innenbildung

Die Strategie der Rückwärtsplanung von Unterrichtseinheiten mit dem Fokus auf Aufgaben und Aktivitäten erweist sich als bemerkenswert schlank. Sie umfasst im Wesentlichen nur zwei Schritte: die *grundlegenden Entscheidungen* der Lehrperson über Thematik und erwünschte Resultate sowie die *Ausarbeitung der Beurteilung* in Form von Referenzaufgaben und Aktivitäten, die in variierter Form auch als Lerngelegenheiten dienen.

Wer mit anderen Planungsansätzen wie z.B. dem Modell von Klafki (Abbildung 3) vertraut ist, wird einiges vermissen. Man kann anmahnen, Planung werde zu sehr vereinfacht, wesentliche Fragen würden außer Acht gelassen. Es sei fahrlässig, die vertrauten analytischen Elemente der Planung über Bord zu werfen. Eine Planung ohne didaktische Analyse, Sachanalyse, didaktische Reduktion, Bedingungsanalysen, Vorwissensanalyse, Bedeutungsanalyse, Operationalisierung der Lernziele usw. sei konstituierender Bestandteile einer professionellen Planung beraubt. Es ließe sich argumentieren, Planung werde auf einen quasi technologischen Prozess reduziert, der einzig auf Kompetenzaufbau und Kompetenzüberprüfung hinauslaufe.

Solche Einwände orientieren sich an Planungsmodellen, die die soeben aufgezählten Planungselemente *explizit* nennen. Es wäre aber ein Denkfehler zu meinen, dass entsprechende Überlegungen nicht angestellt würden, bloß weil sie nicht ausdrücklich entlang einer verbindlichen Checkliste aufgeführt und abgearbeitet werden. Sie können in vereinfachten Planungsstrategien durchaus präsent sein, aber auf andere Weise angesprochen werden. Mit dem Grundgedanken der Verschlankung fallen Planungselemente nicht ersatzlos weg, sondern sie gehen implizit in anderen Elementen auf. Der Planungsprozess ist so gestaltet, dass die Lehrperson beim Planen zwangsläufig mit den scheinbar fehlenden Aspekten konfrontiert wird. Eine zentrale Rolle spielen dabei die *Aufgaben, in deren Konstruktion bzw. Auswahl zahlreiche Planungselemente implizit integriert sind* (s. nächstes Kapitel). Mit anderen Worten: Wer den Ansatz der Rückwärtsplanung konsequent durchspielt, kann kaum anders, als sich mit dem Gegenstand, den Zielen, dem Vorwissen oder den Bedingungen auseinanderzusetzen.

Es ist natürlich unverzichtbar, dass Lehrpersonen die Sache gedanklich durchdringen, dass sie sich der Bedeutung ihrer Entscheidungen bewusst sind, dass sie Ziele haben sowie das Vorwissen und die Bedingungen der Schüler:innen einbeziehen. Die Frage ist aber, *wie* sie dies tun. Ein schlanker und praktikabler Planungsprozess kann die Lehrpersonen von unnötigen Doppelungen und Formalismen entlasten; es ist überflüssig, dass sie ihre Gedanken, die sie sich ohnehin machen, systematisch explizieren und verschriftlichen. Im Licht dieser Überlegungen erhalten jene erfahrenen und professionellen Lehrpersonen recht, die ihre Planungspraktiken vereinfacht und den Planungsprozess auf einige zentrale Punkte reduziert haben, wie es im Kapitel 2 dargelegt wurde.

Planungselemente, die nicht abgearbeitet werden müssen

Das Ansinnen, landläufig selbstverständliche und scheinbar unverzichtbare Planungskomponenten aus dem Gebrauch zu nehmen, kann einem Tabubruch nahekommen. Deshalb ist es angezeigt, die diesbezüglichen Argumente nochmals darzulegen.

Formelle Sachanalysen durch Studierende und Lehrpersonen erweisen sich meist als überflüssig, wie schon im Kapitel 2 argumentiert wurde. Lehrpersonen vollziehen sie implizit, sobald sie sich mit der Thematik befassen und entscheiden, was gelernt werden soll. Ein weiteres Mal vertiefen sie sich in die Sache, wenn sie Aktivitäten planen, Aufgaben konzipieren oder auswählen und sich vergewissern, dass sie alles gründlich verstanden haben sowie in der Lage sind, den Schüler:innen wirksame Unterstützung geben zu können. Das setzt selbstverständlich voraus, dass die jeweilige Lehrperson sich für ein tiefes Sachverständnis Zeit nimmt. Ebenso ist es eine fraglose Voraussetzung, dass die Lehrperson ein fachliches Grundlagenwissen hat, das über jenes der Zielstufe hinausgeht.

Es mag Lehrpersonen geben, die diesen Aufwand meiden und die Lerngegenstände und Aufgaben nur oberflächlich sichten. Das ändert aber nichts an der Strategie, auf eine formelle Sachanalyse zu verzichten und stattdessen vertieft die realen Aufgaben und Herausforderungen zu studieren, die sich den Schüler:innen stellen werden.

Noch ein zweites Argument lässt sich anführen, um formelle Sachanalysen in Frage zu stellen: Für fast alle Themen liegen bereits gründliche Analysen von Fachleuten und Lehrmittelautor:innen vor. Diese haben viel Zeit und Fachwissen investiert, um einen Sachverhalt zu durchdringen und so darzustellen, dass er lernbar wird. Dieses Wissen kann genutzt werden und steht den Lehrpersonen über zahlreiche Quellen zur Verfügung (siehe Box „Lehr- und lernbares Wissen" in Kapitel 2). Es ist in der Tat unnötig und unproduktiv, wenn Lehrpersonen quasi bei Null anfangen und die immensen Vorarbeiten von Fachleuten und Peers nicht zur Kenntnis nehmen. Eine Sachanalyse *from the scratch* ist wirklich nur bei ganz wenigen aktuellen Themen sinnvoll, für die es noch kein aufbereitetes Material gibt.

Braucht es eine *systematische Bedeutungsanalyse*? Die Frage, warum und wozu etwas thematisiert wird oder nicht, ist für Lehrpersonen allgegenwärtig, und das ist richtig so. Doch die meisten Thematiken sind bereits durch Lehrpläne, Kompetenzraster und unterrichtsleitende Lehrmittel vorgegeben oder folgen der jeweiligen Sachlogik. Dort, wo die Lehrperson einen Entscheidungsspielraum hat, ist die Frage nach dem Sinn eine berufsethische, motiviert nicht durch eine Checkliste, sondern durch die Absicht, den Schüler:innen wesentliche Erkenntnisse und Fortschritte zu ermöglichen. Bei einer bewussten Entscheidung für einen Lerngegenstand wird es der Lehrperson leicht fallen, die Gründe dafür offenzulegen, und umgekehrt: Wenn die Lehrperson sich zu einer transparenten Kommunikation bekennt, wird sie ihre thematischen Entscheidungen wohl mit noch größerer Sorgfalt treffen, um sie gegenüber den Schüler:innen plausibilisieren zu können. So gesehen ist die Transparenz und Begründungspflicht gegenüber den Schüler:innen die treibene Kraft, Lerngegenstände auf ihre Bedeutung zu prüfen. Das braucht aber nicht systematisch elaboriert zu werden, wie es beispielsweise Klafki (1986, S. 270–275) vorschlägt.

Dem *Formulieren von detaillierten Lernzielen* mutet etwas Deprimierendes an: Der Aufwand für die Abstimmung mit den Lehrplanvorgaben, das regelkonforme Ausformulieren und die hierarchische Strukturierung ist groß, und doch interessiert sich faktisch kaum jemand dafür, meist nicht einmal die Prüfenden (Jank & Meyer, 1991, S. 386), und schon gar nicht die Schüler:innen. Ziele, die Sinn machen und bei den Schüler:innen ankommen, sollten knapp, verständlich und transparent sein, oder aber, die Botschaft ist gewissermaßen verpackt in eine leicht zugängliche Aufgabe oder Aktivität. In jeder Aufgabe, in jedem Auftrag, in jeder Tätigkeit steckt zwangsläufig eine Absicht, d.h. ein Ziel.

Die Aufgaben zeigen, was das gewünschte Ergebnis des Lernprozesses ist, d.h., die Aufgaben repräsentieren das Ziel des ganzen Unterfangens.

Voraussetzung ist selbstredend, dass sich die Lehrperson Gedanken darüber macht, was sie mit einer Aufgabe erreichen will und kann. Es leuchtet unmittelbar ein, dass oberflächlich zusammengestellte Aufgaben kein Steuerungsinstrument sein können, sondern im Gegenteil, dass sie sowohl die Schüleraktivitäten als auch die Ziele weitgehend dem Zufall überlassen würden.

Vorwissen und spezifische Bedingungen der einzelnen Schüler:innen einzubeziehen, ist seit langem eine Selbstverständlichkeit und unbestrittene Notwendigkeit, aber an diesem Punkt der Planung noch nicht vorrangig. Hier berücksichtigen wir, was die *Klasse als Ganzes* bereits erarbeitet hat und welcher inhärenten Logik der Inhalt folgt; so setzt z.B. die Einführung der Multiplikation voraus, dass die Schüler:innen die Addition verstanden haben.

Diese Überlegungen laufen nicht darauf hinaus, die Planung von Unterrichtseinheiten nur auszudünnen, sondern im Gegenteil, die zentralen Elemente in einen *kohärenten und schlanken Prozess* zu integrieren; das zweistufige Verfahren von „Thematik / Erwartete Resultate“ und „Beurteilung / Aufgaben“ fordert deshalb keine folgenlose Planungsprosa ein, mit der sich zahllose Studierende und Lehrpersonen zu Recht schwertun.

5.2 Thematik und erwartete Resultate bestimmen

Dieses Unterkapitel handelt von der Bestimmung der Thematik und der erwarteten Resultate, denen ein bewusster Entscheidungsprozess zugrundeliegt. Die Gesellschaft hat gegenüber jungen Menschen Bildungserwartungen, die in Form von Standards, Kompetenzmodellen oder Lehrplänen vorliegen und den Lehrpersonen Leitlinien geben, was sie wann an die Kinder und Jugendlichen herantragen sollen. Der Unterricht hat dadurch immer eine *stark intentionale Komponente*, was nicht unbedingt der Fall ist, wenn wir im Alltag etwas lernen.

Es gibt Anzeichen, dass der gesellschaftliche Konsens darüber, was ein unabdingbares Bildungsgut ist, am Schwinden ist. Bildungsstandards und Lehrpläne stützen sich nicht mehr auf einen breit akzeptierten Bildungskanon, sondern auf Standards und Kompetenzziele. Im heutigen Unterricht gilt weitgehend *das Primat der Ziele, die anhand ausgewählter Inhalte verfolgt werden.* Ziele und Thematiken sind deshalb eng verknüpft.

Als erster Punkt sollen nun der Komplex „Ziele“ diskutiert werden – allgemeiner ausgedrückt: *Absichten*, wo die Lernenden hingelangen sollten, oder konkreter *erwartete Resultate*, die deren Fortschritte am Ende sichtbar machen.

Ein pragmatischer Zugang zum Begriff „Ziele"

Auch die Lehrer:innenbildung hat dazu beigetragen, dass das Aufstellen von Lernzielen für Studierende vielfach zu einem Formalismus ohne erkennbaren praktischen Nutzen entartet ist. Dieser Abschnitt widmet sich der Frage, wie der wichtige Begriff der Lernziele mit mehr praktischem Sinn erfüllt und für die Planung und den Unterricht real besser nutzbar gemacht werden kann.

Die meisten Lehrpersonen wollen unterrichten, statt Ziele auszuformulieren

Was wohl die allermeisten Lehrpersonen an ihrem Beruf fasziniert, ist das Unterrichten, das Einbringen von bildenden Thematiken und der Umgang mit Kindern und Jugendlichen. Vor allem daraus schöpfen sie Befriedigung und berechtigte Anerkennung. Alle Planung und Vorbereitung ist im Grunde darauf ausgerichtet, den sichtbaren Prozess des Unterrichtens meistern zu können und damit Bildungswirkungen zu erzielen. Im Gegensatz dazu ist das Setzen von Zielen kaum eine Tätigkeit, die die Lehrpersonen als überaus lohnend erachten; oft merken Andere gar nicht, ob überhaupt Ziele gesetzt wurden, zumal im ungünstigsten Fall der Unterricht auch ziellos dahinfließen kann.

Niemand wird jedoch im Ernst die Wichtigkeit von Zielsetzungen bestreiten; es findet sich kaum ein Beruf, in dem sich die Fachperson nicht eine klare Vorstellung von dem macht, was zu erreichen ist. Das ist entscheidend für den Erfolg, wie beispielsweise beim Piloten, der seine Passagiere sicher und pünktlich an ein bestimmtes Ziel bringen will und daraus die nötigen Schritte ableitet, oder bei der Chirurgin, die zuerst eine klare Vorstellung entwickelt, was sie mit der Operation erreichen will und dann die konkrete Planung angeht. Fast immer geht es um das *Ziel, eine konkrete Aufgabe zu meistern*. Um es pointiert zu formulieren: Wer kein Ziel vor Augen hat, kann nichts zu dessen Erreichung beitragen.

Das Paradoxe ist, dass die Bedeutung von Zielen auch bei Lehrpersonen unbestritten ist, aber dass die langwierigen Verfahren der Zielformulierung Unbehagen verursachen. Für angehende Lehrpersonen ist der ganze Komplex der Zielsetzung mit einer Anstrengung verbunden, deren Ertrag nicht unmittelbar einleuchtet.

Unterrichtliche Ziele sollten etwas bewirken

Ziele, die lediglich formuliert sind, aber auf die im Unterricht nicht mehr Bezug genommen wird, sind ohne Bedeutung. Ziele sind nicht nur Deklarationen, sondern Aufforderungen zum Handeln. Manchmal ist es treffender, von *Absichten* zu sprechen, denn sie sind Ausdruck des *Willens, etwas zu erreichen*. Absichten lassen sich nicht schematisch ableiten und betonen stark das Konkrete, das, was die Lehrperson bei den Schüler:innen tatsächlich in Gang setzen will. Sie sind die Antwort auf die Frage „Wohin soll die Reise gehen?" Im Ausdruck „Absicht" verbinden sich die oft abstrakten Ziele mit der *Entschlossenheit der Lehrperson, etwas zu bewirken* und die einzelnen Schüler:innen letztendlich zu Erfolgserlebnissen zu führen.

Das Bewusstsein über die eigenen Absichten ist schon deshalb zentral, weil selbst Lehrpersonen, die sich dazu keine Gedanken machen, unbewusste Ziele haben. Schüler:innen interpretieren sehr genau, welche impliziten Ziele die Lehrperson setzt, haben sie doch genug Zeit, die Vorlieben der Lehrperson zu studieren. z.B. Faktenwissen auswendig zu lernen, stillzusitzen, Interesse vorzutäuschen usw. Was von den Schüler:innen auf unausgesprochene Weise erwartet wird, wird auch als „geheimer Lehrplan" bezeichnet.

Entgegen der verbreiteten Praxis *besteht keine Notwendigkeit, detaillierte Ziele zu formulieren*; entsprechende schematische Regeln sind ermüdend und formalistisch und meist folgenlos (z.B. Verwendung bestimmter Verben wie „kann zeigen", „kann zusammenfassen", „ist in der Lage, … zu konstruieren" usw.). Aus Schüler:innensicht sind es vielmehr die *Aufgaben*, die zeigen, was die Ziele, d. h. die erwünschten Resultate, sind. Das ist das Thema des nächsten Kapitels, aber hier vorweg das Beispiel einer Aufgabe, bei der erkenntlich ist, dass sie zugleich die Ziele enthält:

> Lies diesen Blogbeitrag und fasse ihn in nicht mehr als 100 Wörtern zusammen, damit andere Schüler:innen, die den Beitrag nicht kennen, über das Wichtigste in einer leicht lesbaren und verständlichen Form informiert werden.

Mit dieser Aufgabe wird ausgedrückt, was nach Meinung der Lehrperson erreicht werden soll. Die Schüler:innen wissen, worauf es ankommt. Für sie ist das selbstverständliche *Ziel, die finalen Aufgaben lösen zu können*, und das müsste genau das sein, was auch die Lehrperson anstrebt. Eine solche Aufgabe macht umständliche Zielformulierungsprosa überflüssig, mit der sich selten jemand ernsthaft auseinandersetzt.

Ziele mit Vorgaben und Notwendigkeiten in Einklang bringen

Es ist die Regel, dass ein Unternehmen oder eine Behörde Leitlinien vorgibt, was von den Mitarbeitenden erwartet wird, und deren Einhaltung gelegentlich überprüft. So ist auch der Schule, und damit jeder Lehrperson, ein sinnvoller Rahmen von Kompetenz- und Leistungsvorgaben gegeben. „Vorgaben" können verschiedene Formen und Bezeichnungen annehmen: Standards, Kompetenzziele, Lehrpläne, Curricula, fachspezifische Jahrespläne, unterrichtsleitende Lehrmittel, schulspezifische Vereinbarungen, und dies alles mit oft unscharfen Grenzen (Künzli, 2010), weshalb hier vereinfachend von Vorgaben die Rede ist.

All diese Vorarbeiten haben eine wichtige und nützliche Orientierungsfunktion und können zweckmäßig verwendet werden, wenn auch mit Augenmaß. Die Stellung der Lehrpersonen ist aber eine besondere; sie sind nicht einfach das Sprachrohr der Obrigkeit, um vorgegebene Ziele zu überbringen. Ziele für eine Unterrichtseinheit zu finden, bedeutet im Wesentlichen, *im Rahmen der Vorgaben eine eigene Absicht zu entwickeln, um konkret etwas zu bewirken*. Dadurch werden vorgegebene allgemeine Ziele, die für Tausende von Klassenzimmern gelten sollen, so transformiert, dass sie zu etwas Fassbarem und Stimmigem werden, das auf die Verhältnisse hier und jetzt abgestimmt ist.

Lehrpersonen haben Entscheidungsspielraum

Vorgaben sind Leitfäden, vielleicht auch eine Inspiration, aber sie sind nicht im strengen Sinn präskriptiv. Neben dem, was hier als Vorgaben bezeichnet wird, bringt auch die Lehrperson ihren Anteil in die Planung von Unterrichtseinheiten ein. Die Lehrperson ist es, die die realen Gegebenheiten kennt und Thematiken aufgreift, die so in keinem Lehrplan stehen, einfach weil sie jetzt wichtig oder gar notwendig erscheinen, z.B. ein aktuelles Ereignis, das alle beschäftigt, oder ein Lernbedarf der ganzen Klasse. Die Lehrperson tut auch gut daran, ihre eigenen Stärken – besondere Kompetenzen, Wissen, Interessen, Enthusiasmus – in die Planung von Unterrichtseinheiten einfließen zu lassen und ihnen auf diese Weise eine persönliche und authentische Prägung zu geben.

Lehrpersonen haben also einen Entscheidungsspielraum, den sie nutzen können und sollen. Es geht nun darum, einen pragmatischen Weg zu skizzieren, wie damit unter Berücksichtigung von Standards, Kompetenzanforderungen und Lehrplänen gelassen umgegangen werden kann.

Faktor Zeit

Eine einschneidende Vorgabe bzw. Einschränkung ist die zur Verfügung stehende Zeit. Wie viele Lektionen pro Woche die Stundentafel auch immer vorsieht, die meisten Lehrpersonen hätten gerne mehr Zeit, um die Dinge zu vertiefen oder die Themen auszuweiten. Der beschränkte Zeitrahmen ist eine Gegebenheit, mit der Lehrpersonen umgehen müssen, ohne den Druck auf die Schüler:innen unnötig zu erhöhen. Diese äußere Rahmenbedingung beeinflusst den Umfang und die Verarbeitungstiefe beträchtlich. Wenn es anschließend darum geht, eine Auswahl innerhalb der Thematik und der zu fokussierenden Kompetenzen zu treffen, spielt der Faktor Zeit eine wesentliche Rolle. Die Entscheidungen der Lehrperson betreffen dann weniger die Frage, was sie thematisieren möchte, sondern was wegzulassen sie am ehesten bereit ist.

Kontroversen um Leitlinien und Vorgaben für Lehrpersonen

Die Leitlinien für Lehrpersonen sind stets von Kontroversen und Polemiken begleitet gewesen, da immer unterschiedliche Philosophien, Überzeugungen und Interessen im Spiel sind. Darüber hinaus sind die Prinzipien der Vorgaben oft nicht direkt ersichtlich, und die Logik, nach der die Autor:innen die Vorgaben konzipieren und ausarbeiten, erschließt sich nicht immer so leicht.

Es ist nicht nötig, hier ins Detail zu gehen, aber es lohnt sich dennoch, auf die Fragen zu verweisen, die im Zusammenhang mit Vorgaben immer wieder auftauchen:

- Sollen Schüler:innen in erster Linie Wissen erwerben? Welche Art von Wissen? Sollen Inhalte angegeben oder Ziele definiert werden? Welche Fähigkeiten sollten die Schüler:innen erwerben?
- Geht es um die Einführung in unsere gemeinsame Kultur, um die Vorbereitung auf das Berufsleben oder um die persönliche Entwicklung der Schüler:innen? Oder alles zusammen? Mit welchen Prioritäten?
- Wie detailliert sollten die Ziele sein, und wie viel Entscheidungsspielraum haben die Lehrpersonen?
- Sollen nur Mindestanforderungen oder die idealerweise gewünschten Anforderungen definiert werden?
- Sollte auch vorgegeben werden, wie die Ziele erreicht werden sollen? (Gamson, Eckert & Anderson, 2019; Terhart, 2021).

Es handelt sich um im Grunde sehr wichtige Fragen, von denen einige den Kern der Schule und des Lehrberufs betreffen und zu denen sich die meisten Lehrpersonen eine Meinung gebildet haben, selbst wenn sie sich nicht vertieft damit auseinandergesetzt haben sollten.

Lehrpersonen haben einen Weg zu finden, mit den Vorgaben umzugehen, und sie können sich dabei die Vorarbeit von Bildungsfachleuten zunutze machen. Standards, Lehrpläne und Lehrmittel (sofern sie als unterrichtsleitend verwendet werden) schränken nicht nur ein, sie nehmen den Lehrpersonen auch schwierige Entscheidungen ab und sind eine nützliche Planungshilfe.

Entscheidungen zu Thematiken und Absichten

Das Schema in Abbildung 5 zeigt, wie die Planung nach dem Rückwärtsprinzip funktioniert. Auf den folgenden Seiten geht es insbesondere um die ersten Schritte, d. h. die *Entscheidung über die Thematik und die gewünschten Ergebnisse.*

Gerade weil die Unterrichtseinheitsplanung nicht direkt aus den Vorgaben abzuleiten ist, braucht es gewissenhafte und manchmal mutige Entscheide der

Aktivitäten und Anregungen

So finden Sie kohärente Thematiken und Absichten

Kurze Anleitung zum ersten Planungsschritt von Einheiten

Diese Schritte können zu klaren und authentischen Thematiken und Absichten für Einheiten von mehreren Unterrichtsstunden führen. Unmittelbar im Anschluss an diesen Infoblock finden Sie Vorschläge, wie Sie dies üben können.

Vorgaben und Empfehlungen

- Sie grenzen den thematischen Bereich grob ein
- Sie sichten Standards, Lehrpläne, Lehrmittel usw. des Unterrichtsfachs, verschaffen sich einen Überblick
- Sie erkennen Vorgegebenes, aber Sie loten auch Spielraum aus
- Sie sind offen für Ideen und Impulse

Ihre eigenen Prioritäten

- Sie erkennen das fachlich Notwendige
- Sie erwägen Situatives und Aktuelles
- Sie bringen eigene Anliegen, Interessen und Kompetenzen ein
- Sie beziehen Impulse, Bedarfe und Wünsche der Klasse ein

Ihre thematische Entscheidung

Die Thematik steckt das Terrain ab, worum es gehen wird. Sie kann ein sachlicher Inhalt des Fachs sein, aber auch ein Prozess, eine Fertigkeit, ein Neuschöpfung usw.

- Legen Sie die Thematik so fest, dass sie *beiden* Seiten gerecht wird (den Vorgaben und den eigenen Prioritäten)
- Respektieren Sie verbindliche Vorgaben und begründete Empfehlungen, aber behalten Sie die Freiheit, eigene Akzente zu setzen
- Vergewissern Sie sich, dass die Thematik einen Zweck hat und relevant ist (sonst macht sie keinen Sinn)
- Machen Sie Notizen in wenigen Stichwörtern

Dies ist erst die thematische Entscheidung, aber noch nicht, was konkret zu lernen ist.

Ihre Absichten klären: Wo stehen wir am Ende?

Was auf dem abgesteckten Terrain der Thematik getan und gelernt wird, legen Sie in diesem Schritt fest, nämlich mit Ihrer Absicht (Ihrem „Ziel").

- Sie entwickeln eine *Absicht*: Sie stellen sich plastisch vor, über welche Kompetenzen, welches Wissen, welche Einsichten, welche Techniken, welche Produkte usw. die Schüler:innen am Ende verfügen werden: Was sie wissen, können, verstehen, kreieren, lösen usw.
- Denken Sie darüber nach, bis Sie eine kohärente Vorstellung haben und z.B. sagen können: „Ja, wenn wir nach vier Wochen an diesem Punkt sind, bin ich zufrieden."
- Skizzieren Sie für sich in einfacher Sprache den beabsichtigten Kompetenzstand der Schüler:innen und der Klasse (nicht in den Details).
- Über Absichten zur Thematik können Sie überall nachdenken (beim Joggen, auf dem Sofa, auf dem Schulweg …)

Die Absicht in Referenzaufgaben konkretisieren

Ihre Absichten werden in *Referenzaufgaben* Gestalt annehmen. Diese Referenzaufgaben werden genau das repräsentieren, was Ihrer Absicht entspricht. Diese Konkretisierung ist *wichtig und unverzichtbar*. Mehr dazu im Kapitel 6.

Aktivitäten und Anregungen

Thematik und Absicht finden: ein Beispiel

Das untenstehende Beispiel basiert auf den vier Schritten der vorangehenden Box. Folgen Sie dem Beispiel und skizzieren Sie jeweils dazu ein *eigenes Beispiel* zu einer Thematik, die Ihnen schon ein wenig vertraut ist. Machen Sie sich dazu nach jedem Schritt Notizen. Wenn immer möglich: Planen Sie zu zweit oder in einer Gruppe!

Vorgaben und Empfehlungen

Eingrenzung: Es geht ums Schreiben verständlicher Texte in der 4. Klasse.

- z.B. KMK-Bildungsstandards Deutsch Primarbereich (KMK, 2004)
- z.B. schweizerischer Lehrplan 21, D.4 Schreiben, C-G (D-EDK, 2016)
- z.B. Lehrmittel „Deutsch vier" (auf Lehrplan abgestimmt)

Eigene Prioritäten

- Zahlreiche Schüler:innen sind mit Smartphones beschäftigt, lesen kurze Posts, diskutieren darüber.
- Sie sollten selber solche Schreiberfahrungen machen.
- ein Gemeinschaftsprojekt, um Kooperation zu lernen

Thematische Entscheidung

- ein Klassenblog zu Themen im schulischen Umfeld
- Projekt über mehrere Wochen hinweg

Absichten klären: Wo stehen wir am Ende?

- Alle Schüler:innen haben Texte von guter Qualität und Verständlichkeit zum Blog beigetragen und können sie selbst oder mit Hilfe hochladen.
- Alle Schüler:innen sind Redaktionsmitglieder: Sie schreiben, holen Hilfe, korrigieren, geben Feedback, überarbeiten, publizieren usw.
- Sie als Lehrperson achten auf Qualität und Einhalten von Standards und gute Zusammenarbeit.

Die Absicht in Referenzaufgaben konkretisieren

- Die *Referenzaufgabe* wird darin bestehen, in einem limitierten Zeitfenster (z.B. ½ Tag) zu einem gemeinsamen Thema Posts von guter Qualität zu produzieren und hochzuladen (die Aufgabe ist noch nicht ausformuliert).

Wie weiter?

Natürlich müssen Sie sich nicht strikt an das vorgeschlagene Schema halten, aber es kann Ihnen eine Hilfe sein, wenn Sie noch wenig Erfahrung im Umgang mit Vorgaben haben. Sammeln Sie Erfahrung damit. Später werden Sie wohl Ihr eigenes Vorgehen finden und dabei die Grundsätze der Rückwärtsplanung beachten.

Lehrperson, worauf sie den Akzent setzt. Eine der größeren Fallen ist dabei die Überdifferenzierung neuerer Bildungsstandards und Lehrpläne. Um ein Beispiel zu nennen: Die KMK-Standards im Fach Deutsch für den Primarbereich elaborieren das Beispiel „eine Sage verstehen" und nennen dazu nicht weniger als 14 Bezüge zu Standards (KMK, 2004, S. 24). Dass zahlreiche aufgelistete Kompetenzen, die die meisten Lehrpersonen ohnehin mit großer Selbstverständlichkeit aufzubauen helfen, nun explizit berücksichtigt werden sollten, macht die Planungsarbeit überkomplex und unpraktikabel. Das frustriert oder überfordert die Lehrpersonen eher, als dass sie dadurch bei der Planungsarbeit Unterstützung erfahren.

Eine bewusste Auswahl und Beschränkung ist aus diesen Gründen besonders wichtig. Die Boxen auf den vorangehenden Seiten skizzieren einen möglichen Weg, damit umzugehen.

Zwischenfazit

Eine Lehrperson kann sich einer Thematik von zwei Seiten her nähern:

1. von den *Vorgaben* her, wobei es entsprechend weniger zu klären gibt, wenn die Lehrperson einem vorgegebenen Jahresplan oder Lehrmittel folgt und viele Entscheidungen bereits gefallen sind, und
2. von den *situativen Gegebenheiten* her, wenn die Wahl der Thematik z.B. durch einen tagesaktuellen Anlass oder durch etwas Dringendes in der Klasse beeinflusst ist.

Eine wichtige Referenz und Ressource für Lehramtsstudierende sind überdies die *Fachdidaktiken*, die sich eingehend mit Fragen der Thematik, des sachlogischen Aufbaus und des Horizonts an Zielen beschäftigen.

Den Horizont für Ziele erweitern

In der zweiten Hälfte des 20. Jahrhunderts hat sich der Trend zu anspruchsvolleren unterrichtlichen Lernzielen deutlich verstärkt, nachdem zahlreiche Studien gezeigt haben, dass in der unterrichtlichen Realität die kognitiven Ansprüche tendenziell niedrig sind und dass z.B. „die überwiegende Verwendung kognitiv anspruchsvollerer Fragen durch die Lehrpersonen einen positiven Effekt auf die Schülerleistungen hat“ (Redfield & Rousseau, 1981, S. 224). Im deutschen Sprachraum gilt denn auch die *kognitive Aktivierung* als zentrales Qualitätsmerkmal von Unterricht. Als kognitiv aktivierend wird ein Unterricht bezeichnet, „wenn er Lernende zum vertieften Nachdenken und zu einer elaborierten Auseinandersetzung mit dem Unterrichtsgegenstand anregt“ (Lipowsky & Hess, 2019, S. 79).

In zwei größeren Wellen wurden Anstrengungen unternommen, kognitiv anspruchsvollere und differenziertere Ziele systematisch zu erfassen, und damit auch zu beschreiben, was alles an wünschbaren Resultaten angestrebt werden kann: zuerst ab der Mitte des 20. Jahrhunderts mit Lernzieltaxonomien, und dann im 21. Jahrhundert mit Kompetenzmodellen. Diese beiden Ansätze werden hier kurz dargestellt, um den Blick auf das ganze Spektrum an Zielen zu weiten; damit können pragmatische Entscheide vor einem breiteren Hintergrund gefällt werden.

Taxonomien, Kompetenzmodelle und darauf aufbauende Lehrpläne mögen bisweilen komplizierte und nicht selten verwirrende Konstruktionen sein; sie tragen aber auch entschieden zur Horizonterweiterung bei den Entscheidungen zu Thematiken und Zielen bei. Dieser Aspekt wird im Folgenden diskutiert.

Taxonomien als Inspiration für diversifizierte Ziele

Bloom und Kollegen (1956) riefen in den 1950er Jahren den Bildungsfachleuten einschließlich der Lehrpersonen ins Bewusstsein, dass das Spektrum der Ziele deutlich über den Erwerb von Wissen und Fertigkeiten hinausgehen kann. Der Kern des Vorhabens von Bloom und Kollegen und auch anderer Forscher:innen war, sich systematisch auch auf anspruchsvollere Ziele zu konzentrieren, was letztlich dazu dient, die Schüler:innen umfassender zu fördern.

Lernzieltaxonomien – so bezeichnet man eine systematische Ordnung von Lernzielen – können Ideen liefern, die Lehrpersonen sonst vielleicht nicht hätten, und erinnern an Zielbereiche, die sie aus den Augen verloren haben. Hier wird kurz das Prinzip der Taxonomien anhand einiger Beispiele erläutert.

Bloom und Kollegen unterschieden sechs Stufen mit steigenden kognitiven Anforderungen. Sie sind hierarchisch aufgebaut, d.h., um die anspruchsvollste Stufe zu erreichen, müssen die vorangegangenen Stufen durchlaufen worden sein:

1. Wissen
2. Verstehen
3. Anwenden
4. Analyse
5. Synthese
6. Evaluation

Jahrzehnte später haben Anderson und Krathwohl (2001) diese Taxonomie überarbeitet, differenziert und die zweite Dimension der Wissensformen hinzugefügt (Tabelle 1).

Dieses sehr ausgefeilte Konzept der Lernzieltaxonomie blieb nicht ohne Kritik, zumal die Unterscheidung zwischen kognitiven Prozessen selten trennscharf vorgenommen werden kann. Auch die Unterscheidung zwischen den vier Wissensformen erscheint nicht immer zwingend, zum Beispiel zwischen Faktenwissen und konzeptuellem Wissen. Nichtsdestotrotz hat sich das Modell inspirierend auf die Formulierung von Zielen ausgewirkt, da mehrere unterschiedliche Perspektiven auf einigermaßen kohärente Weise zusammengeführt werden können.

Tab. 1: Die Struktur der Taxonomie von Anderson und Krathwohl (2001)

		Dimension der kognitiven Prozesse					
		1. Erinnern	2. Verstehen	3. Anwenden	4. Analysieren	5. Bewerten	6. Erschaffen
Dimension der Wissensformen	Faktenwissen						
	Konzeptuelles Wissen						
	Prozedurales Wissen						
	Metakognitives Wissen						

Es wurden zahlreiche andere Taxonomien vorgeschlagen, die hier nur erwähnt werden, um zu zeigen, mit welcher Akribie das Potenzial der Ziele ausgelotet wurde. Manchmal wird nur zwischen wenig anspruchsvollen und kognitiv anspruchsvollen Zielen unterschieden (low-level, high-level, z.B. Brophy & Good, 1986). Die SOLO-Taxonomie, die auf Piagets Theorie der kognitiven Entwicklung aufbaut, unterscheidet fünf Stufen, von unverstandenem Faktenwissen bis zu hochgradig abstrakten Zusammenhängen (Biggs & Collis, 1982, S. 24–25). Eine weitere Taxonomie von Gagné, Briggs und Wager (1992, S. 43–49) basiert auf den unterschiedlichen Fähigkeiten der Menschen: Prozedurales Wissen, kognitive Strategien, deklaratives Wissen, motorische Fertigkeiten, Einstellungen.

Ein besonders interessantes und didaktisch wertvolles Beispiel, das die vielen *Facetten von „Verstehen“* auffächert, wurde von Wiggins und McTighe (2005, 2011) beschrieben. Verstehen bedeutet, eine tiefere Einsicht zu haben, und ist damit eine der bedeutsamsten Kategorien von Zielen. Es macht indessen einen Unterschied, ob man eine Person, eine mathematische Operation oder einen Roman versteht. Wiggins und McTighe beschreiben sechs Facetten des Verstehens, von denen jede einen anderen Aspekt der tieferen Einsicht beleuchtet und die entsprechend auch andere didaktische Implikationen hat:

- *Erklärung*: griffige Theorien und Darstellungen, die korrekte und begründete Aussagen über Ereignisse, Handlungen und Ideen liefern
- *Interpretation*: Deutungen, Darstellungen, Beschreibungen und Umformulierungen, die einen Sinn ergeben

- *Anwendung*: die Fähigkeit, Wissen in neuen Situationen und verschiedenen realen Kontexten wirksam einzusetzen
- *Perspektive*: kritische und durchdachte Standpunkte einnehmen
- *Empathie*: die Fähigkeit, sich in die Gefühle und die Weltsicht eines anderen Menschen hineinzuversetzen
- *Selbsterkenntnis*: die Weisheit, die eigene Unwissenheit zu erkennen und zu wissen, wie die eigenen Denk- und Handlungsmuster das Verstehen beeinflussen und beeinträchtigen.

Wer sich dieser Facetten des tieferen Verstehens bewusst wird, hat ein deutlich größeres Repertoire bei der Gestaltung unterrichtlicher Aktivitäten. Angenommen, es gehe darum, ein Theaterstück zu verstehen. Jede der sechs Facetten ist eine Art Brille, um das Stück zu betrachten und zu erschließen. Das Theaterstück erscheint jeweils in einem anderen Licht, und in jedem Fall werden die Einsichten völlig andere sein (s. Kapitel 6, Tabelle 7).

Kompetenzmodelle

Kompetenzmodelle sind gemäß Klieme und Mitarbeitenden (2003) „systematische Konkretisierungen von Inhalten und Stufen der allgemeinen Bildung". Sie werden seit den Nullerjahren als bevorzugtes Instrument gesehen, um zu erreichende Fähigkeiten zu beschreiben. Das Erscheinungsbild von Kompetenzmodellen ist meist eine Tabelle mit einerseits den Dimensionen des Könnens und andererseits den Inhaltsbereichen, jeweils gesondert nach Jahrgangsstufe und bisweilen gegliedert nach Schwierigkeitsgrad. Um Bildungsstandards umzusetzen, werden zunehmend solche Kompetenzmodelle eingesetzt, die wiederum die erneuerten Lehrpläne prägen. Die Tabelle 2 zeigt beispielhaft die Struktur eines Kompetenzmodells für Mathematik (EDK, 2011; vgl. auch KMK, 2022). Kompetenzmodelle stellen facettenreich dar, was in der Schule im jeweiligen Fach gelernt werden kann. Oft sind den Modellen Aufgabensammlungen angegliedert, deren einzelne Aufgaben genau auf die Kompetenzen abgestimmt sind.

Analog zu den Lernzieltaxonomien können auch Kompetenzmodelle als Ideenpools verstanden werden, die helfen, den Blick der Lehrpersonen auf bisher unbeachtete Dimensionen zu lenken.

Tab. 2: Beispiel der Struktur eines Kompetenzmodells: Nationale Bildungsstandards der Schweiz, Grundkompetenzen für die Mathematik (EDK, 2011; vgl. auch KMK, 2022)

Handlungsaspekte	Kompetenzbereiche: Zahl und Variable	Form und Raum	Größen und Maße	Funktionale Zus.-hänge	Daten und Zufall
Wissen, Erkennen und Beschreiben					
Operieren und Berechnen					
Verwenden von Instrumenten und Werkzeugen					
Darstellen und Kommunizieren	Beispiel aus der 11. Jahrgangsstufe: aus Texten, Skizzen, Plänen, Zeichnungen, Tabellen oder Diagrammen relevante Zahlangaben in geeigneter Form entnehmen und so präsentieren, dass sie für andere verständlich sind und von ihnen weiterverwendet werden können; Lösungswege mit Worten, arithmetischen und algebraischen Symbolen, Tabellen und Skizzen verdeutlichen.				
Mathematisieren und Modellieren					
Argumentieren und Begründen		Beispiel aus der 4. Jahrgangsstufe: mündlich rechtfertigen, inwiefern eine Figur oder ein Muster Unregelmäßigkeiten aufweist oder Abweichungen von einem vorgegebenen Schema zeigt.			
Interpretieren und Reflektieren der Resultate					
Erforschen und Explorieren					

Lehrmittel – oft unterrichtleitend, meist auf Lehrpläne abgestimmt

Für die Lehrpersonen sind Lehrmittel und Schulbücher oft weit wichtiger als Lehrpläne; sie erweisen sich besonders in den stark strukturierten Kernfächern wie Mathematik und Fremdsprachen als nützliche Orientierung und Planungshilfe, da sich die Vorgaben der Lehrpläne in den Lehrwerken weitgehend widerspiegeln (Oelkers & Reusser, 2008; Fuchs, Niehaus & Stoletzki, 2014). In Fächern mit großem Entscheidungsspielraum für Lehrpersonen können Lehrmittel wiederum eine Quelle für Ideen und Inspiration beim Eingrenzen der Thematik und der erwünschten Resultate sein.

5.3 Planung einer Einheit in der Lehrer:innenbildung

Es kann vorkommen, dass Lehramtsstudierende nicht nur einzelne Unterrichtsstunden, sondern ganze thematische Einheiten für ein Praktikum zu planen haben.

Klärung mit Begleitpersonal und Mentor:innen

Die Planung einer Unterrichtseinheit kann grundsätzlich auch in einem Praktikum nach dem hier skizzierten Vorgehen angegangen werden. Angesichts der traditionell spezifischen Anforderungen an eine *schriftliche* Planung von Lehramtsstudierenden dürfte es ratsam sein, das Verfahren der Rückwärtsplanung mitsamt seiner Implikationen mit den begleitenden und bewertenden Fachpersonen zu thematisieren. Es könnte kontraproduktiv sein, eine Strategie anzuwenden, das beim Fachpersonal der Lehrer:innenbildung auf Irritation oder Unverständnis stößt. Deshalb ist es zweifellos am besten, dies offen anzusprechen und einen Weg zu finden, der alle Seiten zufriedenstellt.

Problematik der Praktikumsaufträge seitens der Hochschule

In Programmen der Lehrer:innenbildung wird nicht selten versucht, die Verknüpfung von theoretischen Inhalten mit praktischem Handeln so herzustellen, dass Studierenden von Seiten der Hochschule detaillierte Aufträge für das Praktikum gegeben werden; sie sollten dieses und jenes ausprobieren, anwenden, umsetzen usw. und dann, zurück an der Hochschule, über ihre Erfahrungen berichten. Das Praktikum wird als Trainingsfeld für von außen vorgegebene Übungseinheiten betrachtet, ungeachtet der realen Bedingungen in den Schulklassen und der tatsächlichen Lernbedarfe der Studierenden und der Schüler:innen. Der Umsetzung von hochschulseitigen Aufträgen wird der Vorrang vor der situativen Bestimmung des Lernbedarfs und adaptivem Handeln gegeben.

Die allgemein akzeptierte Vorstellung eines adaptiven Unterrichts, der dem Stand der Schüler:innen angepasst wird, um das Lernen zu optimieren, wird durch derartige Interventionen seitens der Hochschule konterkariert. Auch Schüler:innen in Praktikumsklassen haben Anrecht auf einen differenzierten, ziel- und erfolgsorientierten Unterricht, der ihre tatsächlichen Lernbedürfnisse ernst nimmt. Wenn sich Studierende in den Praktika mit Dilemmata zwischen vorgegebenen Aufträgen und vor Ort erkannten Bedürfnissen konfrontiert sehen, sollte dies am besten von Fall zu Fall offen angesprochen werden.

Exemplarische Planung von Unterrichtseinheiten in den Fachdidaktiken

Es ist eine verbreitete und durchaus sinnvolle Praxis, dass Studierende in den fachdidaktischen Lehrveranstaltungen ganze Einheiten planen, was ihnen erlaubt, aus fachdidaktischer Perspektive tief in eine Thematik einzudringen, befreit vom unmittelbaren Handlungsdruck. Es handelt sich oft um exemplarische und ausführliche Vertiefungen, die nicht für den unmittelbar bevorstehenden Unterricht konzipiert sind.

Unabhängig von Gepflogenheiten in Fächern und Stufen ist es ratsam, auch hier „rückwärts" vorzugehen, indem man, ausgehend von einer gegebenen Thematik, die erwünschten Resultate definiert, dazu exemplarische Referenzaufgaben identifiziert und schließlich analoge Lernaufgaben unterschiedlicher Anforderungsniveaus entwickelt und zusammenstellt. Solche didaktisch begleiteten Unterrichtseinheitsplanungen sind eine gute Gelegenheit, sich mit diesem Planungsansatz vertraut zu machen und sich sorgfältig in spezifische Aspekte, z.B. die Überprüfbarkeit und die Aufgabenkonstruktion, zu vertiefen.

Verschriftlichung mit Augenmaß

Über die Art, wie Planungsüberlegungen zu verschriftlichen sind, wird bisweilen viel Aufhebens gemacht. Klar ist, dass sich Lehrpersonen in der einen oder anderen Art Notizen machen. Wie bereits im Kapitel 3 angesprochen, sind vorgefertigte Raster nicht unproblematisch. Wer für die eigenen Zwecke eine gewisse Struktur bevorzugt, sollte sie am besten selber konzipieren und sich vom Gedanken leiten lassen, dass sie einfach, praktikabel und nachvollziehbar ist.

Neben Notizen zur Thematik und den erwünschten Resultaten werden die Aufgaben bzw. Aufträge das Rückgrat der Planung der Einheit bilden. Da in der Lehrer:innenbildung oft erwartet wird, dass die zugrundeliegenden Überlegungen transparent gemacht werden, sollten Studierende in der Lage sein, zumindest auf Rückfrage ihren Arbeitsprozess dazulegen und zu begründen.

5.4 Fazit

Dieses Kapitel begann mit dem Versprechen einer vereinfachten Planungspraxis: In einem ersten Schritt sind gemäß diesem Ansatz nur zwei Entscheidungen zu fällen, nämlich was die *Thematik* ist und was *als Resultat erwartet* wird (Abbildung 7).

Allerdings werden die Dinge im Lauf des Kapitels komplizierter, denn Lehrpersonen müssen sich auch in Vorgaben einfügen – Bildungsstandards, Lehrpläne, manchmal auch Lehrwerke. Deren Fülle und Komplexität sind in der Wahrnehmung von Lehrpersonen manchmal eher verwirrend als hilfreich. Selbst bei gutem Willen fällt es Lehrpersonen schwer, aus den vielschichtigen Empfehlungen und Modellen etwas Griffiges und zur Klasse Passendes herauszuarbeiten, ohne dass sie dabei das Gefühl des Ungenügens bekommen und sich hinterfragen, ob sie womöglich interessante und wichtige Themata und Zielbereiche unberücksichtigt gelassen haben. Oelkers und Reusser (2008) sa-

Abb. 7: Der erste Planungsschritt: Thematik und erwünschte Resultate

gen deutlich, dass letztlich die Lehrpersonen die *Hoheit über thematische Entscheidungen und konkrete Anforderungen* in ihren Klassen behalten:

> Lehrpläne ersetzen weder Lehrmittel noch geben sie die Inhalte des Unterrichts vor, der dann tatsächlich erteilt wird. Vielmehr zeigen sie einen Rahmen, der im Einzelfall sehr dehnbar gehalten werden muss, wenn Unterricht zustande kommen soll. *Unterricht ist Anpassung an die gegebene Situation, nicht an den Lehrplan.* (S. 336, Hervorhebung U.F.)

Deshalb ist es legitim, Standards und Lehrpläne als Ideengeber und bestenfalls Leitlinien zu verstehen. Es ist auch legitim, der Expertise von Lehrmittelautor:innen zu vertrauen, die begründete und ausgearbeitete Vorschläge für Themata machen. Es ist überdies legitim, persönliche Akzente zu setzen, in Übereinstimmung mit dem größeren Rahmen der Vorgaben und der Situation der Klassen.

Den Aufgaben als dem nächsten Planungsschritt der Einheit ist nun ein eigenes Kapitel gewidmet.

6 Aufgaben als Dreh- und Angelpunkt

6.1 Zentrale Funktion der Aufgaben im Planungsprozess

Zahlreiche pädagogische und didaktische Strömungen des 20. Jahrhunderts haben die Aufgaben bzw. Aufträge und Impulse für Aktivitäten sowie das damit verbundene Denken und Tun in den Mittelpunkt des Unterrichts gerückt, etwa die pragmatische Pädagogik von John Dewey (1902), der problemorientierte Ansatz von Hans Aebli (1951, 1983) oder die zunehmende Nutzung von erweiterten bzw. offenen Lehr- und Lernformen, die mit mehr aufgabengesteuerter Selbsttätigkeit einherging. Als Baustein von Prüfungen haben Aufgaben immer eine Rolle gespielt, doch mit Großstudien wie TIMSS und PISA haben Aufgaben beim Aufbau und der Überprüfung von Kompetenzen weiter an Bedeutung gewonnen.

Aufgaben betrachtet man über diverse pädagogische und didaktische Ansätze hinweg „als zentrale Gelenkstelle des Unterrichts, die wesentlich für das Fördern von Lernprozessen und deren Kontrolle verantwortlich ist“ (Kiel, 2019, S. 120). In den meisten Fachdidaktiken und Lehrwerken, aber auch in der Masse an Unterrichtsmaterialien, die heute verfügbar sind, haben Aufgaben eine dominierende Stellung. Entsprechend sind auch die Aufgabenfunktionen und -typen zunehmend differenziert und in den Fachdidaktiken weiter elaboriert worden (z.B. Willis & Willis, 2007; Samuda & Bygate, 2008; Maier, Kleinknecht, Metz & Bohl, 2010; Kleinknecht, 2019; Tekkumru-Kisa, Stein & Doyle, 2020). Die Box „Mit den Aufgaben beginnen: Aufgaben als Ausgangspunkt der Planung“ zeigt anhand einiger Expert:innenaussagen, dass die zentrale Stellung der Aufgaben im Planungsprozess kein neues Anliegen ist.

Referenzaufgaben zeigen, was am Ende der Einheit zu erreichen ist

Die bereits mehrfach erwähnten Referenzaufgaben als Teil der Unterrichtseinheitsplanung spielen eine eminent wichtige Rolle im Planungsprozess und später im Lernprozess der Schüler:innen. Eingangs wurde beispielhaft eine Lehrperson beschrieben, die das Planen damit beginnt, dass sie eine detaillierte abschließende Prüfung verfasst. Im Kontext der Rückwärtsplanung könnte man sagen, dass es sich im Grunde um ein Set von Referenzaufgaben handelt.

Eine wesentliche Funktion von Referenzaufgaben besteht in der *Konkretisierung* dessen, was am Ende der Einheit von den Lernenden erwartet wird, und dies nicht mit mehr oder weniger elaborierten Zielformulierungen, sondern mit Aufgaben, die klären, was die Lernenden *zu tun* imstande sein sollen. So haben Referenzaufgaben eine *Orientierungsfunktion*, die sie nur wahrnehmen können, wenn sie von Anfang an transparent kommuniziert werden.

Referenzaufgaben sind prädestiniert, für die *summative Evaluation* genutzt zu werden, da sie wie gesagt genau das prüfen, was die Quintessenz der Unterrichtseinheit ist. Man könnte darin einen Widerspruch sehen, da Prüfungsaufgaben in der Regel unter Verschluss gehalten werden; deren Kommunikation unterläuft die verbreitete schulische Praxis, aus Prüfungsaufgaben ein Geheimnis zu machen. Doch bei genauerem Hinsehen spricht wenig dagegen, dass die Schüler:innen Kenntnis von einem Set von Aufgaben haben, von denen sie wissen, dass einige davon, allenfalls in geringfügigen Variationen, der finalen Überprüfung dienen. Bei reinen Performanzüberprüfungen, bei denen die Aufgabe naturgemäß bekannt ist, wie z.B. dem Vortragen eines Musikstücks oder dem Vorführen eines Bewegungsablaufs im Sport, sind es die Beurteilungskriterien, auf deren präzise Darlegung sich die Lernenden verlassen müssen. Im Übrigen muss die Überprüfung keineswegs immer benotet werden; sie kann auch formativ oder einfach als Standortbestimmung am Ende der Einheit genutzt werden (mehr dazu im Kapitel 10 und im Anhang 3).

Die *Ausarbeitung von Referenzaufgaben* erfordert die ganze Aufmerksamkeit und Sorgfalt der Lehrperson, da die Botschaft, die sie an die Schüler:innen aussendet, präzis sein sollte: „Das solltet ihr am Schluss der Einheit bewältigen können.“ Unscharfe Referenzaufgaben können die Lernprozesse der Schüler:innen in eine falsche Richtung lenken.

Lernaufgaben im Unterricht und die Einbindung der Schüler:innen

Im Gegensatz zu Referenzaufgaben, die der summativen Evaluation dienen, sind *Lernaufgaben formativ* und, wie das Wort schon sagt, auf das Lernen der Schüler:innen im Unterricht ausgerichtet. Beim Konstruieren oder Zusammenstellen von Lernaufgaben orientiert sich die Lehrperson an den Referenzaufgaben. Die Leitfrage lautet: „Welche Aufgaben und Aktivitäten helfen den

Weiterführende Informationen und Materialien

„Mit den Aufgaben beginnen“
Aufgaben als Ausgangspunkt der Planung

„Aufgabenauswahl als Kern“
Die Studie von Rainer Bromme (1981, 1986) über das Denken von Lehrpersonen bei der Unterrichtsvorbereitung hat nichts an Aktualität eingebüßt und offenbart, dass Lehrpersonen eine Vielfalt von Planungselementen im Planungsprozess unausgesprochen mitbedenken, ohne sie explizit zu benennen, insbesondere bei der Auswahl von Aufgaben:

> Aufgabenauswahl ist der Gegenstand der bewussten Entscheidungen bei der Unterrichtsplanung. [...] Vergleicht man diesen Entscheidungsprozess mit der Vielfalt von Planungsfaktoren, die in Modellen der Unterrichtsplanung entfaltet werden, so ist zu fragen, ob und wo diese anderen Aspekte des Unterrichtes Berücksichtigung finden, die in diesen Modellen als wichtig hervorgehoben werden (z.B. Überlegungen zu den Lehrzielen, zu mathematischen Begriffen und zum Inhalt, unabhängig von den Aufgaben, Überlegungen zum Leistungsstand und zu den Vorkenntnissen der Schüler, zu Arbeitsformen und zur Motivierung der Schüler).
> Diese Aspekte erscheinen nur auf den ersten Blick als nicht berücksichtigt. Eine detaillierte Analyse der Protokolle des ‚Lauten Denkens' zeigt nämlich, dass *diese Aspekte bei der Auswahl der Aufgaben mitbedacht werden* – teils bewusst abgewogen, teils unbewusst bilden sie sozusagen den Hintergrund, der gar nicht thematisiert wird, der aber die Auswahl beeinflusst. *Die Aufgabenauswahl ist sozusagen ein Kern, um den herum sich je nach dem Typ der Stunde und nach der für die Planung zur Verfügung stehenden Zeit die anderen wichtigen Kriterien erfolgreicher Unterrichtsgestaltung gruppieren.* (Bromme, 1986, S. 12–13, Hervorhebungen U.F.)

Integrationsbegriff „Aufgaben"
Seit Brommes Studie ist die zentrale Funktion der Aufgabe als Trägerin von Zielen und Inhalten von vielen Autor:innen bestätigt worden. Meyer (2018) empfiehlt, den Planungsprozess mit der Aufgabenformulierung zu beginnen. Aus seiner Sicht ist der Aufgabenbegriff ein *Integrationsbegriff*, der mit allen Planungsdimensionen (Ziel, Inhalt, Raum, Zeit, Sozialformen, Tätigkeiten) in Beziehung steht (S. 182).

Komplexitätsreduktion bei der Planung
Lehramtsstudierende und Lehrpersonen können bei der Planung nicht alle intentionalen, inhaltlichen, methodischen und kontextuellen Aspekte gebührend und systematisch berücksichtigen, es sei denn mit einem unverhältnismäßigen Zeitaufwand. Gemäß Koch-Priewe (1997) begegnen Lehrpersonen dieser kognitiven Überforderung mittels der *Hinwendung zur Beschäftigung zu konkreten Aufgaben des Unterrichts*:

> Die wechselseitige Verbundenheit der vier zentralen Elemente (Ziele, Inhalte, Methoden und Lernvoraussetzungen) vor jeder Unterrichtsstunde systematisch aufeinander zu beziehen, würde ein mindestens vierdimensionales Denken erfordern und mit der Linearität von Denkprozessen in Widerspruch geraten. Die LehrerInnen *lösen diesen Anspruch so auf, dass sie sich der Unterrichtsaufgabe zuwenden, in der alle vier Faktoren integriert enthalten sind* und mit der sogar zusätzlich Fragen des Medieneinsatzes und Leistungsüberprüfungsmöglichkeiten angesprochen sind. (S. 148, Hervorhebung U.F.)

„Mit der Aufgabenanalyse beginnen"
- Gemäß Kleinknecht und Kolleg:innen (2011) kann die Unterrichtsplanung *mit der Analyse der Aufgaben beginnen*, wobei die Ausgestaltung der Aufgabe an den übergeordneten Zielen der Stunde, der Unterrichtseinheit und des Schuljahres auszurichten ist. Kleinknecht (2019) resümiert, dass *Aufgaben Ziele und Inhalte des Unterrichts auf einer didaktischen Mikroebene konkretisieren*.

Schüler:innen, die erforderlichen Fortschritte zu machen, damit sie am Ende auch die Referenzaufgaben bewältigen?“ Es stellen sich zudem weitere Fragen, die die Lehrperson zu berücksichtigen hat, wenn sie die Lernaufgaben konzipiert, z.B.

- Was eignet sich als herausfordernde und anregende, aber nicht überfordernde Problemstellung?
- Wie lässt sich die Selbstkontrolle während der Arbeitsphasen organisieren?
- Inwieweit sind die Lernaufgaben nach Schwierigkeitsgrad differenziert? Wie viel Hilfe brauchen die Schüler:innen voraussichtlich?
- Berücksichtigen die Lernaufgaben die Leistungs- und Geschwindigkeitsunterschiede in der Klasse?
- Wie können die Schüler:innen auch in die Planungsphase einbezogen werden?

Die Bereitstellung von Lernaufgaben ist also nicht eine rein technologische Angelegenheit, sondern es spielen auch motivationale, entwicklungspsychologische, soziale und organisatorische Faktoren eine Rolle. Die Lehrperson kann mit den passenden Lernaufgaben auf situative Umstände reagieren und darf sich Flexibilität bewahren. Deshalb können Lernaufgaben auch bei der Planung einer einzelnen Lektion angepasst werden.

Ein Zeitplan für die Einheit: Referenzaufgaben auf Lektionen aufteilen

Die planende Lehrperson möchte sich vermutlich einen Überblick über den Verlauf einer ganzen Unterrichtseinheit verschaffen, um eine Vorstellung vom Zeitbedarf zu haben. Von der verfügbaren Zeit hängt auch ab, wie anspruchs-

Idee der Referenzaufgaben, entwickelt im Fremdsprachunterricht

Estaire und Zanón (1994) haben Grundgedanken der Referenzaufgaben unter Verwendung des Terms „final tasks“ elaboriert:

> Nach Festlegen der Thematik der Einheit ist der nächste Planungsschritt die Ausarbeitung der Aufgaben, die die Schüler:innen am Ende der Einheit bearbeiten werden – die „final tasks“. Die Festlegung der finalen Aufgaben zu einem so frühen Zeitpunkt im Planungsprozess ist der entscheidende und auffälligste Faktor dieses Rahmenkonzepts zur Planung. *Alles, was in der Einheit zu tun ist, wird sich aus den finalen Aufgaben ableiten.* […] Wir betrachten die Evaluation als integralen Bestandteil des gesamten Lernprozesses, und als solcher sollte er im Voraus geplant werden, bevor die Einheit im Klassenzimmer Gestalt annimmt. (S. 23, 34; Übersetzung und Hervorhebung U.F.)

Im Grunde handelt es sich um die Beschreibung der Rückwärtsplanung, entwickelt für den aufgabenbasierten Fremdsprachunterricht. Der Ansatz kann sinngemäß ohne weiteres auf andere Fächer übertragen werden.

voll die Absichten der Lehrperson sein können. Wenn beispielsweise für eine komplexe Thematik wie der Erste Weltkrieg nur wenige Lektionen zur Verfügung stehen, muss sich die Lehrperson in ihren Erwartungen beschränken und entsprechend weniger – oder weniger komplexe – Referenzaufgaben entwickeln, die am Ende tatsächlich gemeistert werden können.

Jede Thematik hat, unabhängig vom Umfang der Einheit, mehrere Facetten, die kaum je in einer einzigen Referenzaufgabe abgedeckt werden können. Deshalb sind fast immer mehrere Referenzaufgaben zu formulieren. Als Faustregel könnte man sagen: Pro Lektion wird die Lehrperson eine Referenzaufgabe auswählen, aus der sich der *Lernfokus* ergibt. So wird eine bestimmte Facette der Thematik aufgerollt. Im Idealfall ist dadurch bereits die Verteilung der Lernfokusse (einschließlich deren Referenzaufgaben) auf die Lektionen angedacht. Kurz zusammengefasst (siehe auch Tabelle 3):
Eine Facette der Thematik = *eine* Referenzaufgabe = *ein* Lernfokus pro Lektion.

Die Elemente der Unterrichtseinheitsplanung sind im nachfolgenden Raster dargestellt. Wie die Planung indessen verschriftlicht wird, ist jeder Lehrperson überlassen, die ihre eigene zweckmäßige Art der Notizen finden wird.

Tab. 3: Die zentralen Elemente der Planung einer Unterrichtseinheit

Thematik			
(Kürzestbeschreibung, evtl. mit Bezügen zu Lehrplan, Lehrmittel usw.)			
Absichten			
(allenfalls Stichwörter zu den spezifischen Absichten)			
Referenzaufgabe	**Lernaufgaben**	**Lernfokus**	**Lektion Nr.**
(Referenzaufgabe A)	(Lernaufgaben zur Referenzaufgabe A)	(Fokus nennen)	1
(Referenzaufgabe B)	(Lernaufgaben zur Referenzaufgabe B)	(Fokus nennen)	2
usw.			

„Kognitive Aktivierung" durch herausfordernde Aufgaben

Eine wichtige Strategie, die bei der Aufgabenstellung zum Tragen kommen sollte, ist die *kognitive Aktivierung*. Sie läuft darauf hinaus, die Schüler:innen jenseits des bloßen Erinnerns und der Routinen herauszufordern, damit sie ihr Wissen und ihre Fähigkeiten bewusst einsetzen müssen, um Aufgaben zu lösen. Nach Lipowksy (2021, S. 92) kann eine Lehrperson den Prozess der kognitiven Aktivierung initiieren und befördern, indem sie

- die Lernenden mit kognitiv herausfordernden Aufgaben konfrontiert, zu deren Lösung die Lernenden einen Teil der erforderlichen Informationen selbst generieren, finden und/oder verknüpfen müssen,
- die Lernenden auf Unterschiede in Ideen, Konzepten, Positionen, Interpretationen und Lösungen aufmerksam macht und Raum gibt, diese zu vergleichen und zu analysieren,
- kognitive Konflikte und Widersprüche erzeugt,
- die Lernenden anregt, ihre Gedanken, Konzepte, Ideen und Lösungswege darzulegen und zu erläutern,
- anregende und herausfordernde Fragen bzw. Aufgaben stellt, die zu Begründungen, Vergleichen und Verknüpfungen neuer Informationen mit bereits bestehendem Wissen anregen,
- den Erwerb fachbezogener Lernstrategien gezielt fördert und die Lernenden immer wieder anregt, die erworbenen Strategien zu nutzen, und
- allgemein gesprochen eine diskursive Unterrichtskultur pflegt, in der sich die Lernenden intensiv über inhaltliche Konzepte und Ideen austauschen.

Das Konzept der kognitiven Aktivierung beschreibt, was die *Lehrperson* beitragen kann, um anspruchsvollere Denk- und Lernprozesse in Gang zu setzen. Außerhalb des deutschen Sprachraums findet hingegen das Konzept des „cognitive engagement“ *der Schüler:innen* mehr Beachtung, also deren Bereitschaft und Wille, sich für das Lernen zu engagieren und anzustrengen und die nötigen Strategien zu verwenden, um die Dinge besser zu verstehen (Blumenfeld, Kempler & Krajcik, 2005; Pietarinen, Soini & Pyhältö, 2014).

Es liegt auf der Hand, dass die Lehrperson insbesondere durch die Auswahl und Art der Aufgaben wesentlich zur kognitiven Aktivierung (aus Sicht der Lehrperson) und zum „cognitive engagement“ (aus Sicht der Lernenden) beitragen kann.

Aufgaben als Spiegel und Test für die Qualität der Planung

Wie grundlegend die Transformation von Planungsroutinen durch die Rückwärtsplanung sein kann, zeigt sich schon daran, dass die Aufgaben ins Zentrum des gesamten Planungsgeschehens gerückt werden. Eine Planungstradition, die meist auf Planungsdimensionen der Allgemeinen Didaktik zurückgreift und sich vornehmlich mit der Antizipation des Unterrichtsgeschehens beschäftigt, wird überführt in eine pragmatische Planungspraxis, deren zentrales Instrument für die Kommunikation des Ziels und dessen Erreichung durchdachte Aufgaben bzw. Aktivitäten der Schüler:innen sind.

Aufgaben sind immer konkret; an den Aufgaben ist erkennbar, ob sich die Lehrperson zu viel oder zu wenig vorgenommen hat und ob die Idee für diese

Einheit oder Stunde funktionieren kann. Durchdachte Aufgaben sind der Spiegel der Planung.

6.2 Die Aufgabe steht für Ziele und Inhalte

Aufgaben enthalten immer Ziele (manchmal auch als „Kompetenzziele" bezeichnet); sie sind eine Botschaft an jene, die die Aufgaben lösen, dass genau dies wichtig und zu lernen bzw. zu bewältigen sei. *Aufgaben stehen auch für einen Inhalt*, einen Lerngegenstand, der zu erforschen, zu entdecken, zu üben oder zu lösen ist. Es gibt keine inhaltsleeren Aufgaben.

Dass den Aufgaben Inhalt und Ziele immanent sind, können sich sowohl die Lernenden als auch die Lehrenden zunutze machen:

- Die Lehrperson schafft mit den frühzeitig kommunizierten Referenzaufgaben sowohl für sich selbst als auch für die Schüler:innen Klarheit über die Ziele. Zusätzlich stellt sie analoge Aufgaben unterschiedlichen Schwierigkeitsgrads als Lerngelegenheit im Unterricht zusammen.
- Die Schüler:innen erfahren in einer vertrauten Form, worauf es ankommt.

Das lässt sich an einem Beispiel veranschaulichen. Angenommen, eine Lehrperson möchte internationale Handelswege aufgreifen und legt die Thematik einschließlich der Absicht fest. Nun folgen die weiteren Schritte der Ausarbeitung einer ersten Referenzaufgabe, der Ableitung des Lernfokus und der Lernaufgaben (s. Tabelle 4).

Die Aufgabe zu dieser Thematik lautet „Untersuche, welche Folgen eine Schließung des Suezkanals hat …" (Tabelle 4). Aber angenommen, eine Lehrperson stellt eine andere Referenzaufgabe, die folgendermaßen lautet:

> Nenne das Jahr, in dem der Suezkanal gebaut wurde, die Namen der angrenzenden Meere und Länder, seine Länge, die durchschnittliche Durchfahrtszeit sowie die gesamte Anzahl der durchfahrenden Schiffe pro Jahr.

Es würde unmittelbar offenbar, dass sich zwischen den Absichten und dem, was die Aufgabe repräsentiert, eine Kluft auftut. In diesem Fall würde nur das Faktenwissen getestet. Die eigentliche Absicht der Lehrperson, ein tieferes Verständnis für die Funktionen des Kanals, ist jedoch nicht angesprochen, d.h., Ziel und Aufgabe sind nicht kongruent. Die Schüler:innen lernen das Falsche, nämlich etwas, das gar nicht beabsichtigt war, oder – noch schlimmer – sie werden über etwas geprüft, das sie gar nicht haben lernen können. In beiden Fällen laufen die Lernbemühungen ins Leere, und das Ergebnis ist nicht selten Frustration und Misserfolg. – Beispiele für Thematik, Referenzaufgaben und Lernfokus finden sich in Tabelle 5.

Tab. 4: Beispiel „Internationale Handelswege“: Thematik, Referenzaufgabe und Lernfokus

Schritte	Ausarbeitung	Kommentare
1. **Thematik und erwünschte Ergebnisse**	**Die Thematik** Internationale Handelswege Ein erwünschtes Ergebnis: Die Schüler:innen kennen die Lage einiger wichtiger Handelsrouten und haben sich eine Meinung über deren Bedeutung und die Gründe dafür gebildet.	Das ist der erste Schritt, der im letzten Kapitel thematisiert wurde: Die Lehrperson legt in Einklang mit den Vorgaben, aber in eigener Verantwortung eine Thematik fest und skizziert ihre Absichten, d.h., was sie am Ende erwartet.
2. **Referenzaufgabe**, die am Ende zu meistern ist	**Die Referenzaufgabe** „Untersuche, welche Folgen eine Schließung des Suezkanals kurz-, mittel- und langfristig für die Schifffahrtsrouten, die Versorgung mit Gütern und die Weltwirtschaft im Allgemeinen hätte und welche politischen Fragen sich daraus ergeben könnten. Hinweise: Recherchiere, wie der Suezkanal genutzt wird, von wem und für welche Zwecke. Suche nach ähnlichen Ereignissen in der Vergangenheit, bei denen die Handelswege unterbrochen wurden. Das kann Hinweise für diese Aufgabe geben. Präsentiere die Erkenntnisse so, dass sie für andere leicht verständlich und nachvollziehbar sind.“	Die noch unspezifische Thematik wird durch eine *Referenzaufgabe* konkretisiert. Nun folgt das *Ausarbeiten einer Referenzaufgabe*, die das repräsentiert, was die Schüler:innen am Ende der Einheit können sollten. Die Aufgabe ist prototypisch für später eingesetzte Prüfungsaufgaben oder kann direkt als Prüfungsaufgabe genutzt werden. In diesem Beispiel „sagt“ die Aufgabe den Schüler:innen nicht nur, was die Thematik ist, sondern sie erfahren implizit, worauf es ankommt, z.B.: – aussagekräftige Karten finden und ihre Bedeutung vergleichen – nach hilfreichen Nachrichten suchen – mit Fachpersonen sprechen, Mails austauschen – Vergleiche mit ähnlichen Fällen anstellen – eine Website über Handelsrouten finden und nutzen – Statistiken über Schifffahrtsrouten lesen und interpretieren – begründete Schlussfolgerungen ziehen.
Die folgenden zwei Schritte ergeben sich aus der Referenzaufgabe:		
Lernaufgaben für die Aktivitätsphase	Analoge Aufgaben mit demselben Ziel, die als Lernaufgaben verwendet werden können.	Die Übereinstimmung von Lern- und Prüfungsaufgaben ist entscheidend, denn nur so verstehen die Schüler:innen, was genau sie lernen sollen und wie ihre Fortschritte überprüft werden.
Lernfokus für die einzelne Lektion	**Ein Lernfokus** Mögliche Folgen der Unterbrechung von Handelswegen	Auf Basis der Referenzaufgabe(n) wird ein *Lernfokus* eingegrenzt.

Tab. 5: Kohärenz von Thematik, Referenzaufgaben und Lernfokus anhand von Beispielen

Fünf Beispiele: Thematiken, Referenzaufgaben, Lernfokus	
Thematik	Unterschiedliche Lebensstile
Referenzaufgabe	Führe direkte Gespräche mit Menschen unterschiedlicher kultureller Prägung, unterschiedlichen Alters, unterschiedlicher Gesellschaftsformen, unterschiedlicher religiöser Lebensweisen und berichte, ob und wie sich dadurch deine Vorstellungen von weniger vertrauten Lebensweisen erweitert haben.
Möglicher Lernfokus	Authentische Quellen; Dokumentation durch Interviews
Thematik	Gleichgewicht und Stabilität (Mechanik)
Referenzaufgabe	 Baut im Team diese Kerzenschaukel nach und bringt sie zum selbständigen Schwingen. Schreibt einen für die anderen Schüler:innen verständlichen Text, der genau beschreibt, was geschieht, und erklärt warum. Verwendet im Text das Wort „Schwerpunkt“. Quelle: Press (2004)
Möglicher Lernfokus	Die Rolle des (gedachten) Schwerpunkts für Gleichgewicht und Stabilität
Thematik	Kleine Gewerbebetriebe (z.B. Bäckerei, Schreinerei)
Referenzaufgabe	Frage eine verantwortliche Person in einem kleinen Unternehmen, welche Rolle und Bedeutung die drei wichtigsten Faktoren für dessen guten Geschäftsgang haben, z.B. Personal, Material, Maschinen, Energie, Informationen, gute Beziehungen, Tradition, Marketing, Innovation, Qualität der Produkte usw.
Möglicher Lernfokus	Im Gespräch systematisch Informationen sammeln und strukturieren
Thematik	Musikalische Notation
Referenzaufgabe	Gib eine eigene musikalische Idee (15 bis 30 Sekunden) so genau wie möglich an andere weiter, aber nur in schriftlicher Form
Möglicher Lernfokus	Musik selbst notieren
Thematik	Aus Rechtecken Quader herstellen und umgekehrt Quader abwickeln
Referenzaufgabe	Ihr habt eine quaderförmige Kartonschachtel, die sich flach zusammenlegen lässt, weil sie fast ohne Klebstellen und Klammern auskommt. Faltet die Schachtel so auseinander, dass nirgends zwei Kartonschichten aufeinanderliegen. Wenn nötig, könnt ihr an einer Stelle einen Schnitt anbringen. Messt sämtliche rechteckigen Teile (Länge und Breite) und berechnet jeweils den Flächeninhalt. Bestimmt nun den Flächeninhalt des gesamten benötigten Kartons. Welche Teile könntet ihr maximal wegschneiden, um immer noch einen geschlossenen Quader bauen zu können?
Möglicher Lernfokus	Quader experimentell abwickeln, Flächen berechnen.

Immer klare Erfolgskriterien angeben

Bei vielen Aufgaben ist es recht einfach zu entscheiden, ob sie richtig, falsch, teilweise oder gar nicht gelöst sind, z.B. in der Arithmetik. Anders stellt sich die Überprüfbarkeit bei offeneren Aufträgen dar, z.B. Recherchen, Verfassen von Texten, Projekten, bildnerischer Gestaltung usw., wo die Lehrperson komplexere Kriterien anzuwenden hat, um zu beurteilen, inwieweit das Ziel erreicht wurde.

Manchmal sind die *Beurteilungskriterien* in der Aufgabe enthalten, wie im folgenden Beispiel, wo allein der Erfolg und die Einhaltung der Regeln zählen:

> Baut in der Gruppe ein Gefährt, das aus eigenem Antrieb ein Kinderschwimmbecken von 4 m Breite überqueren kann. Euch stehen als Material 18 leere 1.5-Liter-PET-Flaschen, 8 Bambusstäbe à 1 m Länge, Klebeband, Scheren und Wasser zur Verfügung.

Dass die Angabe von Beurteilungskriterien innerhalb der Aufgabe nicht immer möglich bzw. sinnvoll ist, zeigt sich an Beispielen wie den folgenden:

> Erkläre in einfacher Sprache das Funktionsprinzip einer Solaranlage für Warmwasser. Du kannst, wenn du möchtest, zusätzlich eine Skizze erstellen.

> Was spricht für bzw. gegen obere und untere Altersgrenzen (z.B. Führerschein, Wahlrecht, Fußballschiedsrichter:in, Pilot:in, Rentenbezug usw.)? Verfasse einen Text, der sich an die Mitschüler:innen richtet, nimm darin Stellung und begründe deine Überlegungen. Umfang rund 1000 Wörter.

In solchen Fällen ist es für die Schüler:innen nicht unmittelbar klar, wann die Aufgabe gut, genügend oder nicht gelöst ist. Deshalb sollten die *Kriterien der Beurteilung zusammen mit der Aufgabe* bzw. dem Auftrag transparent gemacht werden. Beim letzten Beispiel („Altersgrenzen") könnten die Kriterien etwa so aussehen:

> Diese *erste* Beurteilung ist formativ, d.h. nicht benotet; du kannst den Text überarbeiten und mir erneut vorlegen. Ich gebe dir eine Rückmeldung zu folgenden Punkten:
>
> 1. Enthält der Text treffende / originelle / entwicklungsfähige Gedanken zum Thema?
> 2. Sind die Überlegungen nachvollziehbar, oder enthält der Text Brüche, wo nicht klar ist, wie du darauf gekommen bist?
> 3. Enthält der Text gleichermaßen Überlegungen, die *für* bzw. *gegen* Altersgrenzen sprechen?
> 4. Wie grenzt du das Thema ein? Vergleichst du verschiedene Tätigkeiten, oder wählst du schwerpunktmäßig eine aus und vertiefst sie? (beides ist möglich).

Der entscheidende Punkt ist also, dass die Schüler:innen nicht im Dunkeln gelassen werden, welche Erfolgskriterien in welcher Art angewandt werden. So werden zielgerichtete Lernschritte unterstützt und unnötige Frustrationen vermieden.

Diskutable Formen: Arbeitsblätter und Lückentexte

Arbeitsblätter sind ein Artefakt der Schule und in den Klassenzimmern allgegenwärtig. Die Vorteile liegen auf der Hand: In einem überschaubaren Format, meist A4, ist ein Auftrag formuliert, den die Schüler:innen selbständig, in Gruppen oder in der ganzen Klasse bearbeiten; die Anleitungen sind genau beschrieben (z.B. das Vorgehen bei einem Versuch in der Chemie), das Arbeitsblatt ist gewissermaßen der rote Faden für eine Arbeitsphase oder die ganze Stunde; für die Arbeitsschritte und Lösungen sind leere Felder vorgesehen, womit das korrekt ausgefüllte Arbeitsblatt zugleich eine schriftliche Ergebnissicherung ist. Seitens der Schüler:innen hat das schnelle und fehlerfreie Abarbeiten Priorität, die Sache selbst kann in den Hintergrund rücken. Im Arbeitsblattmodus werden selbst komplexe und kognitiv anspruchsvolle Sachverhalte auf ein simples Richtig oder Falsch reduziert; ganz besonders gilt dies für Lückentexte, die vor allem zum Raten anregen, welches Wort die Autor:innen des Lückentexts wohl vorgesehen hatten (Breidenstein, 2009; Budde, 2013).

Für kognitiv anspruchsvollere Problemstellungen dürfte das klassische Arbeitsblatt ein wenig geeignetes Medium sein. Das bedeutet nicht, dass Arbeitsblätter auf jeden Fall zu vermeiden wären; sie können z.B. dem Erlangen von Geläufigkeit („procedural fluency") in der Mathematik dienen, oder sie können ergebnisoffen gestaltet werden, ohne auf richtig oder falsch hinauszulaufen. Lehrpersonen sollten sich jedoch der unerwünschten Nebeneffekte bewusst sein und Arbeitsblätter nur dort einsetzen, wo sie einen echten Beitrag zur Zielerreichung leisten können.

6.3 Aufgaben als Anlass, sich fachlich in die Thematik zu vertiefen

Dieser Aspekt der Aufgabenkonstruktion betrifft nun vor allem Studierende und Lehrpersonen mit wenig Erfahrung. Ihnen sind manche Themata schlicht nicht vertraut, wo erfahrene Lehrpersonen aus dem Vollen schöpfen, weil sie damit schon mehrfach gearbeitet haben.

Lehrpersonen kommen nicht darum herum, sich unvertraute Themen selbst zu erschließen. Wenn in der Geometrie beispielsweise die Halbkreise der Lernfokus sind, ist die Lehrperson gut beraten, sich den Aufgaben zuzuwenden, mit denen sich auch die Schüler:innen befassen werden. Aufgaben haben immer etwas Spezifisches zum Gegenstand und sind der *ideale „starting point", um sich eine Thematik zu erschließen*. Die Lehrperson taucht analog den Schüler:innen in die Materie ein, hat aber den Vorteil, dass sie über mehr Vorwissen verfügt und sich schneller zurecht findet. Sie wird Wissens- und Fähigkeitslücken füllen, einige Zusammenhänge neu sehen, dies und jenes nachschlagen, sich ein Video anschauen, die „Möndchen des Hippokrates" durchrechnen (um beim Beispiel der Halbkreise zu bleiben), analoge Aufgaben suchen oder erfinden. Es sind mentale Erkundungen, die ihr ein vertieftes Verständnis für die Materie geben. So gewinnt die Lehrperson die Sicherheit, dass sie selbst alle Aufgaben mit Leichtigkeit lösen kann *und* verschiedene Lösungswege und Betrachtungsweisen kennt (siehe Kapitel 2, Box „Lehr- und lernbares Wissen"). Dabei eignet sie sich eine hohe Flexibilität im Umgang mit der Thematik an.

Von der Aufgaben für Schüler:innen auszugehen, ist ein sinnvoller Bottom-up-Prozess zur Vertiefung des Verständnisses; es ist dem umgekehrten Vorgehen – Top-down, ausgehend vom strukturierten fachwissenschaftlichen Wissen – in den meisten Fällen vorzuziehen. Gewiss gibt es Unterschiede je nach Fach, Stufe und Thematik; das ändert aber nichts am Grundsatz, zuerst einmal auf Ebene der Schüler:innen mit dem Lerngegenstand virtuos umgehen zu können und zunehmend akademisches Fachwissen und weitere Quellen beizuziehen, um Zusammenhänge besser zu verstehen und offene Fragen zu klären.

So können gründliche Erkundungen, ausgehend von den Referenz- und Lernaufgaben für die Schüler:innen, mit gutem Recht als eine „Sachanalyse" bezeichnet werden, bei der die Thematik von den Aufgaben her schrittweise erschlossen wird; den Studierenden bzw. Lehrpersonen stellen sich dabei ähnliche Fragen wie später auch den Schüler:innen, bloß dass von der Lehrperson erwartet werden kann, dass sie tiefer in die Verästelungen der Thematik eintaucht und es sich zum Anliegen macht, ein Problem von verschiedenen Seiten zu betrachten, Spezialfälle und Verallgemeinerungen erforscht, Analogien und Vergleiche sucht, und selbstverständlich auch ihr fachwissenschaftliches Hintergrundwissen abruft oder aktualisiert. Eine solche Sachanalyse führt zu einem besseren Verständnis der Sache *und* der Lehr- und Lernbarkeit der Thematik. Sie ist konsequent anwendungsorientiert und zudem zeit- und ressourcenschonend.

6.4 Bestehendes nutzen, eigene Aufgaben entwerfen

Lehrpersonen können sich ein immenses Angebot an Aufgaben zunutze machen. Lehrmittelverlage bearbeiten den Markt, hinzu kommt eine Unmenge an Materialien, die von Lehrpersonen produziert und weitergegeben werden oder downloadbar sind. Daher ist es unerlässlich, sich mit dem gegebenen Angebot auseinanderzusetzen.

Lehrpersonen, die dazu tendieren, alles neu zu erfinden, wenden wahrscheinlich zu viel Zeit auf, die ihnen dann für andere wichtige Dinge fehlt. Es wäre unprofessionell, die verfügbaren Pools an Aufgaben, Materialien, Jahresplänen usw. nicht zu nutzen. Deshalb sollten angehende Lehrpersonen die *Grundkompetenz des effizienten und effektiven Nutzens bestehender Ressourcen* schon in der Ausbildung erwerben. Die oft hervorragende und fachkundige Arbeit anderer soll gewürdigt, bewusst für den eigenen Unterricht ausgewählt sowie optimiert und verwendet werden. Das ist kein Autonomieverlust, da die Lehrperson ja weiterhin selbst entscheidet, sich aber von der zeitraubenden und anstrengenden Aufgabe des Neuerfindens entlastet.

Fallstricke bei der Verwendung bestehender Aufgaben

Bereits bestehende und übernommene Aufgaben fügen sich selten genau in die geplante Einheit ein, außer wenn eine Lehrperson strikt einem Lehrmittel folgt und dessen Aufgaben verwendet. Die folgenden Hinweise warnen vor leichtfertiger Übernahme bestehender Aufgaben. Die anschließende Box macht Vorschläge zum konstruktiven Umgang mit fremden Quellen.

- *Erheblicher Aufwand für das Nachvollziehen bestehender Aufgaben*: Aufgabensammlungen in Schulbüchern und im Internet, Arbeitsblätter, Lernsoftware usw., die nützlich aussehen, sind in der Handhabung schwieriger als erwartet. Die Lehrperson muss die Aufgaben und Materialien erst studieren und gegebenenfalls lösen, hat sich durch eine Lernsoftware hindurchzuklicken. Dieser Aufwand ist nicht zu unterschätzen.
- *Die Aufgaben passen nicht immer genau zu den gesetzten Zielen*: Selten passen übernommene Aufgaben genau. Sie sind zu einfach oder zu schwierig, sie verwenden andere sprachliche Ausdrücke, sie haben andere Voraussetzungen oder eine ungewohnte Darstellung. Dies den Schüler:innen zu erklären oder die Aufgaben umzuschreiben, kann ziemlich aufwendig sein.
- *Aufgaben ohne Lerneffekt*: Manche Aufgaben sind schlicht nutzlos, man lernt nichts oder das Falsche. In vielen Fällen sind sie nur dazu da, die Schüler:innen zu beschäftigen und ruhig zu halten, wie etwa das Ausmalen von Graphiken oder Landkarten, und tragen nichts zur Zielerreichung bei.
- *Kontraproduktiver Minimalismus*: Die unbesehene Übernahme des Vorhandenen ist oft mit Qualitätseinbuße, Verwirrung und Zeitverlust verbunden. Das leichtsinnige Verwenden bei minimalem Aufwand kann sich unter dem Strich als aufwendiger erweisen, wenn man die Irritationen einkalkuliert, die falsch gestellte Aufgaben auslösen.

Aktivitäten und Anregungen

Finden, Überprüfen und Ablegen von Aufgaben

Hier ist ein *Vorschlag*, wie Sie zu Aufgaben und Materialien von guter Qualität kommen können.

Aufgaben und Materialien finden

Utilitaristischer Blick: Entwickeln oder bewahren Sie den typischen „utilitaristischen Blick" von Lehrpersonen: Sie schauen sich ständig nach Dingen um, die für den Unterricht geeignet sein könnten, sie sehen die Realität durch die Brille der unterrichtlichen Verwertbarkeit. Das kann man kritisieren, aber in diesem Zusammenhang ist es eine nützliche Sache.

Routinemäßige Überprüfung der vielversprechendsten Quellen: Solche Quellen können sein: Lehrwerke, Fachdidaktiken, Fachzeitschriften, Online-Ressourcen, Tipps von Kolleg:innen, eigene Unterrichtsmaterialien usw. Fragen Sie auch Ihre Kolleg:innen, woher sie ihre Materialien beziehen.

Sehen Sie auf den ersten Blick, dass etwas nutzlos ist? Ignorieren Sie es: Sie können meist nach einem kurzen Blick sagen, ob die Aufgaben und Materialien für Sie oder Ihre Klassen in Frage kommen. Wenn Sie sofort sehen, dass sie ungeeignet sind, dann verschwenden Sie keine Zeit damit.

Überdenken Sie Ihre bisherigen Routinen: Die einen neigen dazu, Material anzuhäufen, den anderen fehlt ständig etwas; die einen arbeiten systematisch, die anderen intuitiv oder sprunghaft. Wie arbeiten Sie? Möchten Sie etwas ändern?

Qualitätscheck (falls erforderlich)

Vorschlag: Probieren Sie in diesem Schritt den Qualitätscheck mit einer Thematik aus, zu der Sie bereits Aufgaben ausgewählt oder entworfen haben, oder analysieren Sie vorhandene Aufgaben, z.B. aus einem Lehrmittel oder aus dem Internet. Bei jedem der folgenden Absätze können Sie einen kurzen Qualitätscheck zu den jeweiligen Aufgaben durchführen. Schreiben Sie einfach ein paar Stichworte auf.

Aspekt der Aufgabe	Kommentar
Absicht: Trägt sie wirklich bei, das zu lernen, was beabsichtigt ist?	Die Aufgabe muss zu den eigenen Zielen passen. Wenn sie etwas fokussiert, was die Lehrperson nicht anstrebt, ist sie nutzlos.
Inhalt: Enthält sie die notwendigen und sachlich korrekten Informationen?	Bisweilen sind die Aufgaben in spezifische Kontexte eingebettet (z.B. Geografie). Sie taugen nur, wenn sie sich inhaltlich anpassen lassen, oder wenn die Idee für eine eigene Aufgabe nutzbar ist.
Form: Ist die Aufgabe formal gut und vollständig formuliert?	Checken Sie mit der SMART-Heuristik, vgl. anschließende Kurzbeschreibung
Anspruchsniveau: Ist identifizierbar, was die Aufgabe voraussetzt?	Aufgaben müssen herausfordernd, aber lösbar sein. Die Lehrperson muss sofort erkennen können, auf welchem Anspruchsniveau die Aufgabe anzusiedeln ist.

Aktivitäten und Anregungen

Zweckmäßige Ablage

- Investieren Sie in den Aufbau eines intelligenten Ablagesystems, das zu Ihnen passt und das Sie gerne benutzen. Überlassen Sie es nicht dem Zufall, sonst häufen sich in Ihren Regalen, Festplatten und Clouds Mengen von Materialien, auf die zuzugreifen immer schwieriger wird.
- Ihr System muss nicht perfektionistisch sein, aber so, dass Sie Dinge geordnet ablegen und auch wiederfinden können. Ein solches Ablagesystem erstellt man nicht von heute auf morgen. Nehmen Sie sich also Zeit, bleiben Sie pragmatisch und denken Sie daran, dass Sie wahrscheinlich jahrelang damit arbeiten werden.
- Skizzieren Sie für sich Ihre ersten Ideen, wie Sie sich ein solches System vorstellen. Wenn Sie bereits damit begonnen haben:
  - Inwieweit funktioniert es?
  - Was sollten Sie ändern?

Austausch von Ideen mit Kolleg:innen

Jede Lehrperson hat Erfahrung mit dem Sichten, Verwenden und Ablegen von Materialien. Fragen Sie herum bei Kolleg:innen, Mitstudierenden, Freunden, in Foren usw. und testen Sie, was für Sie funktioniert.

SMART verwenden

Die SMART-Checkliste für Managementziele (Doran, 1981) hat weltweit Verbreitung gefunden, weil sie nützlich und unmittelbar plausibel ist. Sie ist auch für Bildungszwecke angepasst worden und funktioniert nicht nur für Ziele, sondern auch für Aufgaben sehr gut. Konstruieren oder adaptieren Sie Aufgaben oder überprüfen Sie deren formale Qualität nach den folgenden formalen Kriterien.

S	Spezifisch	Es ist klar, worum es geht; die Aufgabe ist präzise und für alle verständlich formuliert
M	Messbar	„Messbar" in dem Sinne, dass überprüft werden kann, ob das Ziel erreicht worden ist; die Erfolgskriterien sind bekannt
A	Ausführbar	Schlüsselkriterium; evtl. Differenzierung je nach Vorwissen und Möglichkeiten der Schüler:innen
R	Relevant	Passt zur Thematik und trägt etwas zum Lernen und zum Erreichen der Ziele bei
T	Terminiert	Nicht als strikte Frist, sondern als realistische Einschätzung der benötigten Zeit

Eigene Aufgaben entwerfen

Anders als bei bestehenden Aufgaben, die auf fremden Erfahrungen beruhen und wohl schon erfolgreich erprobt wurden, betritt man bei der Konstruktion eigener Aufgaben Neuland. Deshalb hier ein paar Punkte in Ergänzung zu dem, was in diesem Kapitel bereits über Aufgaben geschrieben wurde.

- Wer wenig Erfahrung mit der Konstruktion von Aufgaben hat, schaut am besten den Fachleuten über die Schulter. In vielen *Lehrmitteln* finden sich gute Aufgaben, die durch Variation zu eigenen Aufgaben werden.
- Als erstes sollten die *Referenzaufgaben* entwickelt werden, in denen die Lehrperson das konkretisiert, was ihr als Resultat der Einheit vorschwebt.
- Ausgehend von Referenzaufgaben lassen sich *analoge Lernaufgaben* ableiten, die die Referenzaufgaben variieren oder vereinfachen.
- Für eine gut konstruierte Aufgabe braucht es nicht nur gute Ideen, sondern auch *Handwerk*, damit die Aufgabe ihren Zweck erfüllen kann. Ein kurzer Qualitätscheck kann helfen (siehe vorangehende Box „Finden, Überprüfen und Ablegen von Aufgaben“ sowie „SMART verwenden“).
- *Erweitern und Differenzieren der Ziele*: Mit eigenen Aufgaben kann das Spektrum anspruchsvollerer Ziele ausgelotet werden. Hilfreich sind Taxonomien und kompetenzorientierte Lehrpläne, solange die Lehrperson sie lediglich als Inspirationsquelle nutzt (s. Tabellen 6 und 7).

Erweiterung des Horizonts der Lernziele und Aufgaben: Beispiele

Tabelle 6 zeigt eine Reihe von *Aufgaben zum Thema „CO_2“*. Die Aufgaben illustrieren, wie Lehrpersonen sich durch Kompetenzmodelle und Taxonomien, hier jene von Anderson und Krathwohl (2001), anregen lassen können, ihr Spektrum an Zielen zu erweitern und diese Ziele in den Aufgaben zu materialisieren. So können Lehrpersonen auch ihre „blinden Flecken“ aufspüren, d.h. Zielbereiche, denen sie bisher keine Aufmerksamkeit geschenkt haben. Die Aufgaben in Tabelle 6 gehen über das Faktenwissen zu CO_2 hinaus und sprechen jeweils andere Formen von Wissen und kognitiven Prozessen an.

In einem weiteren Beispiel, dargestellt in Tabelle 7, geht es um *„Big Ideas“*. Im schulischen Kontext hat dieser Ansatz eine längere Geschichte und ist spätestens mit der Projektmethode von Kilpatrick (1918) ein wiederkehrendes Motiv der Didaktik geworden. Nach Kilpatrick ist für solche Ideen kennzeichnend, dass sie die Lernenden einladen, sich ganz darauf einzulassen und sich zu engagieren, und dass die Schüler:innen den Willen entwickeln, sie mit Erfolg zu Ende zu führen. Besonders in der Reformpädagogik ist der Ansatz unter verschiedenen Bezeichnungen elaboriert worden, etwa bei Wagenschein

(1982), der Phänomene präsentierte und Situationen schuf, die quasi von selbst einen herausfordernden kognitiven Konflikt, ein spannendes Problem evozierten. Ruf und Gallin (2014) führten diesen Ansatz mit ihren „Kernideen" weiter. In der Naturwissenschaftsdidaktik haben insbesondere Windschitl und Mitarbeitende (2012) den Ansatz der „Big Ideas" aufgegriffen und in den Kontext der Kernpraktiken gestellt.

Die meisten Thematiken haben das Potenzial, mit einer „Big Idea" erschlossen zu werden. „Big Ideas" sind Phänomene, Materialien, Fragen oder Ereignisse, die meist sofort Interesse wecken und denen etwas Größeres zugrunde liegt – zum Beispiel ein Naturgesetz, ein historischer Kontext oder eine bisher unerkannte Regelmäßigkeit und deren Auswirkungen. „Big Ideas" sind Türöffner für das Denken und die Entdeckung tieferer Zusammenhänge. „Das Thema soll zu denen gehören, die die Lehrperson persönlich immer wieder anziehen; die Lehrperson muss hier selber etwas lernen wollen" (Wagenschein, 1982, S. 96). So stehen die Chancen gut, dass auch die Schüler:innen – bildlich gesprochen – mit auf die Entdeckungsreise gehen. Es bedarf jedoch einiger Übung, um diesen attraktiven Ansatz umzusetzen, wie Windschitl und Mitarbeitende (2012) feststellt: „Lehrkräfte, die gerade erst anfangen, sind noch kaum in der Lage, solche [großen] Ideen zu erkennen. Sie verwenden in der Regel unkritisch Lehrplanthemen und -materialien, um Lernziele für Schüler:innen zu setzen" (S. 888).

Die Tabelle 7 zeigt in Anlehnung an die Facetten des Verstehens von Wiggins und McTighe (2005, 2011) einige „Big Ideas", die auf *tiefes und vielseitiges Verstehen* der Thematik abzielen. Sie sind offen, was das Vorgehen betrifft, und meist auch, was das Ergebnis anbelangt.

Tab. 6: Aufgaben auf einführendem Niveau zu Kohlendioxid, im Raster der Taxonomie von Anderson und Krathwohl (2001)

Dimension der Wissensformen	Dimension der kognitiven Prozesse					
	1. Erinnern	**2. Verstehen**	**3. Anwenden**	**4. Analysieren**	**5. Bewerten**	**6. Erschaffen**
Faktenwissen	Mit welchem Fachausdruck wird CO_2 auch bezeichnet?	Was in dieser Liste ist ein Element, eine Verbindung, ein Gemisch? Warum? Destillierter Alkohol; Luft; Leitungswasser; Stahl; CO_2; Kupfer	Korrigiere die fachlichen Fehler in diesem Satz: „Das Gemisch von Kohle K und Sauerstoff S ergibt Kohle-Sauerstoff KS_2."	Welche der folgenden Gase machen mehr als 1% der Luft aus? Argon, Wasserstoff, Sauerstoff, Methan, Stickstoff, CO_2, Wasserdampf, Benzindämpfe	Um wie viel hat sich die Menge an CO_2 in der Atmosphäre von 1900 bis 2000 erhöht? Vergleiche Online-Quellen und wähle die plausibelsten Daten.	Fasse mindestens vier der typischsten Eigenschaften von CO_2 in einem einzigen verständlichen, grammatikalisch korrekten Satz zusammen.
Konzeptuelles Wissen	Welches Prinzip steckt hinter der Tatsache, dass das Brot Löcher hat?	Zwei genau gleich große Ballons werden auf die Waage gelegt: einer ist mit CO_2 gefüllt, der andere mit Luft. Was wird wohl festzustellen sein? Begründe.	Ein Stück Holz wird verbrannt; am Ende sieht man etwas graue Asche. Beschreibe den Vorgang aus Sicht der Chemie.	Beim Schütteln einer Flasche Sprudelwasser wird gasförmiges CO_2 frei. Beschreibe, welche Prozesse im Spiel sind, wie sie ablaufen und worin sie sich unterscheiden.	Es gibt Feuerlöscher, die das Gas CO_2 ausstoßen. Was sind die Vor- und Nachteile gegenüber Wasser-, Pulver- oder Schaumlöschern?	Du kennst natürliche und künstliche CO_2-Quellen. Wie könnten die CO_2-Produktionsmethoden sinnvoll klassifiziert werden? Mache Vorschläge.
Prozedurales Wissen	Beschreiben Sie eine Methode zum Nachweis von CO_2.	Wenn paar Tropfen Säure auf einem Stein zu schäumen beginnen, handelt es sich um Kalkstein. Wie ist das zu erklären?	Beschreibe zwei Arten, wie du mit diesen Stoffen CO_2 herstellen kannst: Eier, Zitrone, Mehl, Zucker, Wasser, Backpulver, Schokoladenpulver, Hefe.	Nenne und begründe die Vor- und Nachteile der „Streichholz-Methode" zum Nachweis von CO_2.	Beurteile Folgendes: Ein Landwirt stellt offene Fässer mit zerkleinertem Obst für zwei Wochen in den Keller, um sie zu saurem Most zu vergären.	Trockeneis ist gefrorenes CO_2. Wenn es auftaut, wird es nicht nass, sondern verdampft. Was wären nützliche Anwendungen für Trockeneis?
Metakognitives Wissen	Welches Experiment veranlasste van Helmont im 17. Jh. zu sagen, dass es eine unsichtbare Substanz geben müsse, die er „Gas" nannte und die sich später als CO_2 herausstellte?	Schreibe einen kurzen Brief oder eine Mail an eine (fiktive) Freundin. Erkläre ihr die Schwierigkeiten beim Erkennen und Unterscheiden von Gasen und wie man das Problem angehen kann.	Laien können sich unsichtbare und geruchlose Gase kaum vorstellen. Mit welchen Versuchen könnte man gut zeigen, dass Gase existieren (z.B. van Helmont, links)?	Ein Zeitungsartikel trägt die Überschrift: „Warum ist CO_2 schlecht?" Ist diese Frage berechtigt? Untersuche, was damit gemeint sein könnte, und korrigiere sie gegebenenfalls.	Für Experimente zu CO_2 braucht es teils spezielle Substanzen und Laborgeräte, teils genügen aber alltägliche Substanzen. Vergleiche die Ansätze. Was kannst du jeweils über Chemie lernen?	„CO_2" ist heute ein kontroverses Thema. Wie könnte man vorgehen, um Laien nützliche, notwendige, problematische oder schädliche Eigenschaften und Anwendungen von CO_2 zu erläutern?

Tab. 7: „Big Ideas" in Anlehnung an die Facetten des Verstehens von Wiggins und McTighe (2005, 2011)

Verstehensfacette	Beschreibung	Beispiele für „Big Ideas"
Erklärung	griffige Theorien und Darstellungen, die korrekte und begründete Aussagen über Ereignisse, Handlungen und Ideen liefern	*Geschichte* Einen Begriff untersuchen und sich Klarheit darüber verschaffen, z.B. „Länder des Südens" *Kunst* Rolle der Stille in der Musik *Naturwissenschaften* Intuitive Gesten physikalisch betrachten (z.B. Arme schwingen, in die Hände spucken, etwas abschütteln, blinzeln)
Interpretation	Deutungen, Darstellungen, Beschreibungen und Umformulierungen, die einen Sinn ergeben	*Geschichte* Wie mag es den Menschen in Berlin im Jahr 1989 ergangen sein, einzig aufgrund von zeitgenössischen Quellen?
Anwendung	die Fähigkeit, Wissen in neuen Situationen und verschiedenen realen Kontexten wirksam einzusetzen	*Sprache* Einen Podcast zum Thema „Was macht ein tolles Buch aus?" produzieren *Kunst* Einaktiges Theaterstück zu einem Schulthema schreiben und aufführen
Perspektive	kritische und durchdachte Standpunkte einnehmen	*Mathematik* Darf man mit Noten rechnen? Welche Konstrukte (Median, Durchschnitt, Ausreißer, Streuung ...), welche Norm (soziale, individuelle, kriteriale)?
Empathie	die Fähigkeit, sich in die Gefühle und die Weltsicht eines anderen Menschen hineinzuversetzen	*Naturwissenschaften* Einen Ausschnitt aus dem „Dialogo" von Galilei auswählen, aufführen und danach den Standpunkt jeder der drei Figuren würdigen.
Selbsterkenntnis	die eigene Unwissenheit erkennen und wissen, wie die eigenen Denk- und Handlungsmuster das Verstehen beeinflussen und beeinträchtigen	*Mathematik* Ehrlich und mit Beispielen das eigene Verhältnis zur Mathematik im Verlauf der bisherigen Biographie beschreiben („mathematischer Lebenslauf")

6.5 Fazit

In diesem Kapitel wurde die *zentrale Funktion der Aufgaben* herausgearbeitet, nicht nur in Bezug auf den Lernprozess der Schüler:innen, sondern auch auf den Planungsprozess der Lehrperson.

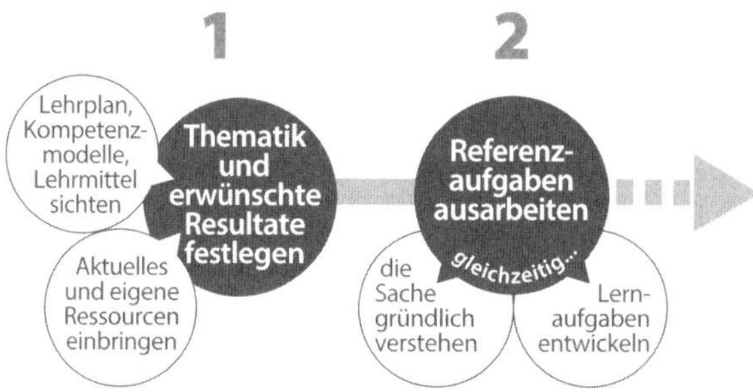

Abb. 8: Der zweite Planungsschritt: Referenzaufgaben, Lernaufgaben, Sachverständnis

Hier sind nochmals die wichtigsten Punkte des zweiten Planungsschritts (Abb. 8) zusammengefasst.

- Diese Planungsphase bildet eine *Brücke*: Auf der einen Seite die grundlegenden Entscheidungen zur Einheit (Thematik, beabsichtigte Resultate), auf der anderen Seite die einzelnen Lektionen.
- Der Kern dieser Planungsphase sind die *Referenzaufgaben*: Sie konkretisieren und repräsentieren Thematik und Absichten dieser Einheit. Sie werden für alles Weitere die Leitlinie sein, die Referenz, wie das Wort sagt.
- Referenzaufgaben helfen der Lehrperson, sich auch aus Schülerperspektive *in die Sache zu vertiefen* und sie bestens zu verstehen.
- Referenzaufgaben sind *transparent kommuniziert*: Alle Schüler:innen haben das Recht zu wissen, worauf es am Ende ankommt.
- Die *finale Überprüfung nutzt Referenzaufgaben* (oder Klone davon).
- *Lernaufgaben* basieren auf den Referenzaufgaben, haben aber vor allem den Lernprozess im Blick. Sie fokussieren oft nur einen Teilbereich und differenzieren nach Schwierigkeitsgrad.
- Lernaufgaben sind das Medium, mit dem die Schüler:innen Fortschritte machen können. Deshalb ist ihre *Qualität* entscheidend. Je besser und kognitiv anregender die Aufgaben sind, desto wahrscheinlicher sind Fortschritte.
- Das *ganze Spektrum der Absichten* bis hin zu hoch anspruchsvollen Zielen lässt sich sowohl in den Referenzaufgaben als auch in den Lernaufgaben abbilden. Taxonomien, Kompetenzmodelle, Lehrpläne und Lehrmittel können inspirierend und unterstützend wirken.

7 Eine einzelne Stunde planen

In den vorhergehenden zwei Schritten wurden Thematik und Absichten sowie Referenzaufgaben und Lernaufgaben ausgearbeitet (siehe Abbildung 9). Diese Vorarbeiten erleichtern die Planung einer Lektion enorm, wie nachfolgend zu zeigen ist. Die Funktionen einer schlanken und effektiven Lektionsplanung sind bereits erörtert worden:

- Die Lektionsplanung soll optimale Voraussetzungen für *erfolgreiches Lernen* der Schüler:innen schaffen.
- Die Lektionsplanung kann *mit vernünftigem Aufwand* vorbereitet und umgesetzt werden.
- Die Lektionsplanung ist *flexibel* und erlaubt situative Anpassungen.

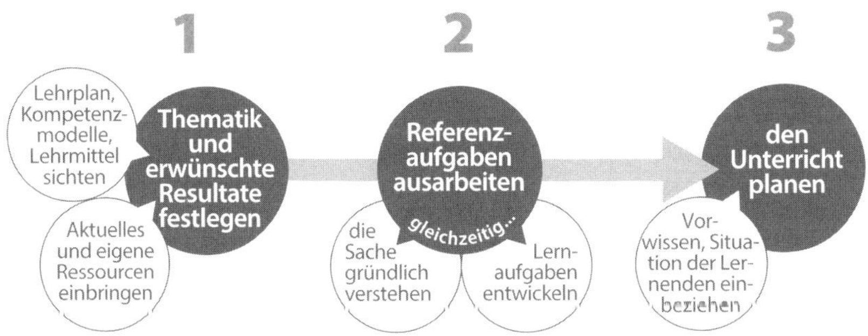

Abb. 9: Der dritte Planungsschritt: den konkreten Unterricht planen, unter Berücksichtigung der aktuellen Gegebenheiten

Der folgende Vorschlag des dritten Planungsschritts – der Lektionsplanung – richtet sich zuerst einmal an Lehrpersonen, die in der Regel allein arbeiten, die ungeteilte Verantwortung für den Unterricht tragen und im Unterricht nicht auf die Hilfe von Kolleg:innen zählen können, wie dies in der Lehrer:innenbildung ja meist der Fall ist. Anders verhält es sich in Praktika und in Situationen des Co-Teaching; das ist Gegenstand des nächsten Kapitels.

7.1 Drei Grundlagen für die Lektionsplanung

Für eine flexible, erfolgsorientierte und schlanke Lektionsplanung sollten zur Hand sein:

- die Planung der Unterrichtseinheit,
- ein grundlegender formaler Strukturrahmen des Unterrichts und
- die Praktiken der Lehrperson.

Alle drei werden nun kurz erläutert.

Grundlage 1: Die Planung der Unterrichtseinheit

Im Regelfall ist die Unterrichtseinheit zu einer übergreifenden Thematik bereits geplant. Das heißt, dass die *Thematik* bekannt und vertraut ist, dass die Lehrperson bereits *klare Absichten* entwickelt hat, welche Kompetenzen am Ende erreicht werden sollen, und dass *Referenzaufgaben* für diese Absichten ausgearbeitet wurden, ebenso wie entsprechende *Lernaufgaben*. Ein Blick auf die Referenzaufgaben wird der Lehrperson helfen, für die Lektion einen *Lernfokus* zu setzen und dazu geeignete Lernaufgaben auszuwählen. Das lässt sich am besten anhand eines Beispiels zeigen:

Innerhalb der Thematik „Internationale Handelswege" hat die Lehrperson bereits eine Referenzaufgabe ausgearbeitet, in die die Schüler:innen Einblick haben (siehe vorangehendes Kapitel). Der entsprechende Lernfokus heißt „Mögliche Folgen der Unterbrechung von Handelswegen". Die Referenzaufgabe verlangt, dass die Schüler:innen die Bedeutung von Handelswegen am Beispiel des Suezkanals untersuchen, doch diese Aufgabe wird im Unterricht nicht genutzt, da sie, allenfalls leicht variiert, für die abschließende Überprüfung „reserviert" ist.

Damit die Lernenden dorthin gelangen, setzt die Lehrperson stattdessen analoge Lernaufgaben ein, die die entsprechenden Kompetenzen fördern. Vielleicht hat sie diese bereits während der Planung der Einheit verfasst oder konkretisiert sie nun während der Lektionsplanung. Zwei aufeinander aufbauende Aufgaben könnten so lauten:

> 1. Stelle eine Liste von Transportmitteln zusammen, die für Güter genutzt werden, und notiere bei jedem die offensichtlichen Vorteile und Nachteile.
> Überlege dir und notiere bei jedem Transportmittel, welche Ereignisse den Transport stören oder unterbrechen könnten. So erfährst du auch, wo einige Schwachstellen sind.
>
> 2. Suche nach konkreten Fällen, wo Transportwege unterbrochen waren. Nutze auch die Erinnerungen älterer Menschen, die solche Zwischenfälle erlebt haben. Wähle eines dieser Ereignisse aus und recherchiere, was du zu den Ursachen und den Folgen in Erfahrung bringen kannst.

Das Beispiel zeigt, dass die Unterrichtseinheitsplanung mit den Referenzaufgaben eine sehr solide Grundlage für die Lektionsplanung liefert: Sie gibt eine klare Richtung vor, was zu erreichen ist, und sie liefert auch Entscheidungshilfen (Lernfokus) sowie konkretes Material (Lernaufgaben).

Es kann vorkommen, dass eine isolierte Lektion zu planen ist, die nicht in einer Unterrichtseinheit eingebettet ist. In diesem Fall verschmelzen Einheits- und Lektionsplanung, und die Schritte entsprechend Abbildung 9 erfolgen einfach in komprimierter Form.

Grundlage 2: eine stabile Grundstruktur des Unterrichts

Unterricht weist fast immer und zwangsläufig eine ähnliche formale Grundstruktur auf, die der Lehrperson eine sehr zweckmäßige Basis liefert, an die sie sich anlehnen kann.

Die Unterrichtsstruktur ist einfach, in praktisch allen Lektionen erkennbar und nicht einschränkend, sondern hilfreich. Das Hauptmerkmal des Unterrichts ist hier, dass er in einem begrenzten Zeitrahmen stattfindet, und diese Zeit muss irgendwie sinnvoll strukturiert werden.

Es geht keinesfalls darum, eines jener Inszenierungsmuster von Unterricht zu empfehlen, die im 20. Jahrhundert z.T. mit überhöhten Wirkungserwartungen verbunden waren. Inzwischen ist die Skepsis gegenüber solchen Phasenmodellen des Unterrichts gewachsen, auch wenn bisweilen weiterhin energisch auf Vorteile bestimmter Unterrichtskonzepte verwiesen wird. Heute dominiert eher die Vorstellung, dass der Lernfortschritt der Schüler:innen weniger von der äußeren Inszenierung abhängt als davon, was im Inneren der Schüler:innen passiert und inwieweit es gelingt, diese inneren Prozesse des Denkens, Fühlens und Wollens in Gang zu setzen. Es lässt sich feststellen, dass das Interesse an den methodischen Feinheiten der Unterrichtsgestaltung allgemein nachgelassen hat. Dennoch hat der Unterricht natürlich eine zeitliche Struktur – aber es hat sich gezeigt, dass diese im Grunde sehr einfach ist und aus wenigen Segmenten besteht:

- Ein *Einstieg*, in dem die Lehrperson über die Thematik, den Lernfokus und die zu erreichenden Resultate informiert; man kann ihn *transparenten* oder *informierenden Unterrichtseinstieg* nennen (Grell & Grell, 1979/2010).
- Ein *Input* zum Lernfokus der Stunde, in den meisten Fällen durch die Lehrperson, manchmal auch in Form eines Klassengesprächs oder einer schriftlichen Unterlage. Die grundlegenden Informationen werden dargelegt, und die wichtigsten Punkte, die die Schüler:innen für die Weiterarbeit benötigen, werden erklärt.
- Die folgenden *Lernaktivitäten* sind die zentrale Phase für das Lernen. Sie müssen eingeführt und organisiert werden. Die Schüler:innen sollten zu-

dem wissen, was zu tun ist, wenn sie Schwierigkeiten haben, und wie sie ihre eigenen Fortschritte überprüfen können.

- Die *Bilanzierung* bildet in der Regel den Abschluss der Stunde, wofür Zeit einzuplanen ist. Die Lehrperson schaut gemeinsam mit den Schüler:innen, was erreicht wurde, wo Fragen offen bleiben und was die nächsten Schritte sind.

Abb. 10: Die vier Phasen fast jeder Unterrichtsstunde

Diese Abfolge der vier Phasen (Abbildung 10) ist kein Konzept, das die Lehrpersonen einengen soll, sondern sie ergibt sich aus den Notwendigkeiten und der Logik des Unterrichts unter den heutigen Bedingungen. Diese Struktur ist sehr offen; sie entspricht der realen und bewährten Praxis erfahrener Lehrpersonen.

Grundlage 3: Kernpraktiken als Voraussetzung

Diese dritte Grundlage der Lektionsplanung handelt eigentlich gar nicht von der Planung selbst, sondern von den Praktiken, die die Lehrperson bei der *Durchführung* einsetzt, also beim Unterrichten. Bereits gegen Ende des Kapitels 2 wurden „Praktiken“ oder „Kernpraktiken“ als bedeutende Komponenten für einen erfolgreichen Unterricht angesprochen. Nicht (schriftliche) Unterrichtsentwürfe, sondern Praktiken sind das Schmiermittel des Unterrichts. Sie sind es, die situative Anpassungen ermöglichen; sie sorgen für geschmeidige Übergänge, wo sonst Brüche auftreten würden; es sind die Praktiken, die das Improvisieren erleichtern, wenn der Plan nicht umgesetzt werden kann. Es kann jedoch nicht davon ausgegangen werden, dass alle Lehrpersonen bereits gute Praktiken des Unterrichtens verinnerlicht haben, insbesondere Studierende mit wenig Unterrichtserfahrung. Fehlende oder unangemessene Praktiken des Unterrichts können in zwei Richtungen ungünstige Folgen haben:

- Lehramtsstudierende halten sich eng an ihre Unterrichtsentwürfe, um die Kontrolle über das Geschehen zu behalten, was wohl keine nachhaltige Strategie ist.
- Oder, wie bereits erwähnt, Studierende überschätzen sich und verlassen sich auf ein paar wenige Routinen auf der Sichtebene des Unterrichts, ohne die wirklich unterstützenden und professionellen Praktiken bereits verinnerlicht zu haben. Das Ergebnis ist nicht selten amateurhafte Improvisation.

Meistens sind solche verinnerlichten und flexibel anwendbaren Praktiken also nicht vorhanden, jedenfalls nicht bei weniger erfahrenen Lehrpersonen. Mit der inhärenten Offenheit pädagogischer Situationen (oder sozialer Situationen im Allgemeinen) erfolgreich umzugehen, kann aber erlernt werden. Praktiken wie Gesprächsführung, Erklären, Identifizieren von Lernschwierigkeiten, Fördern sozialer Verbindlichkeit usw. sind unentbehrliche Werkzeuge gerade in unplanbaren Situationen. Sie sind die Voraussetzung dafür, dass in der Klasse möglichst störungsarm und effektiv gearbeitet werden kann (Fraefel, 2020, 2022).

Man mag sich fragen, ob diese dritte Grundlage der Lektionsplanung nicht mit allzuviel Ungewissheit behaftet ist und ob diese Planungsheuristik auch erfolgreich sein kann, wenn die Praktiken der Lehrpersonen kaum entwickelt sind. Das ist ein berechtigter Einwand. Tatsächlich dürfte jeder Unterricht, bei dem die Lehrperson nicht über basale Praktiken verfügt, instabil sein, ungeachtet des verwendeten Planungsverfahrens. Einiges deutet indessen darauf hin, dass bei Fachpersonen der Lehrer:innenbildung und bei Studierenden das Bewusstsein wächst, dass der Aufbau von Kernpraktiken ein vordringliches Anliegen der Lehrer:innenbildung sein sollte (z.B. Kleinknecht, Krammer & Seel, 2022).

Lehramtsstudierende, die sich diese Praktiken noch nicht angeeignet haben, brauchen in der Ausbildungssituation die Unterstützung von Peers und Fachpersonen. Aus diesen Gründen ist das anschließende Kapitel ganz der *Lektionsplanung in der Lehrer:innenbildung* gewidmet.

7.2 Eher Strategie als strikte Verlaufsplanung

Das Ziel der Lektionsplanung ist nicht primär ein umzusetzender Unterrichtsentwurf, sondern dass die Lernprozesse der Schüler:innen effektiv in Gang kommen. Die folgenden Überlegungen und Empfehlungen münden deshalb in eine flexible und schlanke Form und nicht in eine Planungsvorlage, welche die Oberflächenstruktur des Unterrichts in tabellarischen Übersichten aufschlüsselt.

Erneut der Ansatz der Rückwärtsplanung

Die Lektionsplanung beginnt mit den Referenzaufgaben. Dies dürfte der entscheidende Punkt der gesamten Strategie sein, und er bedeutet gleichzeitig, *nicht* zuerst zu planen, was die Lehrperson tut. Diese Hürde ist nicht zu unterschätzen, angesichts der tiefen Verankerung der Vorwärtsplanung in den Gewohnheiten der meisten Lehrpersonen. Vorwärtsplanung ist eher auf das Handeln der Lehrperson ausgerichtet; eine Stunde ist geplant, wenn die Lehrperson weiß, was sie zu tun hat. In der Logik der Rückwärtsplanung geht es darum, *was Schüler:innen tun können, um die finalen Herausforderungen zu meistern.* Das bedeutet, mit den gewünschten Ergebnissen zu beginnen und sich die entsprechenden Referenzaufgaben anzuschauen.

Die vorhergehende Abbildung 10 zeigte den üblichen Lektionsverlauf: Zuerst der Einstieg, dann die Einführung ins Thema und die Lernaktivitäten, und am Ende eine Bilanzierung des Gelernten. In dieser letzten Phase des Unterrichts wird erwartet, dass die Ziele idealerweise erreicht wurden. Entsprechend setzt die Planung „hinten" an und arbeitet sich in umgekehrter Richtung bis zum Einstieg zurück, wie es die Abbildung 11 darstellt.

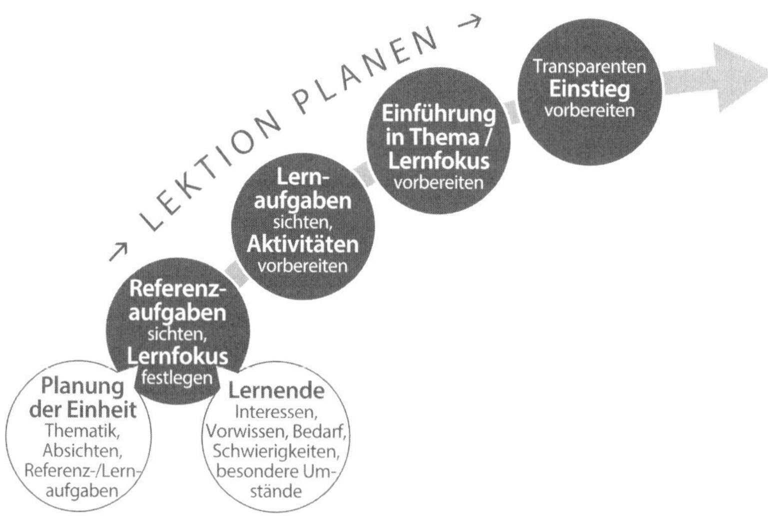

Abb. 11: Die vier Schritte der Rückwärtsplanung einer Lektion, beginnend mit den Referenzaufgaben, die zugleich die erwarteten Resultate und den Lernfokus festlegen

1. Referenzaufgaben sichten, Lernfokus festlegen

Der erste Schritt der Lektionsplanung entspricht der letzten Unterrichtsphase des Bilanzierens: Die Lektions*planung* beginnt mit dem, was von den Schüler:innen am Schluss der Stunde erwartet wird und das durch die *Referenzaufgaben* repräsentiert ist. Das entspricht dem Vorgehen der fiktiven Lehrperson im Kapitel 4, die zuerst Prüfungsaufgaben ausarbeitet, um für sich selbst und die Schüler:innen zu klären, was erreicht werden soll. Dieser erste Schritt grenzt ein, was *in dieser einen Stunde* zu erreichen ist.

Der *Lernfokus* (innerhalb der Thematik der Einheit) der jeweiligen Stunde entspricht zwar mehr oder weniger den vorbereiteten Referenzaufgaben für diese Stunde, doch er trägt auch der realen Situation im Klassenzimmer Rechnung. Die Lehrperson wird *die erwarteten Ergebnisse an die tatsächlichen Möglichkeiten anpassen*. Die Lektion ist mehr als eine strikte Umsetzung der Unterrichtseinheitsplanung; die Lehrperson vergewissert sich, wie viel möglich ist, ob die Zeit ausreicht, wo die Schüler:innen stehen, ob sie neue Herausforderungen brauchen oder womit sie sich schwertun. Kurz gesagt, die Lehrperson wird die erwarteten Ergebnisse so portionieren, dass sie in dieser einen Unterrichtsstunde realistischerweise erreicht werden können, und das geschieht durch die Auswahl der Referenzaufgaben.

Bei der abschliessenden Bilanzierung wird die informelle Frage zu stellen sein: Was wurde gelernt? Wo bestehen Lücken? Fragen? Haben wir uns zu viel vorgenommen? Maßstab dafür sind die erwarteten Resultate, die ja allen bekannt sind. Früher oder später, in der Regel gegen Ende einer Unterrichtseinheit, wird dann eine summative und oft benotete Beurteilung folgen, auf die die Schüler:innen in Kenntnis der Referenzaufgaben gut vorbereitet sein müssten (siehe Kapitel 10).

2. Vorbereiten von Lernaktivitäten

Von der Bilanzierung einen Schritt zurückzugehen, bedeutet, sich der Phase der Lernaktivitäten zuzuwenden. Bekanntlich lernen Schüler:innen am besten, wenn sie sich aktiv mit Aufgaben, Problemen und Herausforderungen auseinandersetzen. Der nächste Schritt ist also die Vorbereitung dieser Lernaktivitäten, d.h. die Auswahl passender Lernaufgaben und -aufträge. Je nach Fach und Stufe kann dieser Punkt recht aufwendig sein, etwa wenn Versuche vorgesehen sind.

3. Eine Einführung in das Thema vorbereiten

Mit einem weiteren Schritt zurück befasst sich die Lehrperson nun mit der Einführung in das Thema bzw. den Lernfokus dieser Stunde. Was brauchen die

Schüler:innen, um sich sinnvoll und produktiv mit den Aufgaben und Aufträgen zu beschäftigen? Die Lehrperson muss einige grundlegende Informationen und Erklärungen geben, damit die Schüler:innen mit den Lernaktivitäten beginnen können. Manchmal kann auch ein Klassengespräch für diesen Zweck geeignet sein.

4. Vorbereiten des transparenten Unterrichtseinstiegs

Als letztes ist der Einstieg vorzubereiten, nachdem alle anderen Planungsaspekte geklärt sind. Alle vorangehenden Überlegungen der Lehrperson sind *den Schüler:innen noch völlig unbekannt*. Deshalb soll der transparente Einstieg gut geplant sein, damit alle verstehen, worum es heute geht, oder bildlich gesprochen, um alle ins Boot zu holen. Mehr dazu in Kapitel 9.

Die Planung des Einstiegs hat auch für die Lehrperson selbst eine wichtige Funktion: der Übergang vom Planen zum Handeln. Im Einstieg bündelt sich die Quinzessenz des vorangegangenen Planungsprozesses. Die Lehrperson schaut zurück und zugleich voraus in die nun beginnende Lektion.

Zwischenfazit

Die Abbildung 12 zeigt links nochmals den Verlauf der Lektion. Die eigentliche Unterrichtsstunde verläuft vorwärts – vom Einstieg bis zur Bilanzierung. Die Lektionsplanung jedoch, rechts in Abbildung 12, nimmt den umgekehrten Verlauf. Sie erfolgt rückwärts, beginnend mit dem, was am Ende erreicht werden soll (den Referenz- und Lernaufgaben).

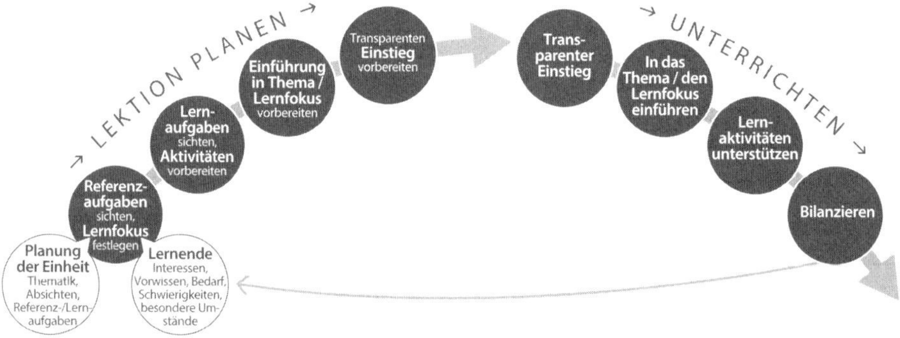

Abb. 12: Überblick über Lektionsplanung und Unterrichtsverlauf: Planungsschritte rückwärts vom Ende her, dann Unterricht und Durchführung „vorwärts"

Notizen zur einzelnen Lektion – Verlaufsskizze

Ein nützliches und unentbehrliches Arbeitsinstrument der Lehrperson ist die *Verlaufsskizze*, die man sich auch als Spickzettel der Stunde vorstellen kann. Generell stellt sich die Frage: Was soll aufgeschrieben werden? Wie viel? In welcher Form? Gerade in der Lehrer:innenbildung wird ja um die Verschriftlichung manchmal viel Aufhebens gemacht.

Zuerst ist festzuhalten: Notizen zur Lektion können kurz oder umfangreich sein, das ist völlig unerheblich. Entscheidend ist die innere Qualität, die Substanz der Planung. Länge ist kein Qualitätsmerkmal. Jede Studierende, jede Lehrperson notiert so viel, wie es für sie stimmig und notwendig ist bzw. wie es von der Lehrer:innenbildung erwartet wird.

Die Verschriftlichung hat indessen zwangsläufig eine Struktur, da bei jedem Planungsschritt Dokumente anfallen, die in ihrer Summe das Planungsdossier ergeben (Abbildung 13):

1. *Referenzaufgaben*, Notizen aus der Planung der Einheit, Prüfungen
2. *Lernaufgaben*, Materialien dazu, Handouts, Links, Software usw.
3. *Notizen zum Input* (als Kurzvortrag, Klassengespräch oder Anleitung)
4. *Notizen zum transparenten Einstieg*, zugleich Verlaufsskizze und Spickzettel

Die Punkte 1 bis 3 brauchen keine Erklärung; auf Punkt 4 – Notizen zum Einstieg – ist wegen seiner besonderen Funktion vertieft einzugehen.

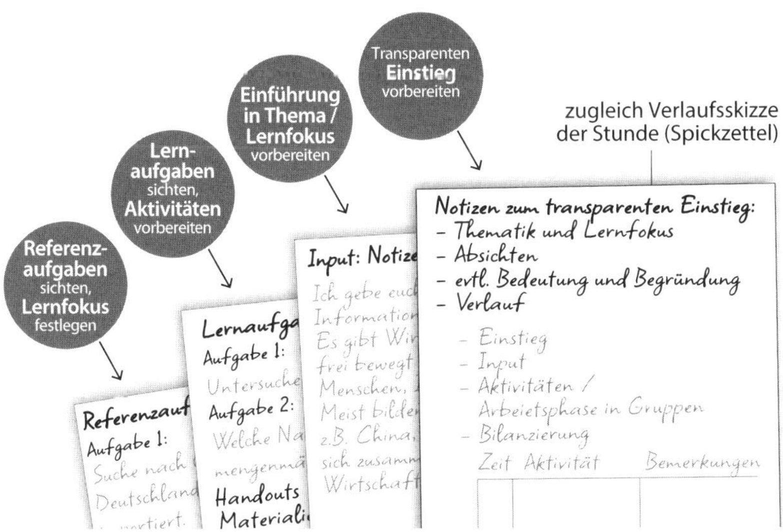

Abb. 13: Planungsdossier der einzelnen Lektion entlang der vier Schritte: 1. Referenzaufgaben, 2. Lernaufgaben und Materialien, 3. Input und 4. Notizen zum transparenten Einstieg (zugleich Verlaufsskizze der Stunde)

Die Notizen zum transparenten Einstieg sind zugleich die Verlaufsskizze

Im transparenten Einstieg legt die Lehrperson ihre Planung vorbehaltslos offen. In knapper Form werden die Schüler:innen über die Stunde informiert: Thematik und Lernfokus, Absichten, allenfalls Begründungen sowie der geplante Verlauf. Alles Wichtige wird notiert, alles Selbstverständliche weggelassen. Die Notizen zum Einstieg sind damit *zugleich die Verlaufsskizze dieser Stunde* und eine Art *Spickzettel*, da sie alle zentralen Punkte der geplanten Stunde enthalten (s. Abbildung 13).

Wie schon an anderer Stelle diskutiert, würde eine überstrukturierte Verlaufsplanung einengen und Richtungsänderungen während der Stunde erschweren. Es ist deshalb sinnvoll, dass die Verlaufsskizze nur einzelne Bausteine nennt und der Lehrperson eine *flexible Navigation* durch die Lektion erlaubt. Eine solcherart schlanke Skizze gibt der Lehrperson sowohl eine *solide Struktur als auch ein hohes Maß an Offenheit* im Unterricht.

Die oft gestellte Frage nach der Form ist ohne Belang; die Verlaufsskizze soll der Lehrperson dienen, ob Tabelle, Punkteliste oder postkartengroße Zettel spielt keine Rolle.

Flexibilität gewährleisten

Eine flexible Lektionsplanung ist vergleichbar mit einem Kartenspiel, bei dem eine Spielerin ein gutes Blatt hat und je nach Bedarf die Karte ausspielt, die am zielführendsten ist. Flexibilität ist gefordert z.B. bei unterschiedlichen Lerntempi der Schüler:innen. Auch in 40-Minuten-Lektionen ist Adaptivität möglich und notwendig, ja sie ist ein Qualitätsmerkmal eines Unterrichts, der den Schüler:innen gerecht werden will.

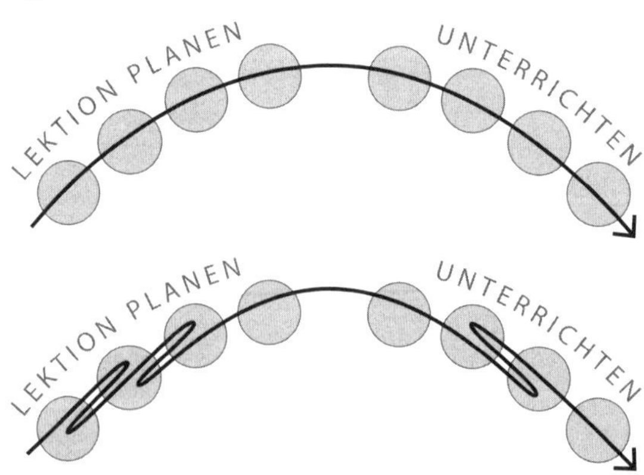

Abb. 14: Planungs- und Unterrichtsschritte – mit zusätzlichen Schleifen variierter Verlauf (basierend auf Abbildung 12)

Wie lässt sich Adaptivität bewerkstelligen, wenn doch die vier Phasen des Unterrichts gegeben sind? Die Grundstruktur des Unterrichts bleibt natürlich erhalten, aber die Lehrpersonen hat vielfältige Möglichkeiten der Flexibilisierung. Wenn nötig, kann jede Phase geteilt, wiederholt und neu angeordnet werden, natürlich mit Ausnahme des Einstiegs in die Lektion, der am Anfang steht (s. Abbildung 14). Zum Beispiel:

- *Wiederholung*: Input, Lernaktivitäten und Bilanzierungen können mehr als einmal durchlaufen werden.
- *Unterbrechungen*: Während der Aktivitätsphase folgt ein zusätzlicher Input.
- *Kurzevaluationen des aktuellen Stands*: Diese können dazu beitragen, einen ersten Überblick über das bereits Erreichte zu erhalten.
- *Klassengespräche*: Ad-hoc-Austausch in der gesamten Klasse.

7.3 Fazit

Um schlank, effizient und wirksam zu planen, ist auch für die einzelne Lektion die Rückwärtsplanung ein im eigentlichen Wortsinn zielführendes Verfahren. Sie fokussiert explizit auf das, was zu erreichen ist, und verlangt keine Formalismen der Verschriftlichung. Die Lehrperson kann sich im Wesentlichen darauf konzentrieren, die Fortschritte aller Schüler:innen so gut wie möglich zu unterstützen.

Aktivitäten und Anregungen

Ein Übungsvorschlag für das Planen vom Ende her

Vom Ende her zu denken, d.h. „rückwärts" zu planen, braucht Übung. Es bedeutet Anstrengung, aber es lohnt sich. Der Nutzen für Sie und die Lernenden dürfte beträchtlich sein, aber Sie sollten ein paar Dinge gänzlich neu anschauen.

Der folgende Vorgehensvorschlag mag rigid erscheinen, aber für ein Umlernen bereits eingewöhnter Praktiken scheint er angezeigt. Falls Sie dieser Anleitung mehrmals Schritt für Schritt folgen, ist es wahrscheinlich, dass Sie bald die positive Wirkung wahrnehmen werden.

1. Stellen Sie sich eine Lektion vor (nicht eine ganze Unterrichtseinheit).

- Denken Sie sich eine Lektion zu einem beliebigen Thema, das Ihnen vertraut ist oder das Sie demnächst unterrichten werden.
- Schreiben Sie dann in wenigen Stichworten auf, worum es geht.

2. Entwerfen Sie die Referenzaufgabe(n).

- Planen Sie nun so genau wie möglich, wie Sie die Fortschritte am Ende überprüfen wollen. Sie entwerfen Prüfungsaufgaben (d.h. Referenzaufgaben), die die Schüler:innen am Ende der Stunde sollten lösen können. Der Leitgedanke: Wenn alle Schüler:innen gut abschneiden, bin ich zufrieden.

3. Überprüfen Sie die Qualität Ihrer Referenzaufgaben.

- Sobald Sie die Referenzaufgaben erstellt haben, fragen Sie sich erneut:
  - Können die Schüler:innen mit den Aufgaben zeigen, was sie gelernt haben?
  - Sind die Aufgaben zu banal, zu reproduktiv, zu schwierig?
  - Fragen die Aufgaben etwas, was nicht zum Kern des Themas gehört?
- Seien Sie in diesem Punkt selbstkritisch und verwerfen oder ändern Sie Aufgaben, die diese Kriterien nicht erfüllen. Eine einfache Möglichkeit, die Qualität der Aufgaben zu überprüfen, ist folgende:
  Stellen Sie sich vor, eine Schülerin könne bereits zu Beginn der Stunde alle Aufgaben lösen: Sind Sie dann sicher, dass die Schülerin alles verstanden hat und die Stunde nicht mehr besuchen muss? Wenn ja, sind die Aufgaben perfekt.
- Lösen Sie die Aufgaben selber oder stellen Sie sich vor, wie Sie eine geplante Aktivität ausführen. Wenn Sie damit Probleme haben, sollten Sie sich selber noch einmal darin vertiefen.

4. Gestalten Sie mindestens zwei Lernaufgaben zu jeder Referenzaufgabe.

- Lernaufgaben sind nicht einfach Klone der Referenzaufgaben, sondern fokussieren oft einen Teilaspekt und haben unterschiedliche Schwierigkeitsgrade.

5. Planen Sie den Verlauf des Unterrichts.

- *Erst jetzt* überlegen Sie, wie Sie den Unterricht gestalten, damit möglichst viele der Schüler:innen am Ende möglichst viele der Aufgaben bewältigen können.
- Skizzieren Sie in wenigen Stichworten, wie Sie vorgehen.
- Beim Einstieg können Sie auch auf die Referenzaufgaben verweisen, um den Schüler:innen genau vor Augen zu führen, was sie zu lernen haben.

6. Wiederholung empfohlen

- Bekanntlich braucht es für nachhaltiges Lernen nicht nur Einsicht, sondern mehrere Vollzüge. Wiederholen Sie diese Übung deshalb ein paar Mal.

8 Einzelstunden in der Lehrer:innenbildung

Lehramtsstudierende planen zwangsläufig anders als erfahrene Berufspersonen, weil sie nur wenige Gelegenheiten hatten, Praktiken zu verinnerlichen und zu konsolidieren, die einen flexiblen und anpassungsfähigen Unterricht ermöglichen. In der Lehrer:innenbildung haben sie dafür im Prinzip ein einzigartiges und ideales Lernumfeld.

Rückwärtsplanung, Aufgabenzentrierung und verschlankte Verschriftlichung sind mit manchen Formen der Praktika und deren Begleitung in der Lehrer:innenbildung nicht unbedingt kompatibel. Daher wird hier ein Praktikumssetting favorisiert, das es den Studierenden tatsächlich ermöglicht, erfolgreichen Unterricht zu planen, wie es der Titel ankündigt. Dass der Ansatz mit bestehenden Konzepten der schulpraktischen Studien, der Praktika und des Vorbereitungsdiensts in Konflikt stehen kann, muss in Kauf genommen werden.

8.1 „Gelingende Stunden": Anspruch und Überforderung

Der Unterricht während der Lehrer:innenbildung hat eine sehr wichtige Funktion: *Professionelle Praktiken, die die Lehramtsstudierenden noch nicht besitzen, müssen erst ausgebildet werden,* um einen lernförderlichen und letztlich erfolgreichen Unterricht zu ermöglichen. Die Lehrer:innenbildung ist der ideale Ort, um diese Praktiken zu entwickeln; es wäre suboptimal, sich erst zu Beginn der Berufstätigkeit darauf konzentrieren zu wollen, warten doch beim Berufseintritt zahlreiche andere Herausforderungen. Der Mangel an professionellen Praktiken wirkt sich letztlich auf die Schüler:innen aus.

„Gelingende Stunden" sind für Studierende nicht vordringlich

Lehramtsstudierende brauchen nicht vorzugeben, wie erfahrene und routinierte Lehrpersonen unterrichten zu können, wenn ihnen die entsprechenden Praktiken fehlen. Gleichwohl streben die meisten Studierenden an, möglichst bald ganze Unterrichtsstunden selbst zu gestalten, um sich zu vergewissern, dass sie zu deren Durchführung in der Lage sind. Wenn sie sich dabei hauptsächlich auf den äußeren Ablauf des Unterrichts konzentrieren und die Inszenierung der Stunde wie geplant abwickeln, kann dies durchaus funktionieren.

Man kann sagen, dass in der Lehrer:innenbildung die Planung und Durchführung von Einzelstunden das „Standardformat“ ist, nicht zuletzt auch, weil die einzelne Lektion der dominierende formale Rahmen in der beruflichen Realität ist. Es ist zwar nachvollziehbar, „gelingende Einzelstunden“ einüben zu wollen, aber ob ein solches Vorgehen hochschuldidaktisch angemessen ist, kann bezweifelt werden. Die vielfältigen und hohen Erwartungen, die an die Inszenierung solcher allein zu meisternder Einzelstunden gestellt werden, sind von den Studierenden in ihrer Gesamtheit gar nicht erfüllbar.

Der sich anbietende Ausweg ist also die primäre Konzentration auf die Sichtstruktur funktionierenden Unterrichts und das formale Erfüllen von Vorgaben seitens der Lehrer:innenbildung. Dies mag die Stunde als insgesamt gelungen erscheinen lassen, doch ob sie aus Sicht der Lernenden erfolgreich ist, bleibt vielfach außerhalb des Blickfelds der unterrichtenden Studierenden und bisweilen auch der begleitenden Fachpersonen der Lehrer:innenbildung. Sogar für erfahrene Expertenlehrpersonen ist es eine Herausforderung, den sichtbaren Unterricht zu meistern und zugleich die Lernprozesse der Schüler:innen im Auge zu behalten und zu unterstützen; für Studierende ist die dreifache Herausforderung des Organisierens von Unterricht, des Unterstützens der Schüler:innen und des Verbesserns der eigenen Praxis nicht mehr leistbar.

Komplexitätsreduktion beim Unterrichten der Studierenden?

Lehramtsstudierende müssten demnach Lernerfahrungen in überschaubaren, weniger komplexen Situationen machen können. In der Lehrer:innenbildung ist der Bedarf nach Komplexitätsreduktion breit anerkannt. Im Rahmen von hochschulseitigen Seminar-Veranstaltungen wird bisweilen mit Simulationen in Lehr-Lern-Laboren (z.B. Priemer & Roth, 2020) und Micro-Teaching (z.B. Kleinknecht, Broß, Prinz-Weiß & Nückles, 2022) gearbeitet. In den Praktika, um die es hier insbesondere geht, kommen mehrere Maßnahmen zum Tragen:

- *Hospitationen*, d.h. systematische Unterrichtsbeobachtung, um daraus Schlüsse für das eigene Unterrichten ziehen zu können,
- *spezifische Aufträge* beim Unterrichten, z.B. eine bestimmte Methode anwenden und diese evaluieren,
- *detaillierte Planungen* und Antizipieren von Eventualitäten,
- Konzentration auf *wenige Lektionen*, die umso gründlicher vorbereitet sind,
- die Anwesenheit von begleitenden Lehrpersonen und/oder Fachpersonal, um ein störungsarmes Umfeld zu gewährleisten,
- *Unterrichtsnachbesprechungen*, um aus der gehaltenen Stunde Konsequenzen abzuleiten.

Solche Stützsysteme dienen dem Einüben von gelingenden Einzelstunden und geben den Studierenden die Möglichkeit, seitens der Hochschule empfohlene Verfahren und Kenntnisse versuchsweise anzuwenden. Das Handeln der Lehrperson, deren Performanz, steht im Vordergrund.

Es stellt sich aber die Frage, ob dies ausreicht, um schüler:innengerechtes und adaptives Unterrichten zu lernen, wie es heute nicht nur von Bildungsfachleuten, sondern auch von Politik und Öffentlichkeit erwartet wird (Dumont, 2019).

Authentische Kontakte zu Schüler:innen sind wichtig

Den Studierenden wird in den genannten Settings eher beschränkt Raum geboten, die Schüler:innenperspektive kennenzulernen, so wie es für berufstätige Lehrpersonen die Regel ist: zu wissen, wie es ihnen geht, wo ihre Stärken und Schwächen sind, wie sie untereinander zurechtkommen, inwieweit die Lehrperson unterstützend wirken kann usw. Für Lehrpersonen im Beruf sind authentische Kontakte zu den Schüler:innen notwendig und unverzichtbar, damit sie erfolgreich unterrichten können.

So ist es naheliegend, dass auch in der Lehrer:innenbildung das Einnehmen der Schüler:innenperspektive gelernt werden muss. Dazu aber brauchen die Studierenden reale und verbindliche Begegnungen mit den Schüler:innen innerhalb und außerhalb des Klassenzimmers; vereinzelte didaktisierte Erkundungen der Schüler:innenwelt können das nicht ersetzen.

Um es noch deutlicher zuzuspitzen: „Erfolgreichen Unterricht planen", wie es der Titel des Buchs zum Programm macht, kann nach heutigem Verständnis des Unterrichtens nicht losgelöst von den Schüler:innen erreicht werden. Sollen die Studierenden lernen, erfolgreich zu planen und zu unterrichten, also etwas bei den Schüler:innen zu bewegen, geht es nicht ohne das Engagement für diese realen Kinder und Jugendlichen, selbst wenn die Praktika kurz sind und die Lektionen nur wenige.

8.2 Praktiken fokussieren

Gewisse seit längerem diskutierte Akzentverschiebungen bei der Gestaltung von schulpraktischen Studien und Praktika können den Lehramtsstudierenden erweiterte Lerngelegenheiten ermöglichen, um schüler:innengerechtes, individuell förderndes und adaptives Planen und Unterrichten zu erlernen (Fraefel, 2012). Das würde bedeuten, in der Lehrer:innenbildung weniger auf das Einüben von allein unterrichteten Einzelstunden zu setzen und vermehrt Situationen zu schaffen, in denen die Studierenden Adaptivität tatsächlich erproben und üben können.

Adaptivität kann per definitionem nicht vorausgeplant werden, weil eine adaptiv handelnde Lehrperson auf nicht vorhersehbare Situationen angemessen zu reagieren hat, was im Modus der allein durchgeführten Einzellektion insbesondere in der Lehrer:innenbildung und in meist heterogenen Klassen äußerst schwierig ist. So können etwa folgende Akzentverschiebungen in der Praktikumsgestaltung zu Entlastungen und zugleich erweiterten Lerngelegenheiten führen:

- *Co-Teaching (gemeinsames Unterrichten)*, dadurch eine erhebliche Entlastung der Studierenden von multiplen Aufgaben während des Unterrichtens,
- *Fokussierung auf ausgewählte Praktiken* des Unterrichtens, z.B. „einen Input gestalten", „Schüler:innen Feedbacks zu ihren Arbeiten geben", „die Stunde mit den Schüler:innen bilanzieren" usw.,
- *Co-Planning (gemeinsames Planen)* zur gemeinsamen Diskussion und Klärung von didaktischen Fragen im Vorfeld des Unterrichts, insbesondere Thematiken, Absichten, Aktivitäten, aber auch die Klärung der Rollen während des Co-Teachings, um den Studierenden Raum zu geben, einzelne Praktiken wiederholt zu üben,
- *Verzicht auf Hospitationen*, stattdessen Verwenden der Zeit im Klassenzimmer, um einzelne Praktiken zu üben,
- nur *in Ausnahmefällen Einzellektionen*, die alleine durchgeführt werden.

Wenn Anpassungen der Praktikumsorganisation und -begleitung dieser Art umgesetzt werden, verändert sich der Schwerpunkt von Praktika und Praxissemestern, ja es kommt zu einer eigentlichen Umkehrung der Lernstrategie für Studierende:

- Beim *Fokus auf die gelingende Einzellektion* erfolgt das Üben und Erlernen wichtiger Kernpraktiken des Unterrichtens nicht systematisch; manche Praktiken insbesondere des adaptiven und schüler:innenorientierten Unterrichtens können im Setting der Einzellektion kaum trainiert werden.
- Umgekehrt ermöglicht es der *Fokus auf das Trainieren grundlegender Praktiken*, dass die Elemente eines adaptiven, schüler:innenorientierten und wirkungsvollen Unterrichts systematisch thematisiert und *geübt* werden.

Eine derartige Akzentverschiebung müsste indessen von den Mentor:innen, den Fachpersonen der Lehrer:innenbildung und weiteren involvierten Personen mitgetragen werden. Es bräuchte ein Einverständnis darüber, dass der Königsweg des Praktikums nicht einzig darin besteht, einen gut organisierten, reibungsarmen und methodisch-didaktisch korrekten Unterricht zu erlernen; vielmehr liegt nach diesem Verständnis der Schwerpunkt auf ausgewählten Bereichen – Praktiken des professionellen Handelns –, in denen die Studierenden „Profis" werden sollen.

Ein vielfach entscheidender Punkt ist die *Bewertung von Praktika*: In den meisten Fällen werden Praktika – eine im Grunde hochgradig formative Phase – summativ beurteilt und benotet, was in grundlegendem Widerspruch zur vielbeschworenen Trennung von formativer und summativer Evaluation steht. Der Effekt für Studierende liegt auf der Hand: Sie werden sich im Wissen um die Bewertung auf die (erwünschte) Performanz konzentrieren und versuchen, Fehler zu vermeiden, was bekannterweise dem Lernen abträglich ist.

Co-Planning und Co-Teaching

Praktika und Praxissemester in der Lehrer:innenbildung lassen aus organisatorischer Sicht ein kooperatives Setting ohne weiteres zu, ja sie sind geradezu prädestiniert dafür. Es ist immer eine erfahrene Lehrperson anwesend, und in der Regel auch weitere Studierende, was von großem Vorteil ist, weil manche der anspruchsvollen Praktiken kaum ohne Entlastung durch andere Unterrichtende zu erlernen sind.

Im *Co-Teaching* können Studierende und erfahrene Lehrperson die Fülle der gleichzeitig anfallenden Aufgaben im Klassenzimmer sinnvoll aufteilen und sich auf *eine* Sache konzentrieren, sie vertieft verstehen und in wechselnden Situationen anwenden; alles weitere kann erst einmal den Kolleg:innen überlassen werden. Außerdem profitieren die Schüler:innen von der Kon-

Co-Planning und Co-Teaching: zunehmend praktiziert und erforscht

Co-Planning und *Co-Teaching* sind eng verknüpft und sind seit der Jahrtausendwende theoretisch, empirisch und konzeptionell vertieft worden und zeichnen ein durchwegs positives Bild dieser Kooperationsformen (z.B. West & Staub, 2003; Murphy & Scantlebury, 2010; Fraefel, Bernhardsson-Laros & Bäuerlein, 2017; Sundqvist, Björk-Åman & Ström, 2021). Co-Teaching wirkt sich insbesondere positiv auf die Klassenführung sowie die Leistungen und das Wohlbefinden der Schüler:innen aus (Bacharach, Heck & Dahlberg, 2010).

Manche Studien heben insbesondere die Bedeutung des Austauschs mit den Lehrpersonen und zwischen den Studierenden hervor. Roth und Tobin (2004) verwenden die Bezeichnung „ko-generativer Dialog" und meinen damit die gemeinsamen Bemühungen um das Verstehen der Praxis (auch Scantlebury, Gallo-Fox & Wassell, 2008; Beers, 2009).

Auch der Übergang vom traditionellen Erteilen von Einzellektionen durch die Studierenden hin zum Co-Planning und Co-Teaching sowie Erfahrungen und Probleme bei der Kooperation in solchen Settings sind Gegenstand von Studien (z.B. Guise, Habib, Thiessen & Robbins, 2017; Seel & Wohlhart, 2020; Moser Opitz, Maag Merki, Pfaffhauser, Stöckli & Garrote, 2021).

stellation mit mehreren Lehrpersonen, die sich gründlich auf ihre Teilaufgabe vorbereitet haben.

Die Studierenden erhalten im Co-Teaching *zwei neue Aufgaben*, die im Setting der allein erteilten Einzellektion eine untergeordnete Rolle spielen:

- Unterstützung der Lernenden und deren auch individuelle Förderung,
- Fokussieren und Üben jener Kernpraktiken, die für professionelles Handeln essenziell sind.

Abbildung 15 zeigt das Prinzip des zyklischen Prozesses in einem Praktikum, wenn es als gemeinsame Unternehmung von Studierenden und erfahrenen Lehrpersonen verstanden wird.

- Eine entscheidende Komponente ist das *Co-Planning* auf der linken Seite der Abbildung. Nicht alles kann – schon aus Zeitgründen – gemeinsam geplant werden. Das tiefere Sachverständnis der Referenz- und Lernaufgaben können Studierende allein bewältigen. Ebenso können praktische Dinge wie die Bereitstellung von Materialien und die Skizze der Verlaufsplanung von den Studierenden erledigt werden. Die grundsätzlichen und strategi-

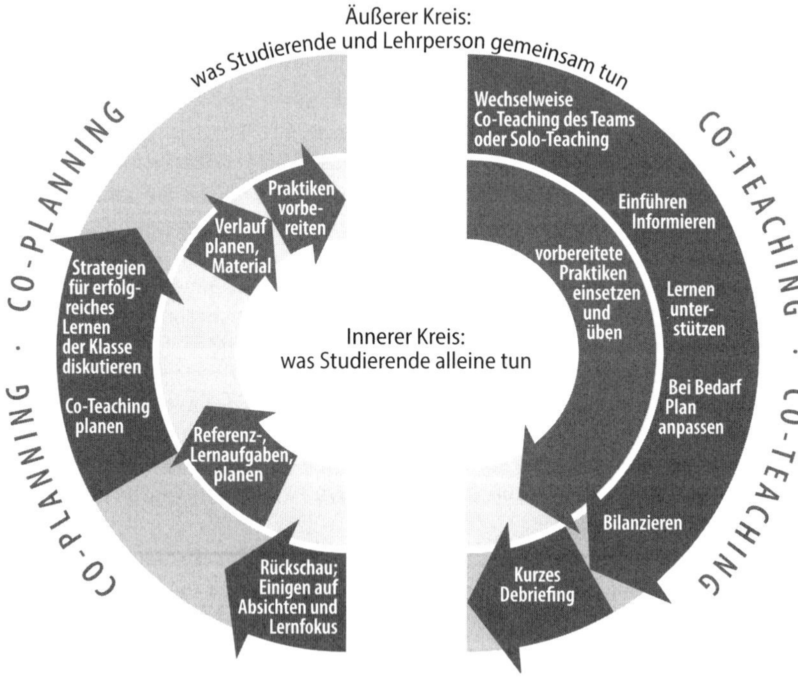

Abb. 15: Zyklischer Prozess der gemeinsamen Planung und des gemeinsamen Unterrichtens in der Lehrer:innenbildung, vorzugsweise mit zwei Studierenden und einer begleitenden Lehrperson

schen Entscheidungen werden jedoch immer gemeinsam von Studierenden und Lehrperson diskutiert und getroffen.

- Das *Co-Teaching* ist untrennbar mit der gemeinsamen Planung verbunden (auf der rechten Seite der Abbildung 15), was wiederum Lernen auf zwei Ebenen einfordert: das Lernen der Schüler:innen auf der einen Seite und das Lernen der Studierenden in Bezug auf eigene Praktiken auf der anderen Seite. Die Nachbesprechung nimmt nur wenig Zeit in Anspruch und ist eher ein kurzes Debriefing: eine Momentaufnahme, wo alle stehen und was die nächsten Schritte für die Klasse und die Studierenden sind. Eine vertiefte Aussprache unter den Beteiligten wird im Rahmen des ersten Schritts des folgenden Co-Plannings erfolgen. Hier schließt sich der Kreis des Planungsprozesses, der – aufgrund der gemachten Erfahrungen – wieder mit der Frage nach Absichten und Themen beginnt und das Lernen von Schüler:innen und der Studierenden in den Mittelpunkt stellt.

Auch in Praktika flexibel und adaptiv unterrichten lernen

Ein entscheidendes Merkmal von Co-Planning und Co-Teaching in Praktika ist die Verteilung der Aufgaben auf zwei oder drei Personen. Die Studierenden tragen die Verantwortung nur für eine bestimmte Phase, eine Aktivität oder wenige Schüler:innen. In diesem Verantwortungsbereich kann erwartet werden, dass sie bestens vorbereitet sind, sich auch auf unerwartete Situationen einzulassen lernen und ausschließlich das eigene Handeln kritisch analysieren.

Einfache Eingewöhnung und weniger Performanzdruck

Erfahrungen und Studien zeigen, dass sich sowohl die unterrichtenden Personen als auch die Schüler:innen schnell an das Co-Teaching gewöhnen; falls es institutionell gelingt, die Bewertung und damit den Performanzdruck der Studierenden zumindest vorübergehend auszusetzen, weicht die manchmal prüfungsähnliche Anspannung, wenn Studierende unter Beobachtung Unterricht durchführen, einer Atmosphäre der zwanglosen Zusammenarbeit.

Diejenigen, die gemeinsam unterrichten, können jederzeit kurz innehalten, um zu überlegen, ob sie auf dem richtigen Weg sind und was als Nächstes folgen soll, um die Lernprozesse zu verflüssigen. Ein kurzer Austausch von ein paar Sekunden kann klären, ob die vorbereiteten Elemente des Einstiegs, Inputs, Klassengesprächs, Aktivitäten usw. angepasst, unterbrochen, verschoben oder wiederholt werden, wenn die Situation es erfordert. Gemeinsame Entscheidungen zur Planänderung sind besser begründet, Fehlentscheidungen und Leerläufe sind weniger wahrscheinlich (Roth & Tobin, 2004).

Vertieft verstandene Praktiken und viele Vollzüge

Die Trainingsmöglichkeiten im Co-Teaching erlauben es den Studierenden, ihre Praktiken mehrfach zu erproben, zu üben, zu flexibilisieren und vertieft zu verstehen. Systematische Trainingssituationen für das berufspraktische Handeln zu schaffen, scheint in der Lehrer:innenbildung eine echte Herausforderung zu sein (Neuweg, 2022, S. 69). Es fehlt den Studierenden wohl zumeist nicht an Einsichten und der Bereitschaft, ihr Handeln weiterzuentwickeln, aber die berufspraktischen Lernprozesse bleiben unvollständig, wenn kein Üben und Konsolidieren der Einsichten erfolgt. So stellte Hascher (2012) lakonisch fest, dass in Praxiskontakten immer irgendwie alles gelernt werde:

> Die Studierenden springen oftmals von einer Situation zur nächsten, und eine systematische Gestaltung ihres Lernprozesses findet nur selten statt. Vielmehr entdecken sie jeden Tag etwas Neues, das sie in der Situation zwar als sehr relevant erachten, aber zu selten in ihren Kompetenzerwerb … integrieren (S. 122).

Demgegenüber eröffnet das arbeitsteilige Unterrichten die Möglichkeit, sich wiederholt auf einen Aspekt zu konzentrieren und ihn zu üben. In funktionierenden Teams aus Lehrperson und Studierenden entscheidet man jeweils im Co-Planning, wer welche Phasen verantwortet und wer welche Praktiken fokussiert und trainiert. So entstehen Lerngelegenheiten, in denen die Studierenden ihre Praktiken dank mehrfacher Vollzüge professionalisieren können.

Potenzial zum Fördern der Schüler:innen

Gewiss sind Praktika und schulpraktische Studien Formate, die nicht für die Schüler:innen, sondern für die Professionalisierung der Studierenden in schulischem und unterrichtlichem Handeln konzipiert worden sind. Traditionellerweise werden die Klassen, in denen die Studierenden unterrichten, als Trainingsfeld betrachtet; die Lehrpersonen dieser Klassen nehmen in Kauf, dass die Schüler:innen aufgrund suboptimalen Unterrichtens Defizite aufweisen können. Die Selbstverständlichkeit dieses Modells wird seit der Jahrtausendwende zunehmen in Frage gestellt (z.B. Hascher, 2011), während der Gedanke des Praktikums als kooperativer Arbeits- und Lerngemeinschaft weltweit zunehmend favorisiert wird (z.B. Murawski & Hughes, 2009; Fraefel, 2011; Seel & Wohlhart, 2020).

Diese Wende zu kooperativen Praktika eröffnet nun ein erhebliches Potenzial für die Lernenden, indem die Studierenden in der praktischen Arbeit mit erfahrenen Lehrpersonen vermehrt für die Bedürfnisse der Schüler:innen sensibilisiert werden und die Notwendigkeit zu deren Förderung nicht nur erkennen, sondern diese im Team auch umsetzen und dank mehr Ressourcen – zwei oder mehr Lehrpersonen statt nur einer – den Schüler:innen deutlich mehr Unterstützung geben können.

Die Studie von Bacharach und Kolleginnen (2010) zu einem vierjährigen Projekt mit Co-Teaching von Studierenden in der Lehrer:innenbildung kam zu überzeugenden Ergebnissen. In allen Fächern stiegen die Leistungen der Schüler:innen an. Bemerkenswert sind auch die Rückmeldungen aus Gesprächen mit mehr als 400 Schüler:innen:

> Die Schüler:innen identifizierten mit überwältigender Mehrheit den größten Nutzen des Co-Teachings: Hilfe zu bekommen, wenn sie sie brauchen. Die Schüler:innen stellten fest, dass sie weniger Zeit mit Warten verbrachten und dass die Co-Lehrpersonen mehr Lernstoff abdecken konnten. Sie nannten weitere Vorteile des Co-Teachings, wie das Kennenlernen zweier Unterrichtsstile, weniger Störungen im Unterricht und ein besseres Verhalten der Schüler:innen. Überdies wiesen sie darauf hin, dass sie ihre Aufgaben und Noten schneller zurückerhielten, sich mehr mit der Schule verbunden fühlten und eine Vielzahl von Aktivitäten durchführen konnten, die mit nur einer Lehrperson nicht möglich waren. (S. 12)

Kooperative Praktikumsformen erweisen sich also als eine Win-win-Situation: Den Schüler:innen eröffnen sich zusätzliche Lerngelegenheiten, und die Studierenden können unter optimalen Bedingungen ihre zentralen Kompetenzen des Wahrnehmens von Lernbedarf, der individuellen Förderung und der Adaptivität entwickeln.

Lernen Studierende auch, selbständig zu unterrichten?

Die Bedenken tauchen immer wieder auf, ob Studierende in der Lage sind, Unterricht alleine zu meistern, wenn sie hauptsächlich im Co-Teaching gearbeitet und zu unterrichten gelernt haben. Da die Einzelstunde im „Solo-Teaching“ in den Schulen nach wie vor als Regelfall zu betrachten ist, erstaunt die Frage nicht. In ihr schwingt die Sorge mit, ob die Studierenden, die oft im Team unterrichteten, auf die Realitäten in den Schulen ausreichend vorbereitet sind.

Diese Frage beschäftigt immer auch die Studierenden selber, was ein Grund dafür ist, dass sie nicht selten darauf drängen, „auch einmal alleine“ zu unterrichten und sich nicht absprechen zu müssen. Es ist nichts dagegen einzuwenden, dass sie sich Gewissheit verschaffen wollen, ohne Hilfe und Arbeitsteilung unterrichten zu können. Es handelt sich aber *nicht* um eine Lernsituation, sondern um eine „survival“-Situation (Überleben im Berufseinstieg, Fuller & Bown, 1975), was durchaus auf Kosten der Unterrichtsqualität und der Lernfortschritte der Schüler:innen gehen kann.

Weiterführende Informationen und Materialien

Im Co-Teaching Praktiken trainieren: Beispiele

In den folgenden Beispielen übernimmt jeweils eine Studentin oder ein Student die Verantwortung nur für diese eine Tätigkeit, die gründlich vorbereitet ist.

Anspruchsvolle Mathematikprobleme
In einer Mathematikstunde geht es um Proportionalität. Zwei besonders begabte Schülerinnen verstehen und lösen Probleme deutlich schneller und variantenreicher als alle anderen. Eine Studentin bereitet sich nun vor, den beiden ein besonders anspruchsvolles Problem zu stellen: Sie sollen die Grenzen der direkten Proportionalität und anhand von Beispielen und Graphiken erklären, wo und warum sie einwandfrei, nur beschränkt oder gar nicht funktioniert. Die Studentin kann dabei die Denkprozesse der Schülerinnen beobachten und deuten sowie üben, mit welchen Hinweisen oder Fragen („prompts") sie bei Bedarf unterstützen kann.

Input Fremdsprache Englisch: Aufgabe zum Hörverstehen einführen
Das Team (Studierende, Lehrperson) hat sich auf das Thema Hörverstehen und Wortschatz zum Kochen verständigt. Ein Student hat einen kurzen Input vorbereitet und trainiert. Er will erklären, wie die Schüler:innen mit YouTube-Videos von Köchen (z.B. Jamie Oliver) arbeiten können, und gibt einen präzisen Arbeitsauftrag.

Bilanzierung nach einer Gruppenarbeitsphase zu Haustieren (Primarstufe)
Die Studentin hat noch nie eine Bilanzierungsphase nach einer Gruppenarbeit moderiert. Sie macht sich kundig und spricht mit Peers und Lehrpersonen, welche Formen der Bilanzierung in welchen Situationen Sinn machen. So rät z.B. die Lehrperson dieser Klasse ab, jede Gruppe berichten zu lassen, denn das dauere zu lange und sei für die anderen ermüdend. Um den Stand und die Fortschritte der Schüler:innen zu erfahren, solle sie besser eine andere Form finden (vgl. Anhang 2).

Die Kollegin bei Dialogen mit Schüler:innen beobachten
Während einer Arbeitsphase zum perspektivischen Zeichnen beraten eine Studentin und die Lehrperson die Schüler:innen. Die Aufgabe wurde unterschätzt, die Schüler:innen haben mehr Schwierigkeiten als erwartet. Ein weiterer Student beobachtet genau, wie die Dialoge mit den Schüler:innen verlaufen. Wenn möglich macht er mit dem Smartphone kurze Videos der Dialoge (falls entsprechende Einwilligungen vorliegen). Für die nächste Teamsitzung bereitet er ein Feedback an die beiden Unterrichtenden vor.

Geschmeidige Übergänge anleiten
Ein Student stellt fest, dass die Klasse bei Übergängen zwischen Phasen viel Zeit vertrödelt und dass er dann Mühe hat, danach wieder Ruhe und Konzentration herbeizuführen. Er hat zu diesem Thema recherchiert und nichts Brauchbares gefunden. Auf Anraten der Lehrperson googelt er dann auf englisch mit den Suchwörtern „transitions teaching videos" und findet zahlreiche Hinweise. Er erstellt eine Liste von Varianten, wie Übergänge geschmeidig gestaltet werden können. Das Team vereinbart, dass er bis auf weiteres sämtliche Übergänge anleitet.

Entgegen den Befürchtungen sind Studierende, deren Praktika kooperativ organisiert waren, keineswegs schlechter auf das Unterrichten vorbereitet. Paradoxerweise lernen Studierende durch Co-Teaching deutlich besser und gründlicher, allein zu unterrichten, weil sie durch den Erwerb von unterrichtlichen Praktiken mehr Vertrauen in ihre berufliche Handlungsfähigkeit haben gewinnen können.

Bei aller Vorsicht mit Vergleichen sei einmal mehr auf andere Berufsgruppen verwiesen, in denen Menschen lange Zeit nur im Team arbeiten, bis schließlich jemand die alleinige Verantwortung übernimmt: Anwältinnen, Piloten, Chirurginnen, Therapeuten, Köche, Ingenieurinnen usw. Kaum ein Beruf erwartet, dass Neueinsteigende die beruflichen Anforderungen von Anfang an alleine bewältigen müssten; am Ende einer langen Lernphase geht es aber erstaunlich leicht, auch alleine zu handeln – eben weil die Einführung in die beruflichen Tätigkeiten so kooperativ und behutsam war.

Das Gleiche gilt für den Lehrberuf. Studierende können ihre individuellen Praktiken über viele Jahre hinweg trainieren, variieren und flexibilisieren. Die Summe der Praktiken wird es ihnen ohne weiteres ermöglichen, einen professionellen Unterricht im „Solo-Teaching" zu gestalten.

8.3 Unterrichtsentwürfe bzw. Verlaufsskizzen in Praktika

Nicht nur in der Berufstätigkeit, sondern auch in der Lehrer:innenbildung können Unterrichtsentwürfe schlank sein, weshalb hier vorzugsweise die Bezeichnung „Verlaufsskizze" verwendet wird. Angesichts üblicherweise detaillierter Vorgaben zur Unterrichtsplanung besteht durchaus Konfliktpotenzial, sollte zu stark von den vorgegebenen Richtlinien abgewichen werden. Ungeachtet dieser potenziellen Spannungen sind hier als Empfehlung die wichtigsten Punkte genannt, die in der Verlaufsskizze einer Co-Teaching-Lektion zu berücksichtigen wären:

- *Klare Rollenzuordnung*: In einer Stunde können sich die Studierenden und die Lehrperson durchaus mehrfach abwechseln oder zeitgleich parallelen und sich ergänzenden Tätigkeiten nachgehen.
- *Die Absichten immer im Blick*: Auch nach dem Einstieg sollten die Schüler:innen sich vergewissern können, was die erwarteten Resultate sind, z.B. indem die Referenzaufgaben oder Beurteilungskriterien am Pinboard angeschlagen sind.
- *Zurückhaltung mit überkomplexen Lehr-Lern-Arrangements*: Es ist sinnvoll, dass die Studierenden vorerst nicht mit übermäßig komplizierten methodischen Organisationsformen experimentieren, um sich eher auf einzelne Elemente des Unterrichts konzentrieren zu können.

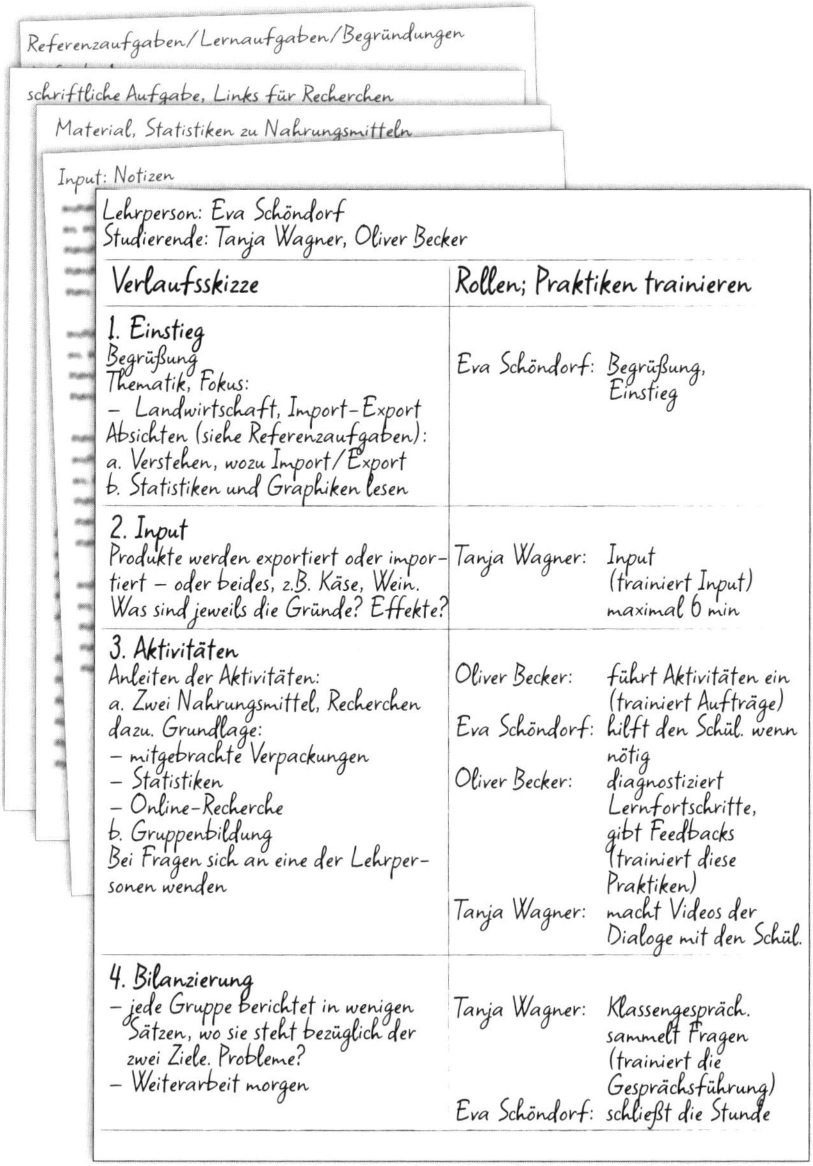

Referenzaufgaben/Lernaufgaben/Begründungen

schriftliche Aufgabe, Links für Recherchen

Material, Statistiken zu Nahrungsmitteln

Input: Notizen

Lehrperson: Eva Schöndorf
Studierende: Tanja Wagner, Oliver Becker

Verlaufsskizze	Rollen; Praktiken trainieren
1. Einstieg Begrüßung Thematik, Fokus: – Landwirtschaft, Import-Export Absichten (siehe Referenzaufgaben): a. Verstehen, wozu Import/Export b. Statistiken und Graphiken lesen	Eva Schöndorf: Begrüßung, Einstieg
2. Input Produkte werden exportiert oder importiert – oder beides, z.B. Käse, Wein. Was sind jeweils die Gründe? Effekte?	Tanja Wagner: Input (trainiert Input) maximal 6 min
3. Aktivitäten Anleiten der Aktivitäten: a. Zwei Nahrungsmittel, Recherchen dazu. Grundlage: – mitgebrachte Verpackungen – Statistiken – Online-Recherche b. Gruppenbildung Bei Fragen sich an eine der Lehrpersonen wenden	Oliver Becker: führt Aktivitäten ein (trainiert Aufträge) Eva Schöndorf: hilft den Schül. wenn nötig Oliver Becker: diagnostiziert Lernfortschritte, gibt Feedbacks (trainiert diese Praktiken) Tanja Wagner: macht Videos der Dialoge mit den Schül.
4. Bilanzierung – jede Gruppe berichtet in wenigen Sätzen, wo sie steht bezüglich der zwei Ziele. Probleme? – Weiterarbeit morgen	Tanja Wagner: Klassengespräch. sammelt Fragen (trainiert die Gesprächsführung) Eva Schöndorf: schließt die Stunde

Abb. 16: Möglicher Aufbau einer Verlaufsskizze für eine Unterrichtsstunde im Co-Teaching, mit angefügten Materialien: Beispiel einer Lektion in Geografie

- *Klares Benennen der Praktiken, die die Studierenden trainieren wollen*: Studierende, die sich spezifischen Praktiken zuwenden und diese trainieren wollen, werden in dieser Zeit von anderen Aufgaben, z.B. der Klassenführung, entlastet.
- *Die Schüler:innen im Blick behalten*: Die Verlaufsplanung lässt genügend Raum, dass sich die Unterrichtenden den Schüler:innen zuwenden und ihre Lernfortschritte verfolgen können.
- *Prägnanz*: Nicht jeder Gedanke muss in der Verlaufsskizze genannt werden.

Auf jeden Fall kann von den Studierenden erwartet werden, dass sie auf Nachfrage die Überlegungen hinter dieser Verlaufsskizze nachvollziehbar erläutern können, gerade in einer Ausbildungssituation.

Abbildung 16 zeigt anhand eines Beispiels, welche Elemente für eine Gliederung ausreichen sollten:

1. In der ersten Spalte ist entlang der vier formalen Phasen mit einigen Stichwörtern eine einfache Verlaufsskizze aufgeschrieben.
2. In der zweiten Spalte sind die Zuständigkeiten für jede Phase angegeben, sowie die Praktiken, die die Studierenden jeweils erproben und trainieren.

Beigefügt sind diverse Dokumente (Referenz- und Lernaufgaben, Materialien, Notizen für den Input usw., manches auch digital, z.B. Präsentationen, Bilder).

8.4 Fazit

Zwei Lernfelder fließen in diesem Kapitel zusammen:

- Die Studierenden lernen, einen Unterricht zu planen, bei dem die (real anwesenden) Schüler:innen vorankommen, d.h., Studierende lernen, *ihren Bildungsauftrag wahrzunehmen* und bereits die Planung so anzulegen, dass der Unterricht erfolgreich sein wird („erfolgreich“ im Sinne des Lernfortschritts dieser Schüler:innen).
- Die Studierenden lernen überdies, sich *professionelle Praktiken anzueignen*, sie zu verstehen und zu flexibilisieren, damit sie in wechselnden unterrichtlichen Situationen angemessen handeln.

Dieser Anspruch ist nicht gering und kann nicht ohne weiteres eingelöst werden. Deshalb hat sich dieses Kapitel thematisch etwas wegbewegt von der Planung im engeren Sinn und eher die Settings in den Blick genommen, in denen die Studierenden der Lehrer:innenbildung die Planung umsetzen können. Das hat seinen Grund: Die Planungsprinzipien, die in den vorhergehenden Kapiteln erörtert wurden, können in einem traditionellen Praktikumssetting nur beschränkt zur Anwendung kommen.

Zu fokussierende Planungsprinzipien sind:

- die *Rückwärtsplanung* (beginnend mit den erwarteten Resultaten),
- der *Fokus auf die Fortschritte* der Schüler:innen,
- die *Transparenz* in der Kommunikation gegenüber den Schüler:innen,
- die zentrale *Stellung von Aufgaben,* sowohl als Referenz als auch als Lerngelegenheit,
- die *Adaptivität* angesichts unterschiedlicher Lernvoraussetzungen, Lernbedürfnisse und Lerntempi der Schüler:innen,
- das *Trainieren der eigenen professionellen Praktiken* für ein angemessenes situatives Handeln.

Dies alles kann unter idealen Bedingungen sehr wohl in einem traditionellen Praktikum gelernt, überdacht, verstanden und geübt werden, wenn die begleitenden Fachpersonen ebensolche Absichten verfolgen und die Strukturen und Vorgaben es zulassen. Das ist aber vermutlich nicht immer der Fall.

Aus diesem Grund wurde hier ein Praktikumssetting skizziert, in dem diese Planungsprinzipien optimal umgesetzt werden können. Dies geschieht im Wissen, dass die Studierenden sehr auf das Wohlwollen und die Kooperationsbereitschaft der begleitenden Fachpersonen angewiesen sind, damit ein Spielraum für diese Lernprozesse geschaffen werden kann, denn manche Strukturen und Rahmenbedingungen können durchaus einengend wirken. Co-Planning und Co-Teaching sind zwar ideale Settings, doch heißt dies keineswegs, dass erfolgreichen Unterricht zu planen unter eher traditionellen Bedingungen unmöglich sei. Es gilt in diesen Fällen, den Spielraum zu suchen und auszureizen und vor allem die Beteiligten – Peers, Lehrpersonen, Fachpersonen der Hochschulen und des Vorbereitungsdiensts – mit ins Boot zu holen.

Weiterführende Informationen und Materialien

Absprachen mit der Lehrperson, in deren Klassen das Praktikum stattfindet

Manchmal wenig Raum für die Ausbildung von Praktiken
Je nach Institution und Tradition sind Praktika unterschiedlich organisiert, und die Anforderungen zur Praktikumsorganisation und Begleitung, die die Hochschule an die begleitenden Lehrpersonen in den Schulen stellen, können recht unterschiedlich sein. In vielen Fällen müssen die Lehramtsstudierenden zusätzlich Aufgaben seitens der Dozierenden der Hochschule erfüllen und nach dem Praktikum darüber Bericht erstatten. Solche externen Eingriffe in das Unterrichtsgeschehen können das Praktikum verkomplizieren und den Raum für das Fokussieren eigener Praktiken einengen.

1. Führen Sie frühzeitig ein Gespräch mit der begleitenden Lehrperson
Nehmen Sie sich vor dem Praktikum Zeit, um mit der begleitenden Lehrperson über die Art der Zusammenarbeit zu sprechen. Die begleitenden Lehrpersonen können nicht wissen, was Ihnen zu diesem Zeitpunkt wichtig ist und in welchen Praktiken Sie Fortschritte machen wollen.

2. Klären Sie die Dinge, treffen Sie Vereinbarungen mit der Lehrperson
Es ist auf jeden Fall ratsam, zumindest die folgenden Punkte vor dem Praktikum zu klären:
- Legen wir gemeinsam Absichten bzw. Ziele für eine Einheit und die Lektionen fest?
- Kann ich meine Planung im Voraus mit der begleitenden Lehrperson besprechen? Bekomme ich kritisches Feedback zu meiner Planung, bevor ich unterrichte?
- Ist die begleitende Lehrperson bereit, mit mir zusammen zu unterrichten?
- Können wir die Aktivitäten im Klassenzimmer unter uns aufteilen, damit ich mich auf bestimmte Praktiken konzentrieren kann?
- Wie hält es die Lehrperson mit der Beurteilung des Praktikums? Gibt es rein formative Phasen ohne Auswirkungen auf die Bewertung?

3. Sprechen Sie die Beurteilung des Praktikums an
Mit wenigen Ausnahmen sind Praktika immer durch die Lehrperson der betreffenden Klassen summativ beurteilt, manchmal in Absprache mit den Fachpersonen der Hochschule.
- Wie hält es die Lehrperson mit der Beurteilung des Praktikums? Gibt es rein formative Phasen ohne Auswirkungen auf die Bewertung?

4. Behalten Sie im Auge, was für Sie im Moment wichtig ist
- Überlegen Sie sich, wie Sie sich Ihre ideale Arbeitsbeziehung mit der begleitenden Lehrperson vorstellen, bevor Sie diese treffen oder sich mit ihr auf Distanz austauschen.

9 Planbare Unterrichtselemente: Einstieg

Vorbemerkung zu den Kapiteln 9 und 10

Diese letzten beiden Kapitel 9 und 10 greifen zwei Elemente des Unterrichts auf, die aus Sicht einer effizienten Planung von besonderer Bedeutung sind:

- Sowohl der Einstieg als auch die Beurteilung sind wichtige *Eckpfeiler der Rückwärtsplanung* und eines wirkungsorientierten Unterrichts. Sie rahmen die Aktivitäten der Schüler:innen ein und ermöglichen es der Lehrperson, das Lernen in Richtung der erwünschten Resultate zu lenken.
- Einstieg und Beurteilung sind *gut planbare Elemente*, was z.B. für ein Klassengespräch oder die Lernbegleitung in der Aktivitätsphase nur bedingt möglich ist.
- Einstieg und Beurteilung sind *stufen- und fachübergreifende* Charakteristika aller Lektionen bzw. Unterrichtseinheiten.

Drei andere Unterrichtelemente werden hier nicht mehr weiter vertieft. Es sind dies der *Input*, das *Klassengespräch* und die *Lernbegleitung* während der Aktivitätsphase. Sie sind zwar zweifellos ebenfalls bestimmend für die Lernfortschritte, aber sie sind nicht derart eng an die hier diskutierten Planungsstrategien gekoppelt, sondern gehören zu den Kernpraktiken, die alle Lehrpersonen ungeachtet des Planungsverfahrens und des Unterrichtssettings zu meistern haben.

9.1 Die Kernbotschaft des transparenten Einstiegs

Dieses Kapitel widmet sich nun der Art und Weise, *wie die Lehrperson zu Beginn der Stunde kommuniziert.* Der transparente Einstieg ist Ausdruck einer partnerschaftlichen Beziehung zwischen Lehrperson und Lernenden. Durch die klare Information über die heutige Stunde werden die Schüler:innen ernst genommen als Menschen, mit denen ein Ziel erreicht werden soll. Es wird schlicht gesagt, worum es geht. Der transparente Einstieg ist weit entfernt von jeglicher Inszenierung und verwendet keine Tricks, keine Manipulationen und „motiviert“ nicht, um die Schüler:innen für den Unterricht und das Thema zu gewinnen. Die Kritik solch gekünstelter Motivationsbemühungen wurde schon von Grell und Grell (1979/2010) vorgebracht und ist nach wie vor berechtigt.

Die unausgesprochene Botschaft, die dieser Art von Einstieg zugrunde liegt, ist nüchtern und ehrlich. Sie könnte etwa so lauten: „Wir sind hier, damit ihr etwas über ein bestimmtes Thema lernen könnt. Ich werde versuchen, euch zu erklären, warum es wichtig und vielleicht nützlich ist, und ich werde mich bemühen, dass ihr nicht umsonst in die Schule gekommen seid und dass ihr hinterher mehr wisst und könnt als vorher. Und ich werde meinen Teil dazu beitragen, dass wir in einer heiteren und produktiven Lernatmosphäre arbeiten können." Wenn die Lehrperson die Schüler:innen in dieser Tonlage anspricht, behandelt sie sie als Partner im gemeinsamen Unternehmen des Lernens und erlaubt ihnen, sich am Geschehen zu beteiligen.

Ein Blick auf die Abbildung 12 ruft in Erinnerung, welche Planungsschritte für die Lektion bereits rückwärts durchlaufen wurden, wenn es zur Vorbereitung des Einstiegs kommt:

- Die *Referenzaufgaben* aus der Unterrichtseinheitsplanung und die *Berücksichtigung der konkreten Umstände* innerhalb und außerhalb der Klasse führen zum *Lernfokus*.
- Die *Lernaufgaben* sind schon ausgearbeitet oder werden noch dem aktuellen Lernfokus angepasst.
- Ein *Input* oder eventuell ein Klassengespräch als Einführung in die Aktivitäten kann vorbereitet werden, sobald die Lernaufgaben gestellt sind.

Erst jetzt, im Anschluss an diese drei Schritte, erfolgt die Vorbereitung des transparenten Einstiegs.

9.2 Drei zu kommunizierende Punkte

Im Grunde ist die Idee des transparenten Unterrichtseinstiegs einfach. Die Lehrperson hat drei sachbezogene Punkte zu übermitteln, die mitzuteilen im Grunde selbstverständlich ist:

1. Thematik (und heutiger Lernfokus) – worum es geht
2. Fachliche Absicht – welche Resultate zu erreichen sind
3. Überfachliche Absicht – was sonst noch zu lernen ist.

Die Lehrperson wird diese drei Kernpunkte *einleiten mit einer freundlichen Begrüßung* und allenfalls dem Herstellen eines Kontexts oder dem Anknüpfen an vorhergehendes, und *abschließen mit einer Vorschau auf den Ablauf der Stunde und mit Raum für Rückfragen.*

Eine Thematik und einen Lernfokus kommunizieren

Das Benennen der Thematik und des Lernfokus ist für sich genommen eine einfache Angelegenheit und mit ein paar Stichwörtern erledigt. Die Thematik stellt den größeren Kontext her, und der Lernfokus ist das, womit sich die Klasse heute beschäftigt.

Begründung, wenn nötig oder erwünscht

Zur Transparenz gehört aber auch, dass die Lehrperson bereit ist, ihre *Entscheidung zu begründen*. In vielen Fällen mag kaum Bedarf nach Erklärungen zur Wahl der Thematik bestehen, weil sie offensichtlich einer Sachlogik folgt, etwa im Fremdsprachunterricht oder in der Mathematik. In Fächern wie Geschichte, Ethik, Geografie oder Deutsch haben die Schüler:innen jedoch einen berechtigten Anspruch zu wissen, warum und wozu sie sich mit einer Thematik bzw. einem spezifischen Lernfokus beschäftigen sollen. An dieser Stelle wären vertiefte bildungstheoretische Erwägungen eher fehl am Platz; aus Sicht der Schüler:innen dürfte im Regelfall eine kurze und plausible Erklärung durchaus genügen; wenn sich darauf aber eine Kontroverse entspinnt, ist dies wiederum zu begrüßen und als Zeichen aufzufassen, dass sich die Schüler:innen auf die Thematik in der einen oder anderen Art einlassen.

Zwei Absichten kommunizieren

Die Art und Weise, wie die Absichten mitgeteilt werden, bedarf besonderer Aufmerksamkeit. Wenn sie von der Lehrperson nicht oder lediglich vage kommuniziert werden, kann es sich nachteilig auf den Lernfortschritt auswirken. Nach Robert F. Mager (1962), der sich als einer der ersten für verständliche und transparente Ziele einsetzte, ist ein Ziel letztlich dann sinnvoll formuliert, wenn es wirklich gelingt, den Lernenden die Absicht des Unterrichts zu vermitteln und bei ihnen genau die gleiche Vorstellung zu entwickeln wie bei der Lehrperson (S. 10, siehe auch Box am Ende dieses Kapitels). Leider, so muss man sagen, artete sein Ansatz in der Rezeption der deutschen Didaktiken in Formalismen der operationalisierten Zielformulierung aus, während sein Hauptanliegen der bestmöglichen Kommunikation und der Verständigung über die Ziele weitgehend unbeachtet blieb (z.B. Becker, 2007, S. 66–67).

Zu dem Zeitpunkt, wo die Lehrperson den Einstieg vorbereitet, sind die Absichten für eine Lektion in den groben Zügen bereits umrissen. Zum Zeitpunkt des Ausformulierens der Absichten bleibt der Lehrperson daher noch das Feintuning und letzte Präzisierungen im Detail, was sie eigentlich von den Schüler:innen genau erwartet.

Der sensibelste Punkt ist aber die einfache und klare Kommunikation. Die folgenden Hinweise machen auf ein paar wichtige Aspekte ebenso wie auf Fallen aufmerksam, die bei der Formulierung und Kommunikation von Absichten zu beachten sind.

Weiterführende Informationen und Materialien

Ein Beispiel für einen transparenten Einstieg

Begrüßung	„Guten Tag.
evtl. Anknüpfen, Kontext herstellen	Ich habe eure Arbeiten von letzter Woche angeschaut und finde es toll, wie ihr die Sachverhalte anschaulich dargestellt habt. Wir kommen heute am Ende der Stunde nochmals darauf zurück.
Thematik und Lernfokus	Heute geht es weiterhin um die Kräfte, die die Erdoberfläche verändern. Wir konzentrieren uns in dieser Stunde auf die Erosion durch das Wasser, genauer gesagt: das fließende Wasser, also Flüsse und Bäche, im Zusammenspiel mit dem Untergrund, über den sie fließen.
… und gegebenenfalls Begründung	So könnt ihr besser verstehen, wie die Landschaften um uns herum entstanden sind und sich weiterhin verändern.
Eine fachliche Absicht	Könnt ihr auf einigen Fotos, die ich euch zeigen werde, erkennen, wie genau die Kräfte des Wassers wirken und wie sie mit dem Untergrund zusammenspielen? Das solltet ihr am Schluss beantworten können.
… und Offenlegen der entsprechenden Referenzaufgaben und Kriterien	Wie immer seht ihr dort am Pinboard ein paar Aufgaben, die ihr am Schluss der Stunde solltet lösen können und von denen ich die eine oder andere für den Schlusstest in zwei Wochen verwenden werde.
Eine überfachliche Absicht	Zudem habe ich gestern festgestellt, dass ihr während der Partnerarbeit unnötig laut sprecht. Deshalb möchte ich, dass ihr ab heute bei Partnerarbeiten nur im Flüsterton miteinander redet.
Verlauf der Stunde	Die Stunde verläuft so: Zuerst mache ich eine sehr kurze Einführung und zeige euch dann die Aufgaben, mit denen ihr euch in Partnerarbeit beschäftigt. 10 Minuten vor Schluss kommen wir alle zusammen und schauen, wie der Stand ist. Ich denke, wenn dann Fragen auftauchen, könnt ihr sie gegenseitig beantworten. Dann gebe ich euch die Arbeiten von letzter Woche zurück.
… und Rückfragen	Ist das für euch ok, oder habt ihr Einwände oder Änderungsvorschläge?“
Kurzfassung visualisieren	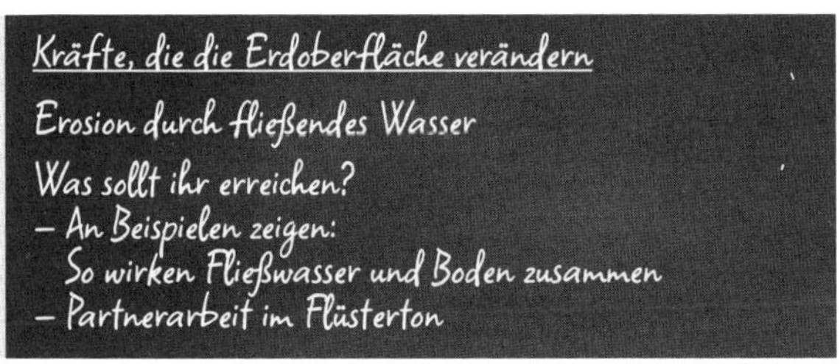
Dauer	2 Minuten

Eine einfach formulierte fachliche Absicht reicht

„Wirf mir einen Tennisball zu und ich fange ihn. Wirf mir drei Bälle zu, und ich fange keinen.“ Vor allem die weniger erfahrenen Lehrpersonen wollen manchmal zu viel in eine Unterrichtsstunde packen. Das erzeugt Stress für alle, vor allem gegen Ende der Stunde, wenn die Arbeit nicht beendet ist, die Dinge nicht wirklich verstanden wurden und keine Zeit für eine Bilanzierung bleibt. Deshalb ist es sinnvoll, sich auf *eine* fachbezogene Absicht zu beschränken. Dazu ein paar Punkte, die beachtet werden sollten:

- Die Absicht ist *kurz*, d.h. ein Satz, ohne Teilziele und Differenzierungen.
- Die Absicht ist *konkret*, anschaulich und gut verständlich.
- Die Absicht ist *nimmt nichts vorweg*, was die Schüler:innen noch nicht wissen können, zum Beispiel: Die Absicht „Ihr könnt den Unterschied zwischen den Gesetzen von Gay-Lussac und Boyle-Mariotte erklären“ ist sinnlos, weil die Schüler:innen von beiden Gesetzen wohl nicht einmal wissen, dass sie existieren.
- Das Beabsichtigte wird *höchstens zwei Drittel der Lektion* in Anspruch nehmen; so bleibt Zeit zum Vertiefen, Wiederholen und Zusammenfassen.

Eine Unterrichtsstunde ist kurz; die Konzentration auf wenige Dinge ermöglicht es, diese auch wirklich zu erkunden, zu verstehen und zu konsolidieren.

Zusätzlich eine überfachliche Absicht

Die Lehrpersonen könnten sich mit thematischen Absichten begnügen, doch damit würden sie eine Chance vergeben. Mit zusätzlichen überfachlichen und fächerübergreifenden Zielen können Lehrpersonen praktische Fragen der Zusammenarbeit, der Routinen, des Verhaltens usw. thematisieren, die für ein wertschätzendes und produktives Arbeitsklima wichtig sind. Junge Menschen haben Dinge zu lernen, die über die fachlichen Standards hinausgehen, und eine Lehrperson, die für diese Lernbedürfnisse sensibel ist, tut gut daran, sie zu thematisieren. Hier einige Beispiele, wie *nichtfachliche Ziele* lauten könnten:
- „Achtet bei der Gruppenarbeit darauf, dass alle Mitglieder sich engagieren.“
- „Wer am Computer sitzt oder das Smartphone benutzt, arbeitet nur an seinen Aufgaben und lässt sich nicht ablenken.“
- „Wir haben ein gutes Zeitmanagement und hören pünktlich auf. Das gilt auch für mich als Lehrperson.“
- „Kommst du bei einer Aufgabe nicht weiter, dann solltest du exakt beschreiben, wo das Problem liegt, damit andere dich gezielt unterstützen können.“
- „Ihr stellt die Ergebnisse auf dem Flipchart so übersichtlich dar, dass sie auf den ersten Blick verständlich sind.“

Überfachliche Kompetenzen und fächerübergreifende Querschnittthemen wie z.B. Bildung für nachhaltige Entwicklung sind in neueren Lehrplänen zumeist explizit aufgeführt (siehe Box mit Beispielen).

Um es noch einmal zu verdeutlichen: Die überfachlichen oder fächerübergreifenden Absichten kann die Lehrperson *situativ* festlegen, d.h., wenn die Situation es erfordert oder sich die Gelegenheit bietet, daran zu arbeiten. Es dürfte das Nächstliegende sein, dass die Lehrperson immer auch explizit *eine* nichtfachliche Absicht formuliert und am Ende der Stunde, bei der Bilanzierung, nochmals darauf zurückkommt und den Schüler:innen dazu ein Feedback gibt.

Weiterführende Informationen

Beispiel für nichtfachliche Kompetenzen und Themen

Personale Kompetenzen	
Selbstreflexion	Eigene Ressourcen kennen und nutzen
Selbstständigkeit	Schulalltag und Lernprozesse zunehmend selbständig bewältigen, Ausdauer entwickeln
Eigenständigkeit	Eigene Ziele und Werte reflektieren und verfolgen
Soziale Kompetenzen	
Dialog- und Kooperationsfähigkeit	Sich mit Menschen austauschen, zusammenarbeiten
Konfliktfähigkeit	Konflikte benennen, Lösungsvorschläge suchen, Konflikte lösen
Umgang mit Vielfalt	Vielfalt als Bereicherung erfahren, Gleichberechtigung mittragen
Methodische Kompetenzen	
Sprachfähigkeit	Breites Repertoire sprachlicher Ausdrucksformen entwickeln
Informationen nutzen	Informationen suchen, bewerten, aufbereiten, präsentieren
Aufgaben/Probleme lösen	Lernstrategien erwerben, Lern-und Arbeitsprozesse planen, durchführen und reflektieren

Fächerübergreifende Themen „Nachhaltige Entwicklung"

- Politik, Demokratie und Menschenrechte
- Natürliche Umwelt und Ressourcen
- Geschlechter und Gleichstellung
- Gesundheit
- Globale Entwicklung und Frieden
- Kulturelle Identitäten und interkulturelle Verständigung
- Wirtschaft und Konsum

Quelle: Deutschschweizerischer Lehrplan (D-EDK, 2016)

Aktivitäten und Anregungen

Einfache Schritte zum Aufbau neuer Handlungsoptionen

Sowohl für Studierende als auch für eher erfahrene Lehrpersonen ist es nicht einfach, eingespielte Gewohnheiten und Selbstverständlichkeiten zu verändern. Wer nicht bewusst etwas Neues versucht, wird das Gewohnte tendenziell einfach wiederholen, wie man es immer getan hat. Die Veränderung der des tatsächlichen Handelns durch Trainings hat in den 60er Jahren in den USA mit dem Micro-Teaching begonnen (Cooper & Allen, 1970), wurde dann auch in Europa breit aufgegriffen (Klinzing, 2002), wenn auch nicht ohne Kritik am „technologischen" Verständnis unterrichtlichen Handelns (z.B. Herzog, 1999).

Hier geht es indessen nur um ein paar einfache und praktische Hinweise. Wenn Ihnen die Argumente dieses Buchs einleuchten, Ihnen die Vorschläge hilfreich erscheinen, Sie sie vielleicht erproben oder sogar dauerhaft übernehmen wollen: Wie ist erfolgversprechend vorzugehen, um neue Handlungsoptionen, auch neue Praktiken, zu lernen?

Fokussieren Sie nur eine Sache, aber mit wiederholten Vollzügen

Wenn Sie sich auf nur einen Aspekt konzentrieren, ist die Wahrscheinlichkeit größer, dass Sie ihn wirklich erproben und er nicht neben allem Anderen während des Planens und Unterrichtens vergessen wird.

> Beispiel: Sie nehmen sich vor, jede Planung mit dem detaillierten Ausarbeiten einer Prüfung, eines Abschlusstests zu beginnen (oder wie immer Sie es nennen). Bleiben Sie während ein paar Wochen bei dieser einen Strategie und nehmen Sie wahr, welche Wirkungen und Reaktionen sie auslöst.

Es geht nicht um das Einüben als solches, sondern um das *Initiieren einer neuen Erfahrung*, die Sie über eine gewisse Zeit machen. Ob Sie dabei bleiben, was Sie darüber denken, wie Sie die Strategie verändern oder anreichern, ist dann ein weiterer Schritt.

Mit einfachen Strategien beginnen – Differenzierungen folgen später

Für Ihr eigenes Lernen ist es vorteilhafter, wenn Sie *zu Beginn wenig komplexe Strategien* wählen. Das ist bei den meisten Lernprozessen zu empfehlen, gerade bei den Schüler:innen – und das gilt auch für jene, die das Planen und Unterrichten lernen wollen, also für Sie. Man mag einwenden, das sei zu simplifizierend, der Unterricht sei ja ein komplexes Geschehen usw. Alles wahr, aber es geht hier nur um das *Auslösen eines Lern- und Veränderungsprozesses*. Je mehr Erfahrungen Sie machen, desto differenzierter werden Sie die jeweilige Strategie sehen.

> *Beispiel 1*: Sie nehmen sich für die nächsten zwei Wochen ein einfaches Schema für den transparenten Einstieg vor und sagen sich: „Zu Lektionsbeginn stehen nur drei Zeilen an der Tafel / am Whiteboard, die ich dann kurz kommentiere:
> – Thematik/Lernfokus
> – Absicht 1 zum Thema
> – Absicht 2 nichtfachlich"

Beispiel 2: Weil Sie wiederholt Probleme mit den Zeitmanagement haben, planen Sie den zeitlichen Verlauf bis auf weiteres nach dem folgenden einfachen Schema, um damit Erfahrungen zu sammeln:
- 10 min Einstieg und Input (3+7 min)
- 20 min Lernaktivitäten der Schüler:innen
- 10 min Bilanzierung und Abschluss (7+3 min)

Zögern Sie nicht, das anfängliche Schema zu variieren und weiterzuentwickeln, damit es wirkungsvoller wird.

Holen Sie wenn möglich kurze Feedbacks ein

Nach einigen Vollzügen fragen Sie jene, die das mitbekommen – je nachdem Peers, Fachleute der Lehrer:innenbildung, Schüler:innen –, ob Sie die neue Strategie bemerkt haben, was sie dazu meinen usw. Es ist insbesondere zu wünschen, dass die Schüler:innen partizipieren; dadurch können Sie die Strategie so weiterentwickeln, dass die Schüler:innen sie positiv erleben.

Nehmen Sie sich Zeit zum Überdenken und Vertiefen

Die Erfahrungen mit einer bestimmten Strategie veranlassen Sie allenfalls, sie weiterzuführen und zu differenzieren. Möglicherweise sind Sie neugierig, was Andere dazu meinen, was die didaktische Literatur beitragen kann usw. Bei jedem Veränderungsschritt ist es am besten, Sie beobachten die Wirkungen auf die Schüler:innen oder fragen direkt, was sie dazu meinen. Jedenfalls sollte das Nachdenken und Optimieren in eine Verbesserung Ihrer Strategie und Ihrer Praktiken führen.

Weiterführende Informationen und Materialien

Robert F. Mager: Was mit lernzielorientiertem Unterricht eigentlich gemeint war

Das Postulat, präzise Lernziele zu formulieren, ist seit Jahrzehnten ein wiederkehrendes Mantra in der Lehrer:innenbildung, bisweilen unter Berufung auf die curriculare Didaktik bzw. den lernzielorientierten Ansatz von Christine Möller (1986), der lange Zeit fester Bestandteil des Kanons der Allgemeinen Didaktik war. Komplexe Konstruktionen von Lern- bzw. Kompetenzzielen zu formulieren, kann als Strategie zur Lehrplanentwicklung zweckmäßig sein – in der alltäglichen unterrichtlichen Praxis hat sich die formalistisch anmutende Operationalisierung von Lernzielen als Arbeitsinstrument kaum durchsetzen können.

Entgegen der Art und Weise, wie Robert F. Mager mit seinem Büchlein aus dem Jahr 1962 „Preparing Instructional Objectives" in deutschen Sprachraum überwiegend wahrgenommen wurde, war sein Hauptanliegen weniger die kunstvolle Elaboration von Lernzielen als vielmehr die *transparente Kommunikation gegenüber den Lernenden*, wie aus diesem Zitat deutlich wird.

> Ein Ziel ist eine *Absicht*, die den Lernenden kommuniziert wird und beschreibt, was sich bei ihnen ändern soll – wo die Lernenden am Schluss stehen werden, wenn die Lernerfahrung erfolgreich war. Es ist die Beschreibung von etwas, das die Lernenden am Ende zeigen können. …
>
> Wenn klar definierte Ziele fehlen, ist es unmöglich, den Erfolg einer Unterrichtsstunde zu evaluieren, und zudem hat die Lehrperson keine Entscheidungsgrundlage, um die passendsten Inhalte, Methoden und Materialien zu wählen. So wählt zum Beispiel ein Mechaniker erst dann ein Werkzeug aus, wenn er weiß, welchen Arbeitsgang er ausführen will. Ein Komponist instrumentiert eine Partitur nicht, bevor er weiß, welche Effekte er erzielen will. Ein Bauherr wird weder Material noch Handwerker bestellen, bevor er Pläne in der Hand hat. Allzu oft aber hört man von Lehrpersonen, wie sie von Methoden und Lehrmitteln schwärmen, ohne jemals anzugeben, welches Ziel sie mit der Methode oder dem Lehrmittel erreichen wollen. Ich kann es nicht genug betonen: Solange eine Lehrperson nicht weiß, was ihre Schüler:innen eigentlich können sollen, bleibt alles nebulös, und dafür ist sie selber verantwortlich.
>
> Warum klare Zielvorgaben so wichtig sind, erweist sich bei der Beurteilung, wenn die Lernenden den gewünschten Fortschritt zeigen müssten. Wenn die Ziele unklar bleiben und nicht fest in den Köpfen aller Beteiligten verankert sind, sind Tests bestenfalls irreführend – schlimmstenfalls aber irrelevant, unfair oder nutzlos. Tests sind nur nützlich, wenn sie die *Leistung in Bezug auf die Ziele messen*. Wer aber nichts über die Absichten des Unterrichts weiß, kann auch keine Testaufgaben auswählen, bei denen die Schüler:innen die gewünschten Fähigkeiten unter Beweis stellen oder ihr erworbenes Wissen zeigen können.
>
> Ein weiterer Vorteil klar definierter Ziele ist die Möglichkeit der Lernenden, an jedem Punkt des Unterrichts *ihren eigenen* Fortschritt zu überprüfen und ihre Anstrengungen auf zielrelevante Aktivitäten zu fokussieren. … Mit klaren Zielen vor Augen wissen sie, welche Lernaktivitäten für ihren Erfolg wichtig sind, und es ist

nicht mehr notwendig, die Lehrperson zu überlisten und Zeit und Mühe darauf zu verwenden, wie man sich eine gute Bewertung erschleichen kann.
Wie formuliert man ein Ziel so, dass die Zielerreichung möglichst wahrscheinlich ist? Was sind die Merkmale eines sinnvoll formulierten Ziels? … Letztlich ist ein Ziel dann sinnvoll formuliert, wenn es wirklich gelingt, den Lernenden die Absicht des Unterrichts zu vermitteln und bei ihnen genau die gleiche Vorstellung zu entwickeln wie bei der Lehrperson. Ein sinnvoll formuliertes Ziel ist also eines, das die Absicht der Lehrperson bestmöglich mitteilt; die beste Formulierung wird die größtmögliche Anzahl von Missverständnissen ausschließen. (Mager, 1962, S. 3–10; terminologisch angepasst. Übersetzung: U. F.)

Die Kernaussagen von Mager dieser Abschnitte lassen sich so zusammenfassen:

1. Ohne klare Absichten ist die Unterrichtsgestaltung von Beliebigkeit geprägt; die Lehrperson hat keine Kriterien für das eine oder andere Vorgehen.
2. Eine Überprüfung des Lernerfolgs wird zur Farce, wenn weder Lernende noch Lehrperson wissen, was hätte gelernt werden sollen.
3. Ziele müssen derart klar formuliert werden, dass es keine Missverständnisse geben kann, was zu lernen ist.
4. *Die Schüler:innen müssen die Ziele verstanden und verinnerlicht* haben, damit sie zielgerichtet lernen und sich selbst überprüfen können.

Mager sagt hingegen nichts darüber aus, *welche* Ziele zu wählen sind.

10 Planbare Unterrichtselemente: Bilanzierung und Überprüfung

10.1 Bilanzierung und Überprüfung planen (informelle und formelle Evaluationen)

Ausgangspunkt der Strategie des Rückwärtsplanens sind die beiden Elemente „erwartete Resultate“ und „Überprüfung“. In den vorangehenden Kapiteln wurden die Absichten, deren Konkretisierung in Referenzaufgaben und deren Kommunikation dargestellt; nun, geht es in diesem Kapitel um deren Überprüfung.

„Bilanzierung“ und „Überprüfung“ als alltagssprachliche Sammelbegriffe haben bisher ausgereicht, um das zusammenzufassen, was das Feststellen des Lern- und Kompetenzstands beschreibt. Es ist nun unumgänglich, dies etwas zu differenzieren. Die Darstellung in Tabelle 8 gibt eine Übersicht.

Wiggins und McTighe (2005) empfehlen, bei der Überprüfung der erwarteten Ergebnisse „wie ein Gutachter zu denken“ (S. 146–171). Für viele Menschen hat dieser Gedanke einen negativen Beigeschmack und erinnert an unangenehme Erfahrungen mit Prüfungen. Das muss aber nicht sein, denn es geht in erster Linie um das Erkennen des Lernstands und um Unterstützen der Fortschritte in Richtung der erwarteten Ergebnisse. Wie Tabelle 8 nahelegt, dürfte nur ein kleiner Teil als wirklich emotional belastend empfunden werden, nämlich die Kolonne D, die für die formale, summative und benotete Beurteilung steht.

Auf den folgenden Seiten werden nun Aspekte der formativen und summativen Beurteilung ausführlicher behandelt sowie Fragen der Fairness beim Prüfen diskutiert.

10.2 „Formative assessment“ von Prozess und Fortschritt

Der englischsprachige Titel dieses Abschnitts mag irritieren; das liegt am Fehlen eines Konsenses, wie „formative assessment“ auf deutsch zu übersetzen sei. Im englischen Sprachraum ist der Term verbreitet, gut erforscht und sorgfältig differenziert (z.B. Shavelson et al., 2008; Wiliam, 2018), während im deutschen Sprachraum eine Vielzahl von Bezeichnungen im Umlauf ist, wie ganzheitliches Beurteilen, förderorientierte Beurteilung, förderliche Leistungsbewertung, formative Beurteilung, informatives tutorielles Feedback, Lernverlaufsdiagnostik oder formative Leistungsdiagnostik (Schmidinger, Hofmann & Stern, 2016, S. 66). Deshalb werden hier in der Regel alltagssprachliche Umschreibungen verwendet, zumal die Wortkombinationen mit „Beurteilung“ und „Bewertung“ eher negativ konnotiert sind.

Tab. 8: Überblick über Dimensionen, Funktionen und Formen der Beurteilung (in Anlehnung an Dolin, Black, Harlen & Tiberghien, 2017, S. 68)

	„formative assessment“ von Prozess und Fortschritt		**Summative Beurteilung der Leistung**	
	A **Erfahren, wo die Lernenden stehen**	**B** **Klasse befragen**	**C** **Standortbestimmung der Klasse**	**D** **formelle und benotete Überprüfung**
wofür	Schüler:innen verstehen und unterstützen	Wissen, wo die Klasse steht (Bilanzierung)	Kenntnis des Lernstands bezüglich Referenzaufgaben	benotetes Erfassen des abschließenden Stands von Leistung, Verstehen, Handeln
wie	informell und individuell	informelle Befragung in der Klasse	unbenotete Beurteilung; Tests, Produkte, gezeigte Kompetenzen	formell, meist in ganzer Klasse, systematisch, unter fairen Bedingungen
was	informelle Quellen (Gespräche, Beobachtung, Artefakte)	Schüler:innen informell schriftlich befragen	analoge Aufgaben zu Referenz- oder Lernaufgaben	Referenzaufgaben bzw. -aufträge oder analoge Aufgaben
wer	Selbst- und Fremdbeurteilung	Selbst- und Fremdbeurteilung	Fremdbeurteilung (Lehrperson)	Fremdbeurteilung (Lehrperson oder standardisierte Leistungstests)
woran	individueller Fortschritt (Individualnorm)	Absichten der Lektion	an den Vorgaben (kriteriale Norm)	an den Vorgaben (kriteriale Norm)
wann	immer	Ende der Stunde oder nach Bedarf	mehrmals pro Einheit	höchstens einmal pro Einheit
für wen	für die Schüler:innen	für die Lehrperson	für Lehrperson und Schüler:innen	für Lehrperson und Schüler:innen sowie für Schule oder Schulbehörde

Worum geht es beim „formative assessment"?

Die klassische Umschreibung stammt von Black und Wiliam (1998):

> Wir verwenden den allgemeinen Begriff *assessment* für alle Aktivitäten von Lehrpersonen und ihren Schüler:innen, um Informationen zu erhalten, die als Feedback für die Steuerung von Lehren und Lernen genutzt werden können. Ein solches *assessment* wird dann *formativ*, wenn die Erkenntnisse tatsächlich genutzt werden, um den Unterricht an die Bedürfnisse der Schüler:innen anzupassen." (S. 140)

Man kann also jede Art von Informationsbeschaffung über die Lernprozesse und Lernstand der Schüler:innen generell als *assessment* bezeichnen. Das *assessment* wird erst dann *formativ*, wenn diese Informationen so genutzt werden, dass der Unterricht zu Gunsten der Schüler:innen verbessert wird.

Nun ist jede *informelle* Art, Einblicke in Denken, Handeln und Lernen der Schüler:innen zu gewinnen und dann den Unterricht entsprechend anzupassen, außerhalb der Reichweite der Planung. Informelle Informationsbeschaffung stützt sich im Wesentlichen nur auf die professionellen *Praktiken des Diagnostizierens* durch Beobachtung, Gespräche und Sichten von Produkten, z.B. schriftlich gelöste Aufgaben, Texte, Zeichnungen usw. („Assessment On-the-Fly", Harrison et al., 2018). Die Lehrperson kann erfahren, wer nicht folgen konnte, wo bei jenem Schüler die Schwierigkeiten liegen, warum diese Schülerin Widerstände beim Lernen hat usw. Der Folgeschritt bezüglich einzelner Schüler:innen ist z.B. ein unterstützendes Feedback, oder wenn es die ganze Klasse betrifft, das Nachjustieren des Unterrichtsverlaufs, mit anderen Worten, die Lehrperson verhält sich adaptiv und passt ihr Handeln den Erfordernissen an.

Diese Art von informellem Erkunden entspricht in der Tabelle 8 der Spalte A. Die Lehrperson kann zwar einplanen, dass der Lernstand in einer bestimmten Unterrichtsphase informell zu erkunden ist, aber im Detail ist diese Informationsbeschaffung nicht planbar und wird aus diesem Grund hier auch nicht weiter vertieft.

Systematischere Wege der Informationsbeschaffung planen

Anders verhält es sich mit formalisierten Verfahren, die zum Ziel haben, schnell und ohne viel Aufhebens mehr über den Lernstand der Schüler:innen zu erfahren oder generell, um der Klasse den Puls zu fühlen. Solche Verfahren sind *planbar* und entsprechen in der Tabelle 8 der Spalte B. Lehrpersonen können sich einer Vielzahl an Instrumenten bedienen, um systematischer und umfassender zu Informationen gelangen, nicht zuletzt auch, um jene Schüler:innen zu Wort kommen zu lassen, die sich anderweitig selten bemerkbar machen. Erfahrene Lehrpersonen wissen, dass manche Schüler:innen nicht sehr mitteilsam sind, wenn es darum geht, ihre Lernbedürfnisse zu offenbaren, vor allem wenn es zusätzliche Arbeit nach sich zieht. Deshalb sind manchmal andere Strategien erforderlich, um mit wenig Aufwand gehaltvolle Informationen über den Lernstand der Klasse, die Lernprozesse einzelner Schüler:innen und deren Gedanken dazu zu erfahren.

Was in der Regel nicht funktioniert

- *Allgemeine Fragen an die Klasse* sind fast immer unproduktiv. Wer fragt: „Habt ihr das verstanden?" oder „Wer hat noch Fragen?", kann nicht damit rechnen, dass jemand die wirklichen Lernprobleme offenlegt. Bestenfalls merken die Schüler:innen, dass sie nicht mithalten können, aber sie sind oft noch nicht in der Lage oder bereit, sofort eine präzise Frage zu formulieren. Sie wissen wohl nicht einmal, was genau sie nicht verstanden haben.
- *Binäre Minimalinformationen* wie Handheben oder Ja bzw. Nein sagen haben wenig Informationsgehalt. Die Lehrperson erhält bestenfalls ein vages Stimmungsbild und erfährt, dass z.B. 40% der Klasse meint, die Sache verstanden zu haben, aber sie hat keine Gewissheit, ob die Selbsteinschätzung stimmt. Zudem bleibt die Lehrperson ratlos, was genau die verbleibenden 60% nicht verstanden haben und welche Konsequenzen es für den Unterricht haben müsste. Varianten mit drei Optionen („gut / halbwegs / nicht verstanden") sind kaum tauglicher, z.B. einen, zwei oder drei Finger hochhalten oder farbige Ampelbecher oder Ampelwürfel zeigen.
- *Evaluationsbögen zum Ankreuzen* sind gemessen an ihrem Informationsgehalt eher zeitaufwendig und versprechen meist mehr, als sie halten können. Die Lehrperson erhält zwar statistische Daten, z.B. wie viele Prozent der Klasse eher oder deutlich zu wenig Zeit hatten, aber das sind weder substanzielle Rückmeldungen, noch ergeben sich darauf klare Konsequenzen.
- Selbst *kurze Leistungstests* sind nicht unproblematisch, auch wenn sie nicht benotet werden, weil sie entweder zu viel Zeit benötigen oder oberflächlich sind. Ganz besonders spricht gegen solche Kurztests, dass sie an summative Beurteilungen erinnern und einen bewussten oder unbewussten Druck aufbauen, eine gute Leistung abliefern zu müssen. So aber erfährt die Lehrperson wenig über Schwierigkeiten und Verstehensprobleme (siehe nachfolgende Box „Problematische Auswirkungen von Assessment-Konzepten auf Lehrpersonen und Schüler:innen").

Kurze informelle Befragungen

Um gehaltvolle Rückmeldungen von Schüler:innen einzuholen, steht ein recht umfangreicher Fundus an einfachen und zweckmäßigen Verfahren zur Verfügung, die meist „Classroom Assessment Techniques“ (kurz CATs) genannt werden, unter dieser Bezeichnung von Angelo und Cross (1993) gesammelt und publiziert wurden und seither von Praktiker:innen laufend mit neuen Ideen und Varianten angereichert werden. Im Anhang 2 „Techniken zur Einholung von Feedback“ werden überblicksartig einige Verfahren beschrieben. Ein recht bekanntes Beispiel ist jenes des „verwirrendsten Punkts“, hier in einer Kurzbeschreibung:

> Der verwirrendste Punkt ist bemerkenswert effizient. Das Verfahren liefert in kürzester Zeit wichtige Informationen. Die Schüler:innen antworten in aller Kürze schriftlich auf die Frage: „Was war der verwirrendste Punkt in dieser Stunde / diesem Input / diesem Text / dieser Diskussion usw.)?“

Solche halbformellen Rückmeldungen geben der Lehrperson brauchbare Hinweise für die Planung der nächsten Stunde.

Nicht im Prüfungsmodus

CATs vermeiden nach Möglichkeit den Prüfungsmodus, gekennzeichnet durch erhöhte Anspannung, Richtig/Falsch-Fragen und Leistungsdruck. Sie konzentrieren sich vielmehr auf eine realistische Selbsteinschätzung bezüglich Verstehen, Verarbeitungstiefe, Schwierigkeiten, Unbehagen usw. Diese Zustandsbeschreibungen sind wichtige Momentaufnahmen und sowohl für den Lernenden als auch für den Lehrenden sehr wichtig und wertvoll. Ein weiterer Vorteil ist, dass die meisten Verfahren schnell und einfach anzuwenden sind, also keine Lernzeit „stehlen“, und in der Regel wenig Nachbereitung erfordern.

Herausforderungen für wenig erfahrene Lehrpersonen

Ein Dilemma insbesondere für weniger erfahrene Lehrpersonen

Es ist nicht zu verschweigen, dass klassenweise Rückmeldungen Studierende und weniger erfahrene Lehrpersonen in ein Dilemma bringen können. Möglicherweise erfordert das Feedback nämlich eine Anpassung des Tempos, der Vorgehensweise, des Schwierigkeitsgrads, der Erklärungen usw. Das bedeutet aber mehr Aufwand und mehr Unsicherheit, weil die Lehrperson nicht unbedingt darauf vorbereitet ist und noch nicht über die Praktiken verfügt, um schnell umzudenken und den Unterricht anzupassen. Es dürfte deshalb klug sein, nur dann um ein solches Feedback zu bitten, wenn genügend Zeit zur Verfügung steht, den Unterrichtsverlauf zu überdenken.

Vorsicht mit personenbezogenen Fragen

Vor allem wenig erfahrene Lehrpersonen wollen verständlicherweise wissen, wie sie von den Schüler:innen wahrgenommen werden und reagieren vielleicht mit Enttäuschung, wenn die Rückmeldungen nicht so positiv sind wie erhofft. Deshalb ist das Einholen schriftlicher Feedbacks über die eigene Person und die Klassenführung eine delikate Sache. Die Lehrperson muss diese Rückmeldungen richtig interpretieren und einordnen, mit kritischen Urteilen umgehen können, usw. Die Gefahr ist nicht gering, dass schmeichelhafte Rückmeldungen willkommen sind, während negative Aussagen eher abgewehrt oder verdrängt werden.

Daher sollte diese persönliche Ebene nicht unbedingt gesucht werden, ebenso wie sich umgekehrt die Lehrperson mit Aussagen über die Person eines Schülers, einer Schülerin besser zurückhält. Der Erkenntniswert ist bescheiden, wenn die Schüler:innen durch Ankreuzen die Qualität des Unterrichts und das Auftreten der Lehrperson bewerten sollen. Ein anonymer Briefkasten im Klassenzimmer scheint eine einfachere und effektivere Möglichkeit für die Schüler:innen zu sein, ihr Unbehagen, ihr Lob und ihre Wünsche zu äußern.

10.3 Die summative Beurteilung planen

Unbenotet oder benotet – eine folgenreiche Unterscheidung

Für viele Lehrpersonen und Schüler:innen ist es normal, dass summative Überprüfungen zu Noten führen und letztlich selektiv sein können. Die Frage der Benotung teilt die summative Überprüfung in zwei grundlegend verschiedene Kategorien mit entsprechend unterschiedlichen Funktionen im Unterricht, nämlich die unbenotete und die benotete Überprüfung. Das entspricht etwa der Unterscheidung von *Low-Stakes-Testing* und *High-Stakes-Testing* im englischen Sprachraum. Die beiden Kategorien sind in den Spalten C und D der Tabelle 8 resümiert.

Unbenotete Tests

Zuerst sei der Fall *ohne* Benotung betrachtet. Zur Abgrenzung wird hier die Bezeichnung „Test“ verwendet. Ein Test kann sehr wohl summativ sein, d.h. genau und nach transparenten Kriterien den erreichten Lernstand überprüfen und zu einem nachvollziehbaren Urteil kommen, und gleichwohl *keinen* Einfluss auf die Zeugnisnote haben. In vielen Fällen sind dies gelegentlich als Zwischenbilanz eingestreute Leistungstests, die den Lernstand der Klasse etwas genauer erheben sollen als die informellen Beobachtungen der Lehrperson. So erfahren alle Schüler:innen und vor allem die Lehrperson, wie sie unterwegs sind. Der Test kann auch eine „Probeprüfung" für eine spätere benotete Prüfung sein. Unbenotete Tests haben ein größeres Lernpotenzial als die finalen benoteten Überprüfungen, denn aus Sicht der Schüler:innen lohnt es sich, aus den Fehlern zu lernen, um den erwarteten Resultaten näher zu kommen und am Ende besser benotet zu werden.

Bei der Durchführung unbenoteter Tests besteht kein Anlass, besonders rigide vorzugehen, was wiederum Druck von den Schüler:innen wegnimmt, zumal die Schüler:innen die für den Test eingesetzten Referenz- und Lernaufgaben weitgehend kennen. Die Lehrperson sollte jedoch abwägen, wann ein Test sich aus Sicht der Lernfortschritte wirklich lohnt oder ob die Zeit nicht besser für das Lernen selber eingesetzt würde, denn Tests, deren Korrektur und Auswertung sowie manchmal eine Nachbesprechung können nur beschränkt als Lernzeit betrachtet werden.

Benotete Überprüfungen: Wie steht es mit den erwarteten Resultaten?

Dieser Zwischentitel verweist erneut auf das unverzichtbare Hauptkennzeichen von summativen Beurteilungen: Die *Schüler:innen wissen genau, was erwartet* wird. Ungewissheit, was geprüft und nach welchen Kriterien beurteilt wird, darf es im schulischen Kontext nicht geben, wenn die Überprüfung professionell und auf dem Stand der Erkenntnisse zur Beurteilung sein soll. Bemerkungen der Schüler:innen wie „Wenn ich gewusst hätte, dass das drankommt …" zeigen deutlich, dass in diesem Fall die Minimalstandards summativer Beurteilung nicht eingehalten wurden.

Im Fall der Rückwärtsplanung ist es eine Selbstverständlichkeit, dass zu allen Belangen rund um die Überprüfung Klarheit herrscht, und mehr noch: die Schüler:innen kennen im Prinzip auch die Referenzaufgaben und -aufträge, die für die Überprüfung verwendet werden, allenfalls in leicht abgewandelten Variationen.

Die etwas vage Bezeichnung „Überprüfung" soll auf die *zahlreichen Formen der summativen Überprüfung* verweisen, die neben dem dominierenden Format der Prüfung (Klassenarbeit, Klausur, Lernkontrolle usw.) Verwendung finden. Zu nennen sind etwa selbst verfasste Texte, insbesondere der Schulaufsatz, mündliche Prüfungen, Produkte, physische Performanz, bewertete Partnerarbeiten, Projektberichte usw.

Die vorherrschende Form der *schriftlichen Prüfung* ist bisweilen recht stark ritualisiert und manchenorts von unhinterfragten Konventionen begleitet, die nicht unbedingt mit dem korrespondieren, was heute als professionelles summatives Überprüfen betrachtet wird. Deshalb wird auf dieses Format im Anhang 3 detaillierter eingegangen.

Problematische Auswirkungen von Assessment-Konzepten auf Lehrpersonen und Schüler:innen

Weiterführende Informationen

Black (2015) und Dolin und Mitarbeitende (2017) analysierten in acht verschiedenen Ländern Praktiken der formativen Beurteilung und die Schwierigkeiten bei der Umsetzung, oft bedingt durch die verbreitete Dominanz der summativen Beurteilung. Beim Verhältnis von formativen zu summativen Beurteilungen scheinen die Unterschiede zwischen den Ländern erheblich zu sein, wie Dolin und Mitarbeitende (2017) feststellen:

- Nicht in allen Ländern ist es üblich und als notwendig erkannt, den Schüler:innen *Ziele und Bewertungskriterien mitzuteilen*, was für Lehrpersonen bedeuten würde, dass sie die Ziele und Kriterien so umzuformulieren hätten, dass sie von den Schüler:innen verstanden werden können.
- Klarheit über den formativen oder summativen Charakter einer Beurteilung? In einigen Ländern erwarten die Schüler:innen und ihre Eltern, dass ihnen mitgeteilt wird, wann eine Schüler:innenarbeit für eine summative Beurteilung verwendet wird. Diese Information wirkt sich auf die Art und Weise aus, wie die Schüler:innen mit einer Aufgabe umgehen; wenn sie einen eher formativen Zweck verfolgt, werden Fehler als etwas angesehen, das dem Lernen förderlich sein kann; wenn jedoch die Aufgabe als summative Beurteilung angesehen wird, werden Fehler so gedeutet, dass ein Lernziel nicht erreicht wurde. Anders ausgedrückt: Wenn die Schüler:innen wissen, dass ihre Arbeiten zur Verbesserung des Lernens verwendet werden, erbringen sie etwas anderes, als wenn sie wissen, dass die Arbeit summativ beurteilt wird. … *Wenn die Schüler:innen wissen, dass ihre Arbeit einen formativen Zweck hat, gehen sie experimenteller, offener und weniger taktisch vor und streben weniger nach Perfektion, nach einer fehlerfreien Arbeit.*
- Ausbalancierte benotete und formative Beurteilung, oder Dominanz des Testens in der täglichen Praxis? Standardisierte Tests und das Niveau der Prüfungsanforderungen haben einen starken Einfluss auf den Unterricht der Lehrpersonen und das Verhalten der Schüler:innen. … Egal wie sehr Lehrpersonen den formativen Zweck einer Beurteilung betonen, das summative Element verschwindet nicht. *Angesichts der heutigen Realitäten in den Bildungssystemen glauben die Schüler:innen nur selten, dass eine Bewertung nur einen formativen Zweck hat* (S. 70–71, Übersetzung und Hervorhebung U.F.).

Man mag dem Konzept der Rückwärtsplanung entgegenhalten, dass sich der ganze Planungsprozess auf die finale Beurteilung ausrichte. Dieser Einwand wurde im Kapitel 4 im Abschnitt „Teaching to the test?“ diskutiert. Dass in den vorherrschenden Bildungssystemen Lehrpersonen verpflichtet sind, Noten zu erteilen, und dass die Noten über Karrieren entscheiden, ist eine Tatsache, in die sich jeder Planungsprozess einfügen muss. Die Rückwärtsplanung strebt im Rahmen dieser Vorgaben lediglich größtmögliche Fairness und Transparenz an. Die Schüler:innen sind über die erwarteten Resultate und deren Erhebungsverfahren bestens informiert, Ungewissheit und Befürchtungen rund um Prüfungen dürften entsprechend eine kleinere Rolle spielen, was die eigentlichen Lernprozesse, auf die es ankommt, entlasten kann.

10.4 Aspekte fairer Beurteilung

Strenge Trennung von formativen und summativen Maßnahmen

Ein heikler Aspekt ist die Unterscheidung zwischen formativer Lernbegleitung und summativer Beurteilung. Die Tatsache, dass formative Diagnosen von den Lehrpersonen laufend durchgeführt werden, kann dazu beitragen, „dass die Unterscheidung zwischen formativen und summativen Zwecken verwischt wird und die Lehrpersonen ihre eigenen laufenden formativen Diagnosen in eine Reihe von ‚Minibeurteilungen' umwandeln, von denen jede im Wesentlichen summativen Charakter hat" (Harlen & James, 1997, S. 365).

Die Vermischung der beiden Formen vergiftet im Grunde das Lernklima; wenn Schüler:innen davon ausgehen müssen, dass alles in die summative Bewertung einfließt, trauen sie sich nicht mehr, Fehler zu machen, und alles Lernen wird zu einer Art umfassender Prüfungssituation. Deshalb ist es so wichtig, dass die Schüler:innen genau wissen: Jetzt werde ich nicht summativ beurteilt, jetzt muss ich meine Fehler nicht verstecken.

Vielfalt der Erwartungen, anspruchsvollere Beurteilungen

Die Erwartungen an die Lernenden sind in den letzten Jahren erheblich gestiegen, und das wahrscheinlich zu Recht: Das Spektrum der aufzubauenden Kompetenzen ist enorm erweitert worden, die Ziele sind komplexer und vernetzender, und überfachliche Kompetenzen haben ihren festen Platz in Lehrplänen (vgl. Kapitel 5). Die Herausforderung für Lehrpersonen besteht darin, neue Verfahren zu entwickeln, um auch diese Bereiche zuverlässig zu beurteilen.

Für die Schüler:innen bedeutet dies, dass es oft nicht mehr ausreicht, etwas bloß zu wissen oder eine Fähigkeit zu beherrschen. Mit den Anforderungen, die die ganze Person betreffen – z.B. ihre Kooperationsfähigkeit, ihre Fähigkeit zur Selbstorganisation, ihre Kreativität – werden die Beurteilungen anspruchsvoller und die Schüler:innen gewissermaßen zu gläsernen Menschen. Das ist nicht unbedingt etwas Schlechtes, aber man muss sich darüber im Klaren sein, dass die Schüler:innen unter diesen veränderten Bedingungen weniger in der Lage sind, sich zu verstecken; fast alles wird in irgendeiner Weise beurteilt.

Mildern des emotionalen Drucks

Die summative Leistungsbeurteilung ist in der Regel eine emotional aufgeladene Angelegenheit; sie kann von so unterschiedlichen Dingen wie Neugier, Frustration, Erleichterung, Versagensangst, Panik, Unverständnis der Eltern, konfliktreichen Diskussionen im Nachgang, Entmutigung und Gefühlen der Überforderung begleitet sein.

Es ist daher eine der wichtigsten bildungspolitischen Errungenschaften seit der Jahrtausendwende, dass versucht wird, die starre summative Leistungsbeurteilung zu reformieren, das Instrumentarium zu erweitern und den emotionalen Druck zu mindern.

Dass summative und benotete Prüfungen insbesondere mit Anspannung und manchmal Angst verbunden sind, ist eine gut erforschte Tatsache (siehe als Beispiel die Box „Prüfungsangst" am Ende des Kapitels). Für die Schüler:innen geht es in solchen Prüfungen nicht mehr ums Lernen, sondern vielmehr darum, eine gut bewertete Leistung zu erbringen. Sie fragen sich weniger: „Was kann ich (noch)?", sondern schauen auf die Bewertung: „War ich gut? Wie viele Punkte habe ich erreicht?" (vgl. nachfolgende Box „Problematische Auswirkungen von Assessment-Konzepten auf Lehrpersonen und Schüler:innen").

Entschärfen summativen Beurteilungsdrucks

Beim summativen Beurteilen möchte die Lehrperson so genau wie möglich herausfinden, wo jede:r im Vergleich zu den erwarteten Ergebnissen steht, die ursprünglich festgelegt wurden, nicht mehr und nicht weniger. Doch die summativen Leistungsüberprüfungen verursachen gerade mit ihrer abschließenden Unabänderlichkeit Unbehagen. Die bisweilen rituellen summativen Beurteilungspraktiken haben darüber hinaus weitere unerwünschte Nebeneffekte. Sie ließen sich durchaus mit einfachen Maßnahmen abmildern, wie im Folgenden gezeigt wird:

- Gesetzt den Fall, eine Prüfung führe zu unbefriedigenden Ergebnissen, so muss es sich nicht unbedingt in schlechten Noten niederschlagen. Die Lehrperson kann eine rationalere Entscheidung treffen: *Sie verzichtet auf eine Benotung, und die Schüler:innen befassen sich erneut mit der Thematik.* Der Sinn des ganzen Unterfangens ist es ja nicht, um jeden Preis zu einer Bewertung in Form einer Note zu gelangen, sondern die Schüler:innen zu Kompetenzen und Leistungen zu führen, die den erwarteten Resultaten entsprechen.
- Obschon eine weitere Prüfung mit zusätzlichem Aufwand verbunden ist, liegen die Vorteile auf der Hand: Die Schüler:innen befassen sich erneut

mit dem Lerngegenstand, und die Noten fallen vermutlich besser aus – eine Win-win-Situation. Damit hat die erste Prüfung einen eher formativen Charakter angenommen, und der Beurteilungsdruck sowohl für Lehrperson als auch für Schüler:innen ist ein Stück weit entschärft. Der Überprüfungsprozess war also streng summativ, aber der Lehrer interpretiert die Ergebnisse formativ und gibt den Schüler:innen eine weitere Chance, Fortschritte zu machen.

Mehr zu dieser Problematik findet sich im Anhang 3 und Anhang 2, Punkt 11.

Fairness: keine als ungerecht empfundenen Beurteilungen

Die summative Beurteilung ist selten ein eigentliches Prüfverfahren, das wissenschaftlichen Qualitätskriterien entspricht, aber die *Grundsätze eines fairen Beurteilungsverfahrens* gelten natürlich trotzdem in vollem Umfang. Das Missachten der Fairness von Beurteilungsverfahren verursacht großen Schaden auf allen Ebenen. Deshalb sind die wichtigsten der allgemein anerkannten und unbedingt umzusetzenden Grundsätze kurz zusammengefasst:

Kriterium	Beschreibung
Objektivität: keine Zufälligkeiten	Das Verfahren darf einzelne Schüler:innen weder bevorzugen noch benachteiligen und sollte Zufälligkeiten so weit wie möglich ausschließen.
Transparenz: Alles wird offengelegt	Die Schüler:innen müssen über das Verfahren informiert werden und darüber, ob es sich um eine formative oder summative Beurteilung handelt.
Reliabilität: Nur die bereits bekannten Kriterien gelten	Die Beurteilungskriterien und -verfahren gelten für alle Schüler:innen, d.h., vergleichbare Leistungen werden nicht willkürlich unterschiedlich bewertet. Das bedeutet, dass die kriteriale Norm gilt, die ausschließlich sachbezogenen Kriterien folgt und keinen Quervergleich mit der Klasse oder Längsvergleich mit früheren Leistungen einbezieht.
Validität: Es wird nur geprüft, was vereinbart wurde	Die von der Lehrperson kommunizierten Absichten stimmen mit den verwendeten Kriterien überein, d.h., es wird nur das beurteilt, was ursprünglich als Absicht formuliert wurde. Bei Verwendung der von Beginn weg bekannten Referenzaufgaben ist die Validität in hohem Maß gewährleistet.

Selbsteinschätzung: meist genauer als man denkt

Ein Wort zur Integration von Selbstbeurteilungen: Von den Schüler:innen wird erwartet, dass sie sich zunehmend ihrer eigenen Fortschritte und Lerndefizite bewusst werden und ihr Lernen selbst steuern können. Schüler:innen wissen in der Regel recht genau, wo sie stehen, und können ihre Leistungen, Lücken und ihr Potenzial gut einschätzen. Realistische Selbsteinschätzung ist lernbar, und sie ist wichtig für die (Selbst-)Steuerung des Lernprozesses.

Wenn die Selbsteinschätzung jedoch sinnvoll in die summative Beurteilung einbezogen werden soll – einfach ausgedrückt: Wenn die Schüler:innen über ihre Noten mitbestimmen können –, muss es klare Vereinbarungen geben, klare Verfahren und Kriterien und vor allem keine Vermischung von formativer und summativer Selbsteinschätzung.

Es ist ungünstig für die Motivation, wenn Selbst- und Fremdeinschätzung auf Dauer auseinanderklaffen (vgl. z.B. Hellmich, 2011). Damit steigt die Gefahr, dass die Betroffenen aufgeben und in der Anstrengung keinen Sinn mehr sehen. Idealerweise sollten Lehrperson und Schüler:in daher zu einer *einvernehmlichen Einschätzung* kommen.

Durchführung formeller Prüfungen – ein besonderer Fall

Schriftliche summative Prüfungen sind kein sehr verlässliches Maß für den tatsächlichen Lernstand, weil sich das Interesse und die Emotionen allzu sehr auf die Bewertung richten und situative Verzerrungen trotz oder gerade wegen des Bemühens um Objektivität häufig vorkommen. Prüfungen binden zudem viel Zeit für Vorbereitung, Durchführung, Maßnahmen gegen das Schummeln sowie Korrektur und Nachbesprechung; letztere ist grundsätzlich ineffektiv, weil das Interesse der Schüler:innen am Lernstoff nachlässt und sie hauptsächlich an der Bewertung der eigenen Leistung interessiert sind.

Der Anhang 3 „Prüfungen: fair, zuverlässig, flexibel, angstfrei" stellt das Problem dar und zeigt zahlreiche Varianten und Alternativen, um die ungünstigen Auswirkungen von Prüfungen zu mildern oder zu überwinden.

Weiterführende Informationen

Prüfungsangst

Eine:r von sechs Sekundarschüler:innen in England hat große Prüfungsangst

Der folgende Auszug aus einer großen englischen Studie gibt einen Einblick in das Ausmaß der Prüfungsangst.

> Die Teilnehmenden an dieser Studie waren 2435 Schüler:innen der Sekundarstufe. [...] Insgesamt gaben 16,4 % der Schüler:innen an, starke Prüfungsangst zu haben, wobei 22,5 % der Schüler*innen* starke Prüfungsangst angaben, verglichen mit nur 10,3 % der männlichen. [...] [Dieses] Ergebnis ist an sich schon ein Grund zur Sorge. Schüler:innen mit hoher Prüfungsangst neigen dazu, schlechtere Leistungen zu erbringen als ihre Kolleg:innen mit weniger Prüfungsangst, unabhängig von ihrem Fähigkeitsniveau, und die Prüfungsangst steht in Zusammenhang mit einer Reihe anderer Variablen, die auf ein Abkoppeln in der Schule oder beim Lernen hinweisen. (Putwain & Daly, 2014, S. 564–565)

Was können Lehrpersonen bei Prüfungsangst tun?

Auch wenn sich die meisten Lehrpersonen des Problems der Prüfungsangst der Schüler:innen bewusst sind, ist vielen nicht klar, welche Strategien angemessen sind:

> Schon lange verstehen Lehrkräfte, dass sie Ängste von Schülern ernst nehmen müssen. Leider reagieren Lehrkräfte häufig auf Ängste aber damit, dass sie die Kinder „schonen" – ihnen also erlauben, den angstbesetzten Situationen auszuweichen. Sinnvoller ist es, den Kindern beizustehen, die angstbesetzten Situationen zu bewältigen.
> Darüber hinaus kann man als Lehrkraft beitragen, dass Schulsituationen weniger Angst auslösen, [...] durch Vorhersehbarkeit und Planbarkeit und [...] durch Verlässlichkeit bzw. Beziehungsangebot. (Schuster, 2017, S. 179)

11 Nachwort

Was ist der Plan?

Planen bedeutet, einen Plan, eine Strategie zu haben: Der Trainer hat einen Plan, um das Spiel zu gewinnen. Die Werbefachfrau hat einen Plan, um neue Kunden zu gewinnen. Der Dirigent hat einen Plan, wie er das Orchester am besten klingen lässt. Die Ingenieurin hat einen Plan für ein innovatives Produkt.

Und was ist der Plan der Lehrperson? Der Plan handelt davon, die Schüler:innen zu Erfolgen zu führen: Zuerst einmal, dass sie Erfahrungen machen, mit neuen Dingen in Berührung kommen, Erfolgserlebnisse haben, Fortschritte machen, kooperieren, Hilfe bekommen, wenn sie sie brauchen, sich verstanden fühlen, aber auch: dass sie aus ihrer Komfortzone geholt und herausgefordert werden, mit Konfliktsituationen und Frustrationen umzugehen lernen. Und auch dies ist nur ein Ausschnitt dessen, was die jungen Menschen erwartet angesichts der anspruchsvollen und weitgefächerten Bildungsziele, die die Gesellschaft setzt und für deren Erreichen Lehrpersonen einen Großteil der Verantwortung tragen.

Doch manchmal gerät der zentrale Plan aus dem Blickfeld. Lehrpersonen und Lehramtsstudierende beschäftigen sich mit vielen anderen Dingen, die diesen Kern des Lehrberufs umkreisen. Manche Lehrpersonen klagen, dass sie zunehmend von ihrem „Kerngeschäft" abgehalten würden. Studierende klagen, dass sie den Lehrberuf erlernen wollen und das Gefühl bekommen, sich mit Dingen befassen zu müssen, die mit diesem Berufswunsch kaum etwas zu tun haben.

Gewiss engagieren sich letztlich alle für Bildung, die vielen Fachleute der Hochschulen, der Behörden, der Schulleitungen, doch es ist nicht von der Hand zu weisen, dass die peripheren Dinge den eigentlichen Zweck des Lehrberufs zu überschatten drohen und Energie absorbieren, die den Lehrpersonen fehlt, um die jungen Menschen besser voranzubringen.

Die Absicht dieses Buchs ist es, den eigentlichen Plan für den Unterricht freizulegen, der im Grunde eine Strategie für *erfolgreichen* Unterricht sein muss. Im Mittelpunkt steht die Frage, wie den Schüler:innen zu Erfolg (im allgemeinstem Sinn) zu verhelfen ist. Vom Ende her, d. h. vom Nutzen für Lernen und Fortschritt der Schüler:innen, ist es einfacher zu erkennen, was denn zu einem schlanken und wirkungsvollen Plan beiträgt und was weniger, welche Elemente wichtig oder überflüssig sind, welche Verfahrensweisen zielführend oder redundant. Ein aufgeräumter Planungsprozess kann nicht nur wirkungsvolleren Unterricht einleiten, sondern auch Energien freisetzen, die die Lehrpersonen zum Wohle der Schüler:innen einsetzen können.

12 Literatur

Aebli, H. (1951). *Didactique psychologique: application à la didactique de la psychologie de Jean Piaget*. Neuchâtel: Delachaux et Niestlé.

Aebli, H. (1983). *Zwölf Grundformen des Lernens. Eine Allgemeine Didaktik auf psychologischer Grundlage*. Stuttgart: Klett.

Anderson, L. W. & Krathwohl, D. R. (Hrsg.). (2001). *A taxonomy for learning, teaching, and assessing: A revision of Bloom's taxonomy of educational objectives*. New York: Addison Wesley Longman.

Andersson, H., Jönsson, H. & Axäter, S. (1980). A Simulation Study of Hierarchical Production-Inventory Control. *OR Spectrum, 2*, 79–89. https://doi.org/10.1007/BF01720376

Andrade, H. & Valtcheva, A. (2009). Promoting Learning and Achievement Through Self-Assessment. *Theory into Practice, 48*(1), 12–19. https://doi.org/ 10.1080/00405840802577544

Angelo, T. A. & Cross, K. P. (1993). *Classroom assessment techniques: A handbook for college teachers* (2. Aufl.). San Francisco: Jossey-Bass.

Bacharach, N. L., Heck, T. W. & Dahlberg, K. R. (2010). Changing the Face of Student Teaching through Coteaching. *Action in Teacher Education, 32*(1), 3–14. https://doi.org/10.1080/01626620.2010.10463538

Ball, D. L. & Forzani, F. M. (2009). The Work of Teaching and the Challenge for Teacher Education. *Journal of Teacher Education, 60*(5), 497–511. https://doi.org/10.1177/0022487109348479

Baumert, J. & Kunter, M. (2006). Stichwort: Professionelle Kompetenz von Lehrkräften. *Zeitschrift für Erziehungswissenschaft, 9*(4), 469–520. https://doi.org/10.1007/s11618-006-0165-2

Becker, G. E. (2007). *Unterricht planen*. Weinheim: Beltz.

Beers, J. S. (2009). Negotiating the transition between different teaching contexts through shared responsibility and shared reflection. *Cultural Studies of Science Education, 4*(2), 443–447. https://doi.org/10.1007/s11422-008-9153-6

Berg, C. & Clough, M. P. (1991). Hunter lesson design: The wrong one for science teaching. *Educational Leadership, 46*(4).

Berliner, D. C. (2001). Learning about and learning from expert teachers. *International Journal of Educational Research, 35*(5), 463–482.

Berliner, D. C. (2004). Describing the Behavior and Documenting the Accomplishments of Expert Teachers. *Bulletin of Science, Technology & Society, 24*(3), 200–212.

Biggs, J. (1996). Enhancing teaching through constructive alignment. *Higher Education, 32*(3), 347–364. https://doi.org/10.1007/BF00138871

Biggs, J. & Collis, K. (1982). *Evaluating the quality of learning: The SOLO Taxonomy*. New York: Academic Press.

Biggs, J. & Tang, C. (2011). *Teaching for Quality Learning at University: What the Student Does* (4. Aufl.). Maidenhead: Open University Press.

Black, P. (2015). Formative assessment – an optimistic but incomplete vision. *Assessment in Education: Principles, Policy & Practice, 22*(1), 161–177. https://doi.org/10.1080/0969594X.2014.999643

Black, P. & Wiliam, D. (1998). Inside the Black Box: Raising Standards through Classroom Assessment. *Phi Delta Kappan, 80*(2), 139–148.

Bloom, B. S., Engelhart, M. D., Frust, E. J., Hill, W. H. & Krathwohl, D. R. (1956). *Taxonomy of educational objectives. Handbook I: Cognitive domain*. New York: McKay.

Blum, W., Krauss, S. & Neubrand, M. (2011). COACTIV – Ein mathematikdidaktisches Projekt? In M. Kunter, J. Baumert, W. Blum, U. Klusmann, S. Krauss & M. Neubrand (Hrsg.), *Professionelle Kompetenz von Lehrkräften: Ergebnisse des Forschungsprogramms COACTIV* (S. 329–343). Münster: Waxmann.

Blumenfeld, P. C., Kempler, T. M. & Krajcik, J. S. (2005). Motivation and Cognitive Engagement in Learning Environments. In R. K. Sawyer (Hrsg.), *The Cambridge Handbook of the Learning Sciences* (S. 475–488). Cambridge: Cambridge University Press. https://doi.org/10.1017/CBO9780511816833.029

Borko, H. & Livingston, C. (1989). Cognition and Improvisation: Differences in Mathematics Instruction by Expert and Novice Teachers. *American Educational Research Journal, 26*, 473–498. https://doi.org/10.3102/00028312026004473

Bowers, L. V. (1971). *Lessons Learned*. San Francisco: Department of the Army.

Breidenstein, G. (2009). Allgemeine Didaktik und praxeologische Unterrichtsforschung. In M. A. Meyer, M. Prenzel & S. Hellekamps (Hrsg.), *Perspektiven der Didaktik* (S. 201–215). Wiesbaden: VS. https://doi.org/10.1007/978-3-531-91775-7_14

Bromme, R. (1981). *Das Denken von Lehrern bei der Unterrichtsvorbereitung: Eine empirische Untersuchung zu kognitiven Prozessen von Mathematiklehrern*. Weinheim: Beltz.

Bromme, R. (1986). Die alltägliche Unterrichtsvorbereitung des (Mathematik-)Lehrers im Spiegel empirischer Untersuchungen. Zur anderen Hälfte des Arbeitstages. *Journal für Mathematikdidaktik, 7*(1), 3–22. https://doi.org/10.1007/BF03338690

Bromme, R. (1992/2014). *Der Lehrer als Experte: Zur Psychologie des professionellen Wissens*. Münster: Waxmann.

Bromme, R. (1997). Kompetenzen, Funktionen und unterrichtliches Handeln des Lehrers. In F. E. Weinert (Hrsg.), *Enzyklopädie der Psychologie D/I/3. Psychologie des Unterrichts und der Schule*. Göttingen: Hogrefe.

Brophy, J. E. & Good, T. L. (1986). Teacher behaviour and student achievement. In M. C. Wittrock (Hrsg.), *Handbook of research on teaching* (3. Aufl., S. 328–375). New York: Macmillian.

Budde, J. (2013). Didaktische Regime: Zettelwirtschaft zwischen Differenzstrukturen, Homogenisierung und Individualisierung. In J. Budde (Hrsg.), *Unscharfe Einsätze: (Re-)Produktion von Heterogenität im schulischen Feld* (S. 169–186). Wiesbaden: Springer VS. https://doi.org/10.1007/978-3-531-19039-6_8

Causton-Theoharis, J. N., Theoharis, G. T. & Trezek, B. J. (2008). Teaching pre-service teachers to design inclusive instruction: A lesson planning template. *International Journal of Inclusive Education, 12*(4), 381–399. https://doi.org/10.1080/13603110601156509

Cooper, J. M. & Allen, D. W. (1970). *Microteaching: History and resent status*. Washington DC: Eric.

Cramer, C. (2012). *Entwicklung von Professionalität in der Lehrerbildung: Empirische Befunde zu Eingangsbedingungen, Prozessmerkmalen und Ausbildungserfahrungen Lehramtsstudierender*. Bad Heilbrunn: Klinkhardt.

Cross, T. & Palese, K. (2015). Increasing Learning: Classroom Assessment Techniques in the Online Classroom. *American Journal of Distance Education, 29*(2), 98–108. https://doi.org/10.1080/08923647.2015.1023594

Darling-Hammond, L., Newton, S. P. & Wei, R. C. (2013). Developing and assessing beginning teacher effectiveness: The potential of performance assessments. *Educational Assessment, Evaluation and Accountability, 25*(3), 179–204. https://doi.org/10.1007/s11092-013-9163-0

D-EDK (Hrsg.) (2016). *Lehrplan 21: Gesamtausgabe*. Luzern: D-EDK.

Dewey, J. (1902). *The Child and the Curriculum*. Chicago: University of Chicago Press.

Dolin, J., Black, P., Harlen, W. & Tiberghien, A. (2017). Exploring Relations Between Formative and Summative Assessment. In J. Dolin & R. Evans (Hrsg.), *Transforming Assessment Through an Interplay Between Practice, Research and Policy* (S. 53–80). Cham: Springer. https://doi.org/10.1007/978-3-319-63248-3_3

Doran, G. T. (1981). There's a S.M.A.R.T. way to write management's goals and objectives. *Management Review, 70*(11), 35–36.

Dumont, H. (2019). Neuer Schlauch für alten Wein? Eine konzeptuelle Betrachtung von individueller Förderung im Unterricht. *Zeitschrift für Erziehungswissenschaft, 22*(2), 249–277. https://doi.org/10.1007/s11618-018-0840-0

EDK. (2011). *Nationale Bildungsstandards: Grundkompetenzen für die Mathematik*. Bern: Erziehungsdirektorenkonferenz EDK.

Estaire, S. & Zanón, J. (1990). El diseño de unidades didácticas en L2 mediante tareas: Principios y desarrollo. *Comunicación, Lenguaje y Educación, 2*(7-8), 55–90. https://doi.org/10.1080/02147033.1990.10820942

Estaire, S. & Zanón, J. (1994). *Planning Classwork: A task based approach*. Oxford: Macmillan Heinemann.

Fraefel, U. (2011). Vom Praktikum zur Arbeits- und Lerngemeinschaft: Partnerschulen für Professionsentwicklung. *Journal für Lehrerinnen- und Lehrerbildung, 11*(3), 26–33.

Fraefel, U. (2012). Berufspraktische Studien und Schulpraktika: Der Stand der Dinge und zwei Neuorientierungen. *Beiträge zur Lehrerinnen- und Lehrerbildung, 30*(2), 127–152.

Fraefel, U. (2020). *Praktiken professioneller Lehrpersonen: Mit dem Aufbau zentraler Praktiken zu erfolgreichem Handeln im Unterricht*. Bern: hep-Verlag.

Fraefel, U. (2022). Mittels Kernpraktiken zu professionellem Unterrichten. *Journal für Lehrer/innenbildung, 22*(2), 16–29. https://doi.org/10.35468/jlb-03-2022-01

Fraefel, U., Bernhardsson-Laros, N. & Bäuerlein, K. (2017). Partnerschaftliches Lehren und Lernen angehender und erfahrener Lehrpersonen im Schulfeld: Aufbau von Professionswissen mittels Peer-to-Peer- Mentoring in lokalen Arbeits- und Lerngemeinschaften. *Lehrerbildung auf dem Prüfstand, 9*(1), 30–49.

Friesen, N. (2010). Lesson planning: Ango-american perspectives. *Bildung und Erziehung, 63*(4), 417–430. https://doi.org/10.7788/bue.2010.63.4.417

Fuchs, E., Niehaus, I. & Stoletzki, A. (2014). *Das Schulbuch in der Forschung: Analysen und Empfehlungen für die Bildungspraxis*. Göttingen: V&R Unipress. https://doi.org/10.14220/9783737003858

Fuller, F. F. & Bown, O. H. (1975). Becoming a teacher. In K. Ryan (Hrsg.), *Teacher Education: 74th Yearbook of the National Society for the Study of Education* (Vol. II, S. 25–52). Chicago: University of Chicago Press.

Futter, K., Arnold, J., Bannwart, A., Bütler, M., Ineichen, G. & Zimmermann, U. (2022). *Kompetenzorientierte Unterrichtsplanung: Fachdossier*. Schwyz: Pädagogische Hochschule Schwyz.

Gagné, R. M. (1974). *Essentials of Learning for Instruction*. Hinsdale: Dryden.

Gagné, R. M., Briggs, L. J. & Wager, W. W. (1992). *Principles of instructional design* (4. Aufl.). New York: Holt, Rinehart and Winston.

Gamson, D. A., Eckert, S. A. & Anderson, J. (2019). Standards, instructional objectives and curriculum design: A complex relationship. *Phi Delta Kappan, 100*(6), 8-12. https://doi.org/10.1177/0031721719834022

Gassmann, C. (2013). *Erlebte Aufgabenschwierigkeit bei der Unterrichtsplanung: Eine qualitativ-inhaltsanalytische Studie zu den Praktikumsphasen der universitären Lehrerbildung*. Wiesbaden: Springer VS. https://doi.org/10.1007/978-3-658-00243-5

Goldhaber, D., Cowan, J. & Theobald, R. (2016). *Evaluating Prospective Teachers: Testing the Predictive Validity of the edTPA. Working Paper 157*. Washington DC: CALDER American Institutes for Research.

Grell, J. & Grell, M. (1979/2010). *Unterrichtsrezepte* (12. Aufl.). Weinheim: Beltz.

Grossman, P. (Hrsg.) (2018). *Teaching Core Practices in Teacher Education*. Cambridge MA: Harvard Education Press.

Grossman, P., Hammerness, K. & McDonald, M. (2009). Redefining teaching, reimagining teacher education. *Teachers and Teaching: Theory and Practice, 15*(2), 273–289. https://doi.org/10.1080/13540600902875340

Guise, M., Habib, M., Thiessen, K. & Robbins, A. (2017). Continuum of co-teaching implementation: Moving from traditional student teaching to co-teaching. *Teaching & Teacher Education, 66*, 370–382. https://doi.org/10.1016/j.tate.2017.05.002

Haag, L. & Streber, D. (2017). Unterrichtsvorbereitung bei Lehrkräften: Ein Thema?, wenn ja, für alle in gleicher Weise? In S. Wernke & K. Zierer (Hrsg.), *Die Unterrichtsplanung: Ein in Vergessenheit geratener Kompetenzbereich?! Status Quo und Perspektiven aus Sicht der empirischen Forschung* (S. 161–177). Bad Heilbrunn: Klinkhardt.

Haas, A. (1998). *Unterrichtsplanung im Alltag: Eine empirische Untersuchung zum Planungshandeln von Hauptschul-, Realschul- und Gymnasiallehrern*. Regensburg: Roderer.

Haas, A. (2005). Unterrichtsplanung im Alltag von Lehrerinnen und Lehrern. In A. A. Huber (Hrsg.), *Vom Wissen zum Handeln: Ansätze zur Überwindung der Theorie-Praxis-Kluft in Schule und Erwachsenenbildung* (S. 5–19). Tübingen: Ingeborg Huber.

Harlen, W. & James, M. (1997). Assessment and Learning: Differences and relationships between formative and summative assessment. *Assessment in Education: Principles, Policy & Practice, 4*(3), 365–379. https://doi.org/10.1080/0969594970040304

Harrison, C., Constantinou, C. P., Correia, C. F., Grangeat, M., Hähkiöniemi, M., Livitzis, M., … & Viiri, J. (2018). Assessment On-the-Fly: Promoting and Collecting Evidence of Learning Through Dialogue. In J. Dolin & R. Evans (Hrsg.), *Transforming Assessment Through an Interplay Between Practice, Research and Policy* (S. 83–107). Cham: Springer. https://doi.org/10.1007/978-3-319-63248-3_4

Hascher, T. (2011). Vom „Mythos Praktikum" … und der Gefahr verpasster Lerngelegenheiten. *Journal für Lehrer/innenbildung, 11*(3), 6–18.

Hascher, T. (2012). Lernfeld Praktikum. Evidenzbasierte Entwicklungen in der Lehrer/innenbildung. *Zeitschrift für Bildungsforschung, 2*(2), 109–129. https://doi.org/10.1007/s35834-012-0032-6

Hatch, L. & Clark, S. K. (2021). A study of the instructional decisions and lesson planning strategies of highly effective rural elementary school teachers. *Teaching and Teacher Education, 108*, 103505. https://doi.org/10.1016/j.tate.2021.103505

Hellmich, F. & Günther, F. (2011). Entwicklung von Selbstkonzepten bei Kindern im Grundschulalter: ein Überblick. In F. Hellmich (Hrsg.), *Selbstkonzepte im Grundschulalter: Modelle, empirische Ergebnisse, pädagogische Konsequenzen* (S. 17–46). Stuttgart: Kohlhammer.

Herzog, W. (1999). Professionalisierung im Dilemma. Braucht die Lehrerinnen- und Lehrerbildung eine eigene Wissenschaft? *Beiträge zur Lehrerbildung, 17*(3), 340–374.

Hume, A., Cooper, R. & Borowski, A. (Hrsg.). (2019). *Repositioning Pedagogical Content Knowledge in Teachers' Knowledge for Teaching Science*. Singapore: Springer. https://doi.org/10.1007/978-981-13-5898-2

Hunter, M. (1994). *Enhancing Teaching*. New York: Macmillan.

Jank, W. & Meyer, H. (1991). *Didaktische Modelle*. Frankfurt a.M.: Cornelsen.

Jank, W. & Meyer, H. (2018). *Didaktische Modelle* (12. Aufl.). Frankfurt a.M.: Cornelsen.

Janssen, F., Grossman, P. & Westbroek, H. (2015). Facilitating decomposition and recomposition in practice-based teacher education: The power of modularity. *Teaching and Teacher Education*, 51, 137–146. https://doi.org/10.1016/j.tate.2015.06.009

John, P. D. (2006). Lesson planning and the student teacher: re-thinking the dominant model. *Curriculum Studies, 38*(4), 483–498. https://doi.org/10.1080/00220270500363620

Kiel, E. (2019). Aufgabenkultur in der (Grund-)Schule. *Zeitschrift für Grundschulforschung, 12*(1), 117–133. https://doi.org/10.1007/s42278-019-00044-9

Kilpatrick, W. H. (1918). The Project Method. *Teachers College Record, 19*, 319–334. https://doi.org/10.1177/016146811801900404

Kiper, H. & Mischke, W. (2009). *Unterrichtsplanung*. Weinheim: Beltz.

Klafki, W. (1986). *Neue Studien zur Bildungstheorie und Didaktik: Zeitgemässe Allgemeinbildung und kritisch-konstruktive Didaktik* (5., unveränd. Aufl.). Weinheim: Beltz.

Kleinknecht, M. (2019). Aufgaben und Aufgabenkultur. *Zeitschrift für Grundschulforschung, 12*(1), 1–14. https://doi.org/10.1007/s42278-018-00035-2

Kleinknecht, M., Bohl, T., Maier, U. & Metz, K. (2011). Aufgaben und Unterrichtsplanung. In K. Zierer (Hrsg.), *Jahrbuch für Allgemeine Didaktik 2011* (S. 1–16). Hohengehren: Schneider.

Kleinknecht, M., Broß, I., Prinz-Weiß, A. & Nückles, M. (2022). „Ich kann Schüler*innen beim Erschließen von Fachtexten anleiten“: Ein Training zum Erlernen einer Kernpraktik. *Journal für LehrerInnenbildung*, 22(3), 74–85. https://doi.org/10.35468/jlb-03-2022-05

Kleinknecht, M., Krammer, K. & Seel, A. (Hrsg.). (2022). Core Practices [Sonderheft]. *Journal für LehrerInnenbildung, 22*(3).

Klieme, E., Avenarius, H., Blum, W., Döbrich, P., Gruber, H., Prenzel, M., … & Vollmer, H. J. (2003). *Zur Entwicklung nationaler Bildungsstandards: Eine Expertise.* Bonn: Bundesministerium für Bildung und Forschung.

Klinzing, H. G. (2002). Wie effektiv ist Microteaching? Ein Überblick über fünfunddreißig Jahre. *Zeitschrift für Pädagogik, 48*(2), 194–214.

KMK. (2004). *Bildungsstandards im Fach Deutsch für den Primarbereich.* München: Luchterhand.

KMK. (2022). *Bildungsstandards für das Fach Mathematik: Erster Schulabschluss (ESA) und Mittlerer Schulabschluss (MSA).* Berlin: Sekretariat KMK.

Koch-Priewe, B. (1997). Grundlegung einer Didaktik der Lehrerbildung: Der Beitrag der wissenspsychologischen Professionsforschung und der humanistischen Pädagogik. In M. Bayer, U. Carle & J. Wildt (Hrsg.), *Brennpunkt Lehrerbildung: Strukturwandel und Innovationen im europäischen Kontext* (S. 139–163). Opladen: Leske und Budrich. https://doi.org/10.1007/978-3-322-95815-0_7

König, J., Buchholtz, C. & Dohmen, D. (2015). Analyse von schriftlichen Unterrichtsplanungen: Empirische Befunde zur didaktischen Adaptivität als Aspekt der Planungskompetenz angehender Lehrkräfte. *Zeitschrift für Erziehungswissenschaft, 18*, 375–404. https://doi.org/10.1007/s11618-015-0625-7

König, J. & Rothland, M. (2022). Stichwort Unterrichtsplanungskompetenz: Empirische Zugänge und Befunde. *Zeitschrift für Erziehungswissenschaft, 25*, 771–813. https://doi.org/10.1007/s11618-022-01107-x

Kron, F. W., Jürgens, E. & Standop, J. (2014). *Grundwissen Didaktik* (6., überarb. Aufl.). München: Reinhardt. https://doi.org/10.36198/9783838585758

Kruger, J. & Dunning, D. (1999). Unskilled and unaware of it. How difficulties in recognizing one's own incompetence lead to inflated self-assessments. *Journal of Personality and Social Psychology, 77*(6), 1121–1134. https://doi.org/10.1037/0022-3514.77.6.1121

Künzli, R. (2010). Lehrpläne, Bildungsstandards und Kompetenzmodelle: Eine problematische Vermischung von Funktionen. *Beiträge zur Lehrerbildung, 28*(3), 440–452.

Lipowksy, F. (2021). Unterricht. In E. Wild & J. Möller (Hrsg.), *Pädagogische Psychologie* (3 Aufl., S. 69–118). Berlin, Heidelberg: Springer. https://doi.org/10.1007/978-3-662-61403-7_4

Lipowsky, F. & Hess, M. (2019). Warum es manchmal hilfreich sein kann, das Lernen schwerer zu machen: Kognitive Aktivierung und die Kraft des Vergleichens. In K. Schöppe & F. Schulz (Hrsg.), *Kreativität & Bildung – Nachhaltiges Lernen* (S. 77–132). München: kopaed.

Mager, R. F. (1962). *Preparing Instructional Objectives.* Fearon: Palo Alto.

Mager, R. F. (1983). *Lernziele und Unterricht* (Unveränd. Neuausg. nach der Ausg. von 1977). Weinheim: Beltz.

Maier, U., Kleinknecht, M., Metz, K. & Bohl, T. (2010). Ein allgemeindidaktisches Kategoriensystem zur Analyse des kognitiven Potenzials von Aufgaben. *Beiträge zur Lehrerbildung, 28*(1), 85–96.

Martin-Raugh, M. P., Steinberg, J. H., Reese, C. M., Xu, J. & Tannenbaum, R. J. (2016). *Investigating the Relevance and Importance of High-Leverage Practices for Beginning Elementary School Teachers.* Princeton: Educational Testing Service.

Mayer, R. E. (2004). Should There Be a Three-Strikes Rule Against Pure Discovery Learning? The Case for Guided Methods of Instruction. *American Psychologist, 59*(1), 14–19. https://doi.org/10.1037/0003-066X.59.1.14

McDonald, J. P. (1992). Dilemmas of Planning Backwards: Rescuing a Good Idea. *Teachers College Record, 94*(1), 152–169. https://doi.org/10.1177/016146819209400103

Meyer, H. (2018). *Leitfaden Unterrichtsvorbereitung* (9. Aufl.). Berlin: Cornelsen.

Möller, C. (1986). Die curriculare Didaktik, oder: Der lernzielorientierte Ansatz. In H. Gudjons, R. Teske & R. Winkel (Hrsg.), *Didaktische Theorien* (S. 62–77). Hamburg: Bergmann & Helbig.

Moser Opitz, E., Maag Merki, K., Pfaffhauser, R., Stöckli, M. & Garrote, A. (2021). Die Wirkung von unterschiedlichen Formen von co-teaching auf die von den Schülerinnen und Schülern wahrgenommene Unterrichtsqualität in inklusiven Klassen. *Unterrichtswissenschaft, 49*(3), 443–466. https://doi.org/10.1007/s42010-021-00103-0

Munthe, E. & Conway, P. F. (2017). Evolution of research on teachers' planning: Implications for teacher education. In D. J. Clandinin & J. Husu (Hrsg.), *SAGE Handbook of Research on Teacher Education.* Thousand Oaks CA: Sage. https://doi.org/10.4135/9781526402042.n48

Murawski, W. W. & Hughes, C. E. (2009). Response to Intervention, Collaboration, and Co-Teaching: A Logical Combination for Successful Systemic Change. *Preventing School Failure, 53*(4), 267–277. https://doi.org/10.3200/PSFL.53.4.267-277

Murphy, C. & Scantlebury, K. (Hrsg.). (2010). *Coteaching in International Contexts. Research and Practice.* Dordrecht: Springer. https://doi.org/10.1007/978-90-481-3707-7

Neuweg, G. H. (2022). *Lehrerbildung: Zwölf Denkfiguren im Spannungsfeld von Wissen und Können.* Münster: Waxmann. https://doi.org/10.1007/978-3-658-24729-4_62

Oelkers, J. (2009). Lehrerbildung an der Pädagogischen Hochschule zwischen Wissenschaft, Politik und Gesellschaft. Festvortrag anlässlich des Hochschultages der Pädagogischen Hochschule Weingarten am 20. November 2009.

Oelkers, J. (2017). Jenseits von „Theorie oder Praxis": Zur Reform der Lehrerbildung. Vortrag auf der Tagung „Schule zukunftstauglich machen!" am 13. Februar 2017 in Hannover.

Oelkers, J. & Reusser, K. (2008). *Qualität entwickeln – Standards sichern – mit Differenz umgehen.* Berlin: BMBF.

Ornstein, A. C. (1997). How Teachers Plan Lessons. *The High School Journal, 80*(4), 227–237.

Pietarinen, J., Soini, T. & Pyhältö, K. (2014). Students' emotional and cognitive engagement as the determinants of well-being and achievement in school. *International Journal of Educational Research, 67*, 40–51. https://doi.org/10.1016/j.ijer.2014.05.001

Press, H. J. (2004). *Spiel, das Wissen schafft.* Ravensburg: Ravensburger.

Priemer, B. & Roth, J. (Hrsg.). (2020). *Lehr-Lern-Labore: Konzepte und deren Wirksamkeit in der MINT-Lehrpersonenbildung*. Berlin, Heidelberg: Springer. https://doi.org/10.1007/978-3-662-58913-7

Putwain, D. & Daly, A. L. (2014). Test anxiety prevalence and gender differences in a sample of English secondary school students. *Educational Studies, 40*(5), 554–570. https://doi.org/10.1080/03055698.2014.953914

Redfield, D. L. & Rousseau, E. W. (1981). A Meta-Analysis of Experimental Research on Teacher Questioning Behavior. *Review of Educational Research, 51*(2), 237–245. https://doi.org/10.3102/00346543051002237

Rose, E. D. (1962). Screen Writing and the Delicate Art of Persuasion. *Journal of the University Film Producers Association, 14*(2), 8–10, 23.

Roth, W.-M. & Tobin, K. (2004). Coteaching: From praxis to theory. *Teachers and Teaching: Theory and Practice, 10*(2), 161–180. https://doi.org/10.1080/0954025032000188017

Rothland, M. (2018). Yes, we can! Anmerkungen zur trügerischen „Kompetenzentwicklung“ von Lehramtsstudierenden im Praxissemester. *Beiträge zur Lehrerinnen- und Lehrerbildung, 36*(3), 482–495. https://doi.org/10.25656/01:19057

Ruf, U. & Gallin, P. (2014). *Dialogisches Lernen in Sprache und Mathematik* (2 Bde., 5. Aufl.). Seelze-Velber: Kallmeyer.

Samuda, V. & Bygate, M. (2008). *Tasks in Second Language Learning*. New York: Palgrave Macmillan.

Sawyer, R. K. (2004). Creative Teaching: Collaborative Discussion as Disciplined Improvisation. *Educational Researcher, 33*(2), 12–20. https://doi.org/10.3102/0013189X033002012

Scantlebury, K., Gallo-Fox, J. & Wassell, B. (2008). Coteaching as a model for preservice secondary science teacher education. *Teaching and Teacher Education, 24*(4), 967-981. https://doi.org/10.1057/9780230596429

Schmidinger, E., Hofmann, F. & Stern, T. (2016). Leistungsbeurteilung unter Berücksichtigung ihrer formativen Funktion. In M. Bruneforth, F. Eder, K. Krainer, C. Schreiner, A. Seel & C. Spiel (Hrsg.), *Nationaler Bildungsbericht Österreich 2015, Band 2: Fokussierte Analysen bildungspolitischer Schwerpunktthemen* (S. 59–94). Graz: Leykam.

Scholl, D. (2018). *Metatheorie der Allgemeinen Didaktik*. Bad Heilbrunn: Klinkhardt. https://doi.org/10.25656/01:15768

Scholl, D. & Plöger, W. (2020). Unterricht als Gegenstand der Lehrerinnen- und Lehrerbildung. In C. Cramer, J. König, M. Rothland & S. Blömeke (Hrsg.), *Handbuch Lehrerinnen- und Lehrerbildung* (S. 21–30). Bad Heilbrunn: Klinkhardt. https://doi.org/10.35468/hblb2020

Schuster, B. (2017). Angststörungen und Prüfungsangst. In B. Schuster (Hrsg.), *Pädagogische Psychologie* (S. 161–182). Berlin: Springer. https://doi.org/10.1007/978-3-662-48392-3

Seel, A. (1997). Von der Unterrichtsplanung zum konkreten Lehrerhandeln: Eine Untersuchung zum Zusammenhang von Planung und Durchführung von Unterricht bei Hauptschullehrerstudentinnen. *Unterrichtswissenschaft, 25*(3), 257–273.

Seel, A. (2011). Wie angehende Lehrer/innen das Planen lernen. Empirische Befunde zur ausbildungsbezogenen Unterrichtsplanung. *Jahrbuch für Allgemeine Didaktik* (S. 31–45). Baltmannsweiler: Schneider Verlag.

Seel, A. & Wohlhart, D. (2020). Kooperation und Ko-Konstruktion im Praxiskonzept der KPH Graz. In K. Soukup-Altrichter, G. Steinmair & C. Weber (Hrsg.), *Lesson Studies in der Lehrerbildung: Gemeinschaftliche Planung und Evaluation von Unterricht im Lehramtsstudium* (S. 225–240). Wiesbaden: Springer VS. https://doi.org/10.1007/978-3-658-27748-2_13

Shavelson, J. R. (1987). Planning. In M. Dunkin (Hrsg.), *International encyclopedia of teaching and teacher education* (S. 483–486). Oxford: Pergamon.

Shavelson, R. J., Young, D. B., Ayala, C. C., Brandon, P. R., Furtak, E. M., Ruiz-Primo, M. A., … & Yin, Y. (2008). On the Impact of Curriculum-Embedded Formative Assessment on Learning: A Collaboration Between Curriculum and Assessment Developers. *Applied Measurement in Education, 21*(4), 295–314.

Shulman, L. S. (1986). Those who understand: Knowledge growth in teaching. *Educational Researcher, 15*(2), 4–14. https://doi.org/10.3102/0013189X015002004

Soukup-Altrichter, K., Steinmair, G. & Weber, C. (Hrsg.). (2020). *Lesson Studies in der Lehrerbildung: Gemeinschaftliche Planung und Evaluation von Unterricht im Lehramtsstudium*. Wiesbaden: Springer VS. https://doi.org/10.1007/978-3-658-27748-2

Standop, J. & Jürgens, E. (2015). *Unterricht planen, gestalten und evaluieren*. Bad Heilbrunn: Julius Klinkhardt.

Stender, A. (2014). *Unterrichtsplanung – Vom Wissen zum Handeln: Theoretische Entwicklung und empirische Überprüfung des Transformationsmodells der Unterrichtsplanung*. Kiel: Christian-Albrechts-Universität.

Sundqvist, C., Björk-Åman, C. & Ström, K. (2021). Co-Teaching During Teacher Training Periods: Experiences of Finnish Special Education and General Education Teacher Candidates. *Scandinavian Journal of Educational Research*, 67(1), 20–34. https://doi.org/10.1080/00313831.2021.1983648

Tekkumru-Kisa, M., Stein, M. K. & Doyle, W. (2020). Theory and Research on Tasks Revisited: Task as a Context for Students' Thinking in the Era of Ambitious Reforms in Mathematics and Science. *Educational Researcher, 49*(8), 606–617. https://doi.org/10.3102/0013189X20932480

Terhart, E. (2021). Zukunftsthemen der Schulforschung. In D. Fickermann, B. Edelstein, J. Gerick & K. Racherbäumer (Hrsg.), *Schule und Schulpolitik während der Corona-Pandemie. Nichts gelernt?* (S. 147–175). Münster: Waxmann. https://doi.org/10.31244/9783830994589.07

Tyler, R. W. (1949). *Basic Principles of Curriculum and Instruction*. Chicago: University of Chicago Press.

Uhrmacher, B. P., Conrad, B. M. & Moroye, C. M. (2013). Finding the Balance Between Process and Product Through Perceptual Lesson Planning. *Teachers College Record, 115*(7), 1–27. https://doi.org/10.1177/016146811311500702

Vermette, P. J., Jones, K. A., Jones, J. L., Werner, T., Kline, C. & D'Angelo, J. (2010). A Model for Planning Learning Experiences to Promote Achievement in Diverse Secondary Classrooms. *SRATE Journal, 19*(2), 70–83.

Wagenschein, M. (1982). *Verstehen lehren*. Weinheim: Beltz.

Weingarten, J. (2019). *Wie planen angehende Lehrkräfte ihren Unterricht? Empirische Analysen zur kompetenzorientierten Gestaltung von Lernangeboten*. Münster: Waxmann.

Werner, J., Wernke, S. & Zierer, K. (2017). Der Einfluß didaktischer Modelle auf die allgemeindidaktische Unterrichtsplanungskompetenz von Lehramtsstudierenden. In S. Wernke & K. Zierer (Hrsg.), *Die Unterrichtsplanung: Ein in Vergessenheit geratener Kompetenzbereich?! Status Quo und Perspektiven aus Sicht der empirischen Forschung* (S. 104–120). Bad Heilbrunn: Klinkhardt.

Wernke, S., Werner, J. & Zierer, K. (2015). Heimann, Schulz oder Klafki? Eine quantitative Studie zur Einschätzung der Praktikabilität allgemeindidaktischer Planungsmodelle. *Zeitschrift für Pädagogik, 61*(3), 429–451.

Wernke, S. & Zierer, K. (Hrsg.). (2017). *Die Unterrichtsplanung: Ein in Vergessenheit geratener Kompetenzbereich?! Status Quo und Perspektiven aus Sicht der empirischen Forschung.* Bad Heilbrunn: Klinkhardt.

West, L. & Staub, F. C. (2003). *Content-Focused Coaching: Transforming mathematics lessons.* Portsmouth NH: Heinemann.

Wiater, W. (2015). *Unterrichtsplanung: Prüfungswissen – Basiswissen Schulpädagogik* (3. Aufl.). Augsburg: Auer.

Wiggins, G. & McTighe, J. (1998). *Understanding by Design.* Alexandria, VA: ASCD.

Wiggins, G. & McTighe, J. (2005). *Understanding by Design* (2. Aufl.). Upper Saddle River, NJ: Pearson Merill Prentice Hall.

Wiggins, G. & McTighe, J. (2011). *The Understanding by Design: Guide to Creating High-Quality Units.* Alexandria, VA: ASCD.

Wiliam, D. (2018). Feedback: At the Heart of – But Definitely Not All of – Formative Assessment. In A. A. Lipnevich & J. K. Smith (Hrsg.), *The Cambridge Handbook of Instructional Feedback* (S. 3–28). Cambridge: University Press.

Willis, D. & Willis, J. (2007). *Doing Task-Based Teaching.* Oxford: Oxford University Press.

Windschitl, M., Thompson, J., Braaten, M. & Stroupe, D. (2012). Proposing a Core Set of Instructional Practices and Tools for Teachers of Science. *Science Education, 96*(5), 878–903. https://doi.org/10.1002/sce.21027

Yinger, R. J. (1980). A Study of Teacher Planning. *The Elementary School Journal, 80*(3), 107-127. https://doi.org/10.1086/461181

Zumsteg, B., Fraefel, U., Berner, H., Holinger, E., Lieger, C., Schmid, C. & Zellweger, K. (2009). *Unterricht kompetent planen: Vom didaktischen Denken zum professionellen Handeln* (2. Aufl.). Zürich: Pestalozzianum.

Anhang 1
Einige Kernpraktiken
„High-Leverage Practices" von TeachingWorks.org

Welche Praktiken?

Der Ansatz der Kernpraktiken haben seit etwa 2010 zunehmende Beachtung gefunden, zuerst in den USA später auch weltweit. Neben „Kernpraktiken" sind auch andere Bezeichnungen geläufig, insbesondere „Core Practices" oder „High Leverage Practices" (Praktiken mit großer Hebelwirkung) oder schlicht „Praktiken". Sie können verstanden werden als Unterrichtskomponenten, die häufig zum Einsatz kommen, relevant für die Fortschritte der Lernenden sind, die lernbar und adaptierbar sind und die evidenzbasiertes didaktisches und psychologisches Wissen assimilieren (vgl. Box zu „Kernpraktiken" im Kapitel 2).

Angesichts der situativen Färbung (je nach Herausforderung, je nach Lehrperson) und des flexiblen Charakters von Kernpraktiken zögern viele Fachpersonen, sie außerhalb eines Kontexts detailliert zu definieren.

Das TeachingWorks-Programm

Das TeachingWorks-Programm (teachingworks.org) bildet eine Ausnahme, indem es stufen- und fachunabhängig 19 „High Leverage Practices" beschreibt und auch Hinweise zu deren Einsatz gibt. Um einen Eindruck zu geben, in welchen Bereichen TeachingWorks die Praktiken ansiedelt, ist hier die Liste der jeweiligen Titel wiedergegeben.

Eine Studie von Martin-Raugh, Steinberg, Reese, Xu und Tannenbaum (2016) bei über 600 Lehrpersonen und Fachpersonen der Lehrer:innenbildung in den USA ergab, dass ihnen alle diese Praktiken wichtig erschienen (auf einer 6er-Skala alle Mittelwerte zwischen 4.8 und 5.7). Obwohl das TeachingWorks-Konzept in der Mathematikdidaktik entwickelt wurde (Ball & Forzani, 2009), findet es auch in anderen Fächern Zustimmung.

Die 19 „High Leverage"-Praktiken von TeachingWorks

1. Ein Gruppengespräch leiten
2. Lerngegenstände erklären und modellieren
3. Das Denken der Schüler:innen sichtbar machen und interpretieren
4. Auf Denkmuster der Schüler:innen achten
5. Regeln und Routinen für Gespräche einführen
6. Koordinieren und den Unterrichtsverlauf anpassen
7. Gemeinschaftliches Verhalten pflegen und aufrechterhalten
8. Routinen der Unterrichtsorganisation einführen
9. Kleingruppenarbeit einführen und organisieren
10. Respektvolle Beziehungen aufbauen
11. Sich mit den Familien austauschen
12. Mehr über die Schüler:innen erfahren
13. Lernziele festlegen
14. Einzelstunden und Einheiten gestalten
15. Überprüfen, was die Schüler:innen verstanden haben
16. Auswählen und Gestalten von Beurteilungen
17. Arbeiten der Schüler:innen interpretieren
18. Den Schüler:innen Rückmeldungen geben
19. Eigenen Unterricht analysieren, um ihn zu verbessern

Jede der „High Leverage"-Praktiken wird vom TeachingWorks-Programm kurz beschrieben sowie mit zusätzlichen Materialien ergänzt. Hier ein Beispiel:

3. Das Denken der Schüler:innen sichtbar machen und interpretieren
„Die Lehrpersonen stellen Fragen, die den Schüler:innen Raum geben, ihre Gedanken zu bestimmten fachlichen Inhalten mitzuteilen. Sie versuchen, deren Gedankengänge zu verstehen, einschließlich unerwarteter Meinungen, neuer Ideen, Denkweisen oder alternativer Konzepte. Die Lehrpersonen machen das Denken der Schüler:innen durch umsichtig gewählte Fragen und Aufgaben sichtbar und achten genau darauf, was die Schüler:innen tun und sagen. Sie vollziehen deren alternativen Deutungen und Strategien gedanklich nach. Sie achten darauf, wie die Schüler:innen ihre Fragen verstehen und wie diese ihre eigenen Überlegungen ausdrücken. Die Lehrpersonen nutzen diese Erkenntnisse über die Schüler:innen, um Verlauf und Gestaltung des Unterrichts zu steuern und um Ideen zu entwickeln, die anderen Schüler:innen zugute kommen. Indem die Lehrperson deren Denken erfragt und interpretiert, positioniert sie die Schüler:innen als jene, die den Dingen Sinn verleihen, und gibt deren Denken einen Wert."

Quelle: https://www.teachingworks.org/ 1.12.2022, Übersetzung: U. F.

Anhang 2
Einholen von Feedbacks der Klasse

Einleitende Bemerkungen

Einfache, effiziente und informative Methoden, um Wissen, Interessen, Schwierigkeiten, Vorschläge und Meinungen der Schüler:innen für formative Zwecke zu erfragen, sind ganz offensichtlich ein großes Bedürfnis und eine wichtige Unterstützung beim Optimieren des Unterrichts. Viele der Vorschläge in der folgenden Übersicht stammen aus „Classroom Assessment Techniques" (CATs) von Angelo und Cross (1993), doch in den vergangenen Jahrzehnten sind dazu aus dem Kreis der Praktiker:innen zahlreiche neue Vorschläge eingebracht worden, die das Repertoire solcher Techniken erweitern und variieren.

Anonymität

Bei allen folgenden Techniken ist das Feedback der Schüler:innen in der Regel anonym, es sei denn, es gibt einen wichtigen Grund für die Lehrperson, die Namen zu kennen. Schließlich geht es *nicht* darum, den Lernstand einzelner Schüler:innen formativ oder summativ zu erheben, sondern ein Gesamtbild davon zu erhalten, wie erfolgreich das Lehren und Lernen war und wo es Defizite gibt. Allen Schüler:innen muss klar sein, dass es sich bei den meisten Techniken um formative Rückmeldungen an die Lehrperson handelt, die nicht zur summativen Leistungsbeurteilung herangezogen werden.

Den Zeitrahmen mitteilen, Material bereithalten, das Abgeben klären

In vielen Fällen werden diese Techniken am Ende einer Aktivität oder einer Unterrichtsstunde eingesetzt. Um Stress zu vermeiden, sollte eine angemessene Zeitspanne eingeplant werden, und die Schüler:innen sollten wissen, wie viel Zeit ihnen zur Verfügung steht. Die Materialien (Notizblätter, Fragebögen usw.) sollten immer griffbereit sein. Die Zettel mit Antworten können einfach eingesammelt werden. Eine Variante für manche Techniken das „Austrittsticket", wo die Schüler:innen beim Verlassen des Klassenzimmers ihr Notizblatt mit dem Feedback abgeben.

Nutzen Sie auch digitale Werkzeuge

Digitale Werkzeuge und Medien können auch für viele der folgenden Vorschläge verwendet werden, wenn sie bereits im Klassenzimmer etabliert sind: Chat-Gruppen, Feedback-Apps, Mails, Foren, Blogs, etc. (Cross & Palese, 2015).

Variieren!

Alle Vorschläge können je nach Thema, Klassenstufe und Umständen variiert werden, damit sie von den Schüler:innen verstanden werden und beantwortet werden können und damit sie für die Lehrperson so informativ wie möglich sind. Besonders für die Primarstufe können die Vorschläge auch spielerisch gestaltet werden.

Zwölf Vorschläge

1. Vorwissen und Einstellungen erfragen

Leitfrage: Welche Vorkenntnisse bringen die Schüler:innen mit?

Worum es geht:
Um effektiv unterrichten zu können, muss die Lehrperson über den Stand des Wissens und Könnens der Schüler:innen im Bilde sein. Vielleicht weiß die Lehrperson schon Bescheid, aber manchmal ist eine kurze Umfrage der effektivste Weg, das herauszufinden. Die Lehrperson erfährt, wo sie ansetzen muss, auf welchem Niveau sich die Mehrheit der Schüler:innen befindet und wo es Probleme oder Potenzial gibt. Und es wird sichtbar, wie weit der Lernstand der Schüler:innen auseinanderliegt.

Worauf Sie achten sollten:
- Führen Sie die Umfrage am Vortag der geplanten Lektion durch; wenn die Umfrage gleich zu Beginn der Stunde durchgeführt wird, ist es schwierig oder gar unmöglich, den Unterricht an das Vorwissen anzupassen.
- Erklären Sie den Zweck der Umfrage.
- Was genau soll gefragt werden? Fachliche Vorkenntnisse? Vorwissenschaftliche Alltagsvorstellungen zur geplanten Thematik, z.B. einem Naturphänomen? Überzeugungen und (Vor-)Urteile zu einem Thema? Eigene Interessen?
- Fragetyp: Ja-Nein-Fragen, Skala von 1 bis 5 usw., oder offene Fragen.

2. Postkarte

Leitfrage: Wo stehen die Schüler:innen nach dieser Lernphase?

Worum es geht:
Diese Technik ist einfach und naheliegend. Anstatt in die Klasse hinein zu fragen und ein mündliches Feedback zu erwarten, bittet die Lehrperson die Schüler:innen um ein kurzes schriftliches Feedback zu ihrem Lernfortschritt, in der Regel am Ende einer Unterrichtsstunde. Die Länge ist begrenzt, z.B. A5 oder A6 (Postkarte). Die Lehrperson stellt kurze und einfache Fragen, etwa „Woran erinnerst du dich besonders in dieser Lektion?" oder „Womit hast du noch Schwierigkeiten?" oder „Von dem, was du gelernt hast: Was ist am wichtigsten?" Eine Variante ist auch die TWIN-Heuristik (T = Toll, W = Weniger toll, I = Interessant, N = Nächster Schritt). Die Schüler:innen schreiben ihre Antworten auf und geben sie ab.

Worauf Sie achten sollten:
- Teilen Sie mit, ob eine bestimmte Form gewünscht ist (vollständige Sätze, Stichwörter …).
- Bereiten Sie Fragen im Voraus vor und schreiben Sie sie vielleicht sogar für alle sichtbar auf.
- Kündigen Sie an, wann Sie die Notizen der Schüler:innen kommentiert werden.

3. Verwirrendster Punkt

Leitfrage: Wo war der Unterricht nicht genug verständlich und nachvollziehbar?

Worum es geht:
Diese Technik ist einfach und effizient. Die Lehrperson erfährt in sehr kurzer Zeit, wo Probleme bestehen. In englischen Fassungen heißt die Technik „muddiest point" oder „bump in the road". Es geht um einen unklaren oder unverständlichen Punkt im Unterricht. Die Schüler:innen antworten kurz schriftlich auf die Frage: „Was war der verwirrendste Punkt in dieser Stunde / diesem Input / diesem Text / dieser Diskussion usw.?"

Worauf Sie achten sollten:
- Geben Sie deutlich bekannt, auf was genau Sie ein Feedback wünschen.
- Legen Sie fest, wann Sie darauf reagieren werden.
- Wenn Sie später die Notizen der Schüler:innen kommentieren, muss es nicht ins Detail gehen – wichtiger ist vielmehr, dass Sie deutlich signalisieren, dass Sie daraus die eine und andere Lehre gezogen haben.

4. Pro und Kontra

Leitfrage: Wie gut können die Schüler:innen argumentieren?

Worum es geht:
Die Schüler:innen erstellen eine Liste von Vor- und Nachteilen zu einem Thema, das eine Meinung oder Entscheidung erfordert. Dieses Verfahren gibt der Lehrperson Aufschluss über die Fähigkeit der Schüler:innen, verschiedene Standpunkte zu berücksichtigen.

Worauf Sie achten sollten:
- Sie stellen sich eine Situation vor, zu der ein Standpunkt eingenommen werden muss: ein Dilemma oder ein Problem, das im Zusammenhang mit dem Unterrichtsgegenstand relevant ist, z.B. „Der Transport von Waren per Flugzeug ist manchmal umstritten. Welche Gründe gibt es dafür und welche dagegen?"
- Sie können auch eine pointierte Position zur Diskussion stellen, für die Argumente dafür und dagegen notiert werden sollen.
- Geben Sie ggf. die Mindestanzahl der Argumente und eine Struktur an (z.B. zwei Spalten auf einem Blatt).

5. Von Schüler:innen entworfene Testfragen

Leitfrage: Wissen die Schüler:innen, worauf es ankommt?

Worum es geht:
Die Vorteile dieser Aktivität sind immens. Sie ermöglicht es der Lehrperson zu erfahren, was die Schüler:innen als die wichtigsten Konzepte der Einheit ansehen. Wenn eine Diskussion über die gefundenen Testfragen anschließt, werden die Schüler:innen veranlasst, über die Ziele, deren Bedeutung und deren Erreichung intensiv nachzudenken. Quasi als Nebenprodukt erhält die Lehrperson ausformulierte Lern- und Testfragen zu diesen Konzepten, zumindest in einer Rohfassung.

Worauf Sie achten sollten:
- Die Schüler:innen erhalten ausreichend Zeit, um ihre eigenen Testfragen zu verfassen. Die Fragen sollten das Wesentliche der Unterrichtseinheit wiedergeben können.
- Als Vorlage und Ideengeber könnten Referenzaufgaben und die Lernaufgaben der vergangenen Lektionen dienen.

- Die Aufgabe muss klar sein: Es geht um diese Unterrichtseinheit und evtl. nur um diese eine Lektion sowie um die wesentlichen Kompetenzen (z.B. nicht nur um Fragen, die bloß Faktenwissen abrufen).
- Im Frageformat sollten die Schüler:innen frei sein.
- Die Schüler:innen testen die Fragen der anderen und bewerten sie nach Verständlichkeit, Schwierigkeit und Relevanz.

Fakultative Folgeaktivität: Diskutieren Sie die Übereinstimmung der Fragen mit den Absichten der Unterrichtseinheit.

- In der Klasse werden die wichtigsten Lernerwartungen dieser Einheit in Erinnerung gerufen.
- Sie ermuntern die Schüler:innen zu diskutieren, inwieweit die Fragen wirklich zeigen, ob jemand den Kern der Unterrichtseinheit verstanden hat.
- Die Lehrperson stellt in Aussicht, dass einige der Fragen für Beurteilungszwecke verwendet werden.

6. Post an Laien

Leitfrage: Haben die Schüler:innen das Thema wirklich verstanden?

Worum es geht:
Lassen Sie die Schüler:innen einen Sachverhalt, in den sie sich gerade eingearbeitet haben, in eigenen Worten in einem kurzen Brief, einer Mail, einem Blogbeitrag o.Ä. erklären, der sich an Personen mit wenig Vorwissen richtet. Diese Technik ist besonders nützlich, wenn es erforderlich ist, einen Zusammenhang oder eine Thematik tiefer zu verstehen.

Worauf Sie achten sollten:
- Sie beschreiben den Schüler:innen genau, welches Thema sie auf einfache Weise darstellen sollen.
- Der Text wird in einen erdachten Kontext gestellt, z.B.
  - Adressat: „Erkläre deinem Onkel / deinem Freund / deiner WhatsApp-Gruppe …,“
  - Thema: „So funktioniert X / Was du über X gelernt hast / Wie Du X jetzt verstehst“
- Die Schüler:innen sollten eine einfache Sprache verwenden und nur solche Fachbegriffe benutzen, von denen sie sicher sind, dass die Adressat:innen damit vertraut sind.
- Den Schüler:innen wird ein realistischer Zeitrahmen vorgegeben.

- Anschließend lesen Sie die Texte, um zu sehen, was die Schüler:innen verstanden haben, und Sie informieren sie darüber, welche Schlüsse Sie für den zukünftigen Unterricht ziehen werden.
- Gegebenenfalls können Sie einige der Beispiele der Schüler:innen für den weiteren Unterricht verwenden und beiläufig auch Fehler und Ungenaues in den Texten der Schüler:innen zur Sprache bringen und korrigieren.

7. Absichten bzw. Ziele gegenseitig abstimmen

Leitfrage: Sind die Ziele für die Schüler:innen angemessen und realisierbar?

Worum es geht:
Diese Technik ist dann nützlich, wenn die Lehrperson den Eindruck gewinnt, dass nicht mehr alle an einem Strang ziehen und es wichtig wäre, sich auf gemeinsame und realistische Zielvorstellungen zu verständigen. Idealerweise sind sich alle einig, was zu erreichen ist. Die Lehrperson hat ihre Absichten deutlich gemacht, aber passen sie zu dem, was die Schüler:innen jetzt leisten können und wollen? Was aus Sicht der Schüler:innen bzw. der Lehrperson realistisch ist, liegt vielleicht zu weit auseinander; die Schüler:innen wollen z.B. mehr üben, die Lehrperson will mit anspruchsvollen Problemstellungen ein tieferes mathematisches Verständnis bewirken. Wenn die Schüler:innen das Gefühl bekommen, sie würden überfordert oder ihre Lernbedürfnisse würden nicht ernst genommen, sinkt deren Interesse und Engagement und damit auch der Lernfortschritt.

Ein offenes Klassengespräch dazu ist sicher ein vernünftiges Vorgehen, doch mit einer kurzen Umfrage kann die Lehrperson womöglich authentischere Antworten erhalten. Die Schüler:innen lernen, darüber nachzudenken, was sie im Unterricht eigentlich erreichen wollen. Dies ist die Grundlage, um gemeinsame Zielvorstellungen zu entwickeln.

Diese Befragung ist ziemlich herausfordernd, aber wenn es der Lehrperson gelingt, zu gemeinsamen Absichten zu gelangen, die von der Lehrperson und den Schüler:innen voll akzeptiert werden, hat die Klasse einen großen Schritt in Richtung einer produktiven Lerngemeinschaft getan.

Worauf Sie achten sollten:
- Sie klären zunächst für sich selbst noch einmal die Absichten und überlegen, inwieweit Sie je nach Reaktion der Schüler:innen angepasst werden können.
- Sie planen für diese Befragung genügend Zeit ein; diese Technik hat den Charakter eines Time-Outs; der fachliche Unterricht ruht für eine Weile.

- Sie informieren die Klasse in der Art eines transparenten Unterrichtseinstiegs über die Thematik der Einheit oder Unterrichtsstunde und fragen die Schüler:innen, was sie zu dieser Thematik zu erreichen im Stande sind.

Nun gibt es zwei Möglichkeiten.

- *Option 1*: Sie führen ein Klassengespräch zu dieser Frage, wenn die Schüler:innen gelernt haben, offen und sachlich über solche Themen zu sprechen, und Sie bereit sind, sich deren Einwände und Argumente anzuhören.
- *Option 2*: Die Schüler:innen schreiben auf einem Blatt Papier 2-3 Dinge auf, die sie in dieser Einheit erreichen möchten oder können (mindestens ein inhaltliches Ziel und ein überfachliches Ziel). Bitten Sie die Schüler:innen dann, diese in eine Rangfolge zu bringen (Nummer 1, 2, 3 usw.). Es können auch farbige Zettel verwendet werden, um schnell den Überblick zu behalten, wobei jede Farbe eine Bedeutung hat (z.B. wie wichtig der Punkt ist). Anschließend werden alle Zettel ausgelegt und die Klasse verschafft sich einen Überblick. Es werden abweichende und übereinstimmende Ziele identifiziert. Gemeinsam wird der Handlungsbedarf ermittelt (z.B. „Das scheint eindeutig zu schwierig zu sein", „Viele sind eher interessiert an …", „Einige möchten erst einmal das bisher Gelernte festigen, bevor wir weitermachen", „Ich als Lehrerin werde vor allem für diejenigen da sein, die die Ziele zu anspruchsvoll finden" usw.).

8. Analyse des Arbeitsprozesses

Leitfrage: Wie gehen die Schüler:innen bei der Arbeit vor?

Worum es geht:
Auch dieser Vorschlag nimmt recht viel Zeit in Anspruch. Die Lehrperson braucht indessen kein separates Zeitfenster für diese Aktivität. Sie läuft folgendermaßen ab: Parallel zur üblichen Arbeit an einer Aufgabe schreiben die Schüler:innen auf, *wie* sie die Aufgabe lösen.

Durch diese Analyse erfährt die Lehrperson, welche Denkprozesse und Strategien die Schüler:innen anwenden, und gleichzeitig lernen die Schüler:innen, über ihre eigenen Strategien nachzudenken (auf der metakognitiven Ebene). Es geht nicht darum, eine Aufgabe „richtig" zu lösen, sondern darum, sich die Schritte bewusst zu machen. Eine Analyse kann gut und aufschlussreich sein, auch wenn die Aufgabe falsch gelöst wird.

Worauf Sie achten sollten:

- Am besten modellieren Sie an einem einfachen Beispiel, wie Sie sich das Protokollieren des Arbeitsprozesses vorstellen.

- Stellen Sie keine starren formalen Anforderungen, sondern lassen Sie die Alltagssprache zu.
- Lassen Sie die Schüler:innen den Arbeitsvorgang auf einem separaten Blatt aufschreiben, das Sie nachher einziehen können.
- Es ist wichtig, dass die Schüler:innen nicht nur die (interessante und bewältigbare) Aufgabe lösen, sondern vor allem aufschreiben, welche Schritte und Fehltritte sie durchlaufen haben.
- Die Schüler:innen sollten nicht dafür gelobt werden, dass sie die richtige Lösung gefunden haben, sondern dafür, dass sie sich den Prozess genau vorstellen können.
- Beurteilen Sie den Prozess oder die Lösung nicht zu schnell; manchmal sind auch ungewöhnliche, unerwartete, unvollständige und originelle Wege höchst bemerkenswert.

Sie können die Analyse des Prozesses in vielerlei Hinsicht variieren:

- Die Schüler:innen schreiben alle Schritte auf; Sie wiederum analysieren den Prozess und berichten darüber oder stellen zur Diskussion, welche Schlüsse Sie aus den Arbeitsbeschreibungen gezogen haben.
- Die Schüler:innen berichten anhand ihrer Notizen, worüber sie nachgedacht haben und wie sie vorgegangen sind.
- Die Klasse vergleicht und diskutiert die verschiedenen Ansätze.

9. Briefkasten

Leitfrage: Wo drückt der Schuh?

Worum es geht:
Ein Briefkasten an der Klassenzimmertür ermöglicht es den Schüler:innen, anonym Kommentare, Vorschläge und Kritik zum Unterricht oder zum Unterrichtsstoff zu hinterlegen. Die Lehrperson leert den Briefkasten in regelmäßigen Abständen und informiert die Klasse über die Rückmeldungen und wie sie damit umgeht.

Worauf Sie achten sollten:
- Der Briefkasten ist so angebracht, dass die Schüler:innen ihr Feedback unbeobachtet abgeben können.
- Formulieren Sie ggf. Regeln für den Ton des Feedbacks (keine Beleidigungen, keine Pauschalurteile usw.).
- Lassen Sie auf keinen Fall die erhaltene Post unbeantwortet.

10. Eine Gruppenarbeit evaluieren

Leitfrage: Wie arbeiten die Schüler:innen zusammen?

Worum es geht:
Gruppenarbeiten sind manchmal undurchsichtig: Es bleibt unklar, was die Mitglieder beigetragen und gelernt haben. Eine einfache Evaluation kann hier helfen und mittelfristig auch das Bewusstsein für die Zusammenarbeit in der Gruppe stärken. Das Feedback bleibt anonym. Einzig die Gruppenzugehörigkeit ist der Lehrperson bekannt.

Worauf Sie achten sollten:
- Bereiten Sie einen kurzen Fragebogen vor, der von allen Schüler:innen, die an der Gruppenarbeit teilgenommen haben, ausgefüllt werden soll, etwa wie das nachfolgende Beispiel.
- Sie sichten die Fragebögen und stellen Ihre Reaktion darauf bei der nächsten Gelegenheit zur Diskussion.

oder:

- Nach dem Ausfüllen der Fragebögen tauschen die Gruppen ihre Gedanken dazu aus und machen Vorschläge für eine effizientere Arbeit.

Gruppe Nr. .... Anzahl Mitglieder: ....
Wie effektiv habt Ihr insgesamt zusammengearbeitet?
☐ gar nicht gut ☐ eher nicht gut ☐ eher gut ☐ sehr gut

Wie viele von euch nahmen die meiste Zeit aktiv an der Arbeit teil? Anzahl:......

Wie viele von euch waren meist vollständig auf die Arbeit vorbereitet? Anzahl:......

Gib ein Beispiel für etwas, was du von der Gruppe gelernt hast und wahrscheinlich nicht allein gelernt hättest.

Gib ein Beispiel für etwas, was die anderen Gruppenmitglieder von dir gelernt haben und sonst wahrscheinlich nicht gelernt hätten.

Was könnte die Gruppe tun, um die Zusammenarbeit und die Leistung zu verbessern?

11. Schüler:innen geben nach summativen Prüfungen Feedbacks

Leitfrage: Wie erleben die Schüler:innen eine summative Prüfung?

Worum es geht:
Dieser Vorschlag ist leicht umsetzbar, sehr effektiv und wird von den Schüler:innen außerordentlich geschätzt. Schließlich stehen die meisten Schüler:innen bei Prüfungen unter Stress und Leistungsdruck und legen Wert auf eine faire Beurteilung. Daher gibt die Lehrperson den Schüler:innen am Ende einer Prüfung Zeit und Gelegenheit für ein Feedback auf der Metaebene generell zu summativen Beurteilungen in dieser Klasse (Tests, Klassenarbeiten usw.), oder spezifisch für die gerade eben abgeschlossene Prüfung. Solch informelles Feedback kann der Lehrperson nützliche Hintergrundinformationen liefern und vielleicht sogar zum Überdenken der Beurteilung veranlassen, und die Schüler:innen haben die Möglichkeit, sich und ihre Leistung zu erklären.

Worauf Sie achten sollten:
- Lassen Sie den Schüler:innen am Ende jeder Prüfung etwas Zeit, um schriftlich zu antworten.
- Sie lassen den Schüler:innen offen, was und wie kommentiert wird, oder Sie schlagen Fragen wie diese vor:
  - „Wie gut konntest du deine Fähigkeiten in dieser Prüfung zeigen?“
  - „Wenn du mit deiner Leistung nicht zufrieden bist, woran liegen es?“
  - „Was hat es dir erschwert, heute dein Bestes zu geben?“
  - „Welche Note ist deiner Meinung nach für deine Leistung angemessen?“
- „Wenn du denkst, dass die Prüfung nicht fair war: Was ist der Grund?“

12. Resonanzgruppe

Leitfrage: Wie können wir Arbeit, Klima und Lernen verbessern?

Worum es geht:
Die Lehrperson trifft sich regelmäßig mit einer kleinen Gruppe von Schüler:innen, um sich über den Unterricht, Fortschritte, Verbesserungsmöglichkeiten, das Klima usw. auszutauschen.

Worauf Sie achten sollten:
- Einmal eingeführt, leistet die Feedback-Gruppe einen wichtigen Beitrag zu gutem Unterricht, Wohlbefinden und Lernen.
- Die Teilnahme muss für die Schüler:innen freiwillig sein.
- Und natürlich müssen Sie als Lehrperson in der Lage sein, unvoreingenommen zuzuhören, ohne sich zu verteidigen oder zu rechtfertigen.

Anhang 3
Prüfungen – fair, zuverlässig, flexibel, angstfrei

Alle Lehrpersonen haben starke biografische Erfahrungen mit der summativen, meist schriftlichen Leistungsüberprüfung – alle haben in ihrer eigenen Bildungskarriere traditionelle Prüfungen mit entsprechenden Begleiterscheinungen erlebt, insbesondere in höheren Klassen des Fachunterrichts und an Hochschulen. Umso wichtiger ist es, diese Praktiken nicht unhinterfragt zu übernehmen. Überdenken Sie die Verfahren und Erfahrungen und ziehen Sie Alternativen in Erwägung.

Vorweg: Summative und benotete Beurteilungen müssen nicht an formelle Klassenarbeiten geknüpft sein; parallel zur zunehmenden Kompetenzorientierung haben sich zahlreiche alternative Formen etabliert. Aber wenn eine Lehrperson doch in die Situation kommt, dass sie formelle Prüfungen unter strikten Bedingungen durchführen will, z.B. für Zeugnisse oder Übertritte, sollen die negativen Begleiterscheinungen möglichst eliminiert werden. Nur davon handeln die folgenden Abschnitte.

1 Faire Beurteilung in respektvoller Atmosphäre

Klima

Befreien Sie Prüfungen und Tests von traditionellen, oft ängstigenden Ritualen. Vermeiden Sie unbedingt die folgenden zwei problematischen Dinge:

- Formatives bzw. unterstützendes Feedback darf niemals im Nachhinein zu summativen Bewertungen mutieren, z.B. wenn informelle Gespräche mit der Lehrperson in eine Note zu mündlicher Beteiligung am Unterricht einfließen.
- Summative Beurteilungen sind kein Instrument der Klassenführung. Machen Sie keine Tests, mündliche Abfragen oder benotete Hausaufgaben ohne vorherige Ankündigung; setzen Sie keine Prüfungen als Strafe ein; verwenden Sie Prüfungen nicht zum Herstellen von Ruhe.

Setzen Sie alles daran, dass bei Prüfungen und Tests eine freundliche und konzentrierte, aber nicht übermäßig angespannte Atmosphäre herrscht.

Klarheit der Absichten, Inhalte und Kriterien

Machen Sie im Vorfeld einer Prüfung (oder einer anderen Form der summativen Beurteilung, z.B. eines Tests, einer Präsentation, eines Vortrags, einer schriftlichen Arbeit) alle Bedingungen transparent. Legen Sie die folgenden Punkte offen:

- Ihre *Absichten, Erwartungen und erwünschten Resultate*: Was sollen die Schüler:innen wissen, können, zeigen usw.? Geht es darum, Faktenwissen wiederzugeben? Geht es um das Verstehen von Texten? Problemlösungsstrategien? Fehlerfreies Rechnen? Verstehen von Zusammenhängen? Saubere Gestaltung? Präzisen Ausdruck? Die Kriterien müssen so eindeutig sein, dass die Schüler:innen sich nicht auf etwas vorbereiten, was nicht gefragt ist, oder umgekehrt: dass sie etwas nicht lernten, weil es nicht wichtig erschien. Die Schüler:innen sollten sich darauf verlassen können, dass z.B. mittels exemplarischer (Referenz-)Aufgaben oder bereits bearbeiteter Lernaufgaben klar abgesteckt ist, was die Erfolgskriterien der Prüfung sein werden.
- *Der thematische Inhalt*: Wenn die Lehrperson konsequent von den erwarteten Resultaten her unterrichtet, sollten keine Zweifel über den thematischen Rahmen der Prüfung bestehen. Gerade bei schriftlichen Prüfungen ist es wichtig, den Inhaltsbereich genau zu benennen. Vage Aussagen sind sinnfrei und entmutigen (z.B. „im Lehrbuch, Seiten 50 bis 120“ oder „alles, was wir in den letzten fünf Wochen behandelt haben“). Den Schüler:innen bleibt verschlossen, wie sie sich auf die Prüfung vorbereiten können.
- *Bewertungsverfahren*: Wie genau wird die Note zustande kommen? Was ist der Lehrperson besonders wichtig, und wie wird es benotet (Darstellung, Flüchtigkeitsfehler, Zeitüberschreitung, Folgen bei Verwendung unerlaubter Mittel usw.)?

Klarheit der Form und des Ablaufs (basierend auf dem Prüfkriterium „Objektivität“)

Geben Sie den Schüler:innen bekannt,

- wie viel Zeit sie haben und was passiert, wenn sie vor Ablauf der Zeit fertig werden
- in welcher Form sie ihre Arbeit schreiben und abgeben sollen
- welche Hilfsmittel erlaubt sind (Smartphone, Taschenrechner, Lehrmittel, Spickzettel, vorbereitete Notizen usw.). Sie nehmen Druck weg, wenn Sie so viele Hilfsmittel wie möglich zulassen, was bei verstehensorientierten Prüfungen kaum zu Problemen führen dürfte.

- Geben Sie Ihren Schüler:innen Muster von Prüfungen oder Arbeiten. Sie können ihnen auch eine analoge, unbenotete Prüfung zu Übungszwecken vorlegen.

2 Individuelle Prüfungen sind möglich und sinnvoll

Das Endgültige, Unabänderliche einer Prüfung erscheint oft so selbstverständlich, dass es nicht mehr hinterfragt wird. Muss das so sein? Nein. Unerbittliche Prüfungen haben keinen erzieherischen Wert. Wenn Sie ängstliche und verunsicherte Schüler:innen auf spätere Prüfungssituationen vorbereiten wollen, dann sicher nicht dadurch, dass sie sich an die Prüfungsangst gewöhnen sollen, sondern im Gegenteil, dass Sie ihnen vermitteln, sie müssten vor Prüfungen keine Angst haben.

Im Folgenden werden Ihnen vier Varianten vorgestellt, wie Sie sich von der „klassischen" Klassenprüfung entfernen können und dabei gleichzeitig die Qualität der Beurteilung steigern.

Variante 1: freiwillige Nach- oder Wiederholungsprüfungen

Sie können alle Schüler:innen die Prüfungen wiederholen lassen, wenn diese es wünschen, z.B. nach Ende des Unterrichts. Wenn die Schüler:innen sich steigern, gilt die bessere Note. Freiwillige Nachprüfungen haben mehrere Vorteile:

- Die Schüler:innen engagieren sich für eine bessere Leistung und lernen dadurch.
- Die Schüler:innen erfahren, dass Anstrengung sich lohnt, d.h., ihre Selbstwirksamkeitsüberzeugungen verbessern sich, was sich auf Leistung und Motivation positiv auswirkt.
- Die Zufriedenheit der Schüler:innen (und der Eltern) verbessert sich, und die Prüfungsverfahren werden als gerechter wahrgenommen.

Vielleicht haben Sie Bedenken. Hier sind die Gegenargumente zu möglichen Einwänden:

- Entgegen möglicher Befürchtungen hält sich der Aufwand in Grenzen: Für Sie ist es leicht, eine bestehende Prüfung mit wenig Aufwand zu variieren. Wenn Prüfung in einer selbständig verfassten schriftlichen Arbeit besteht, entfällt dieser Aufwand ganz: Die Schülerin, der Schüler erhält die Gelegenheit einer Überarbeitung.
- Sie haben kaum zusätzlichen Zeitaufwand, wenn die Wiederholungsprüfung in die Freizeit verlegt wird; während die Schüler:innen daran arbeiten, gehen Sie anderen Tätigkeiten nach.

- Wenn jemand einwendet, durch Wiederholungen entstehe ein Übungseffekt, wodurch die Prüfung eigentlich zunehmend leichter wird, dann ist zu entgegnen: Die Prüfung wird leichter, weil die Schüler:innen kompetenter sind. Was will man mehr?

Variante 2: Zeitlich versetzte Beurteilungen als Alternative

Wann ist der beste Zeitpunkt für die summative Überprüfung? Eine ungenügende Note für etwas, was man ein paar Tage nach der Prüfung vielleicht gut beherrscht, ist ungerecht. Warum überprüft man nicht erst dann, wenn die Schüler:innen so weit sind, dass sie die erwarteten Resultate erbringen können oder ihr Leistungsmaximum erreicht haben?

Darin liegt ein grundlegendes Problem aller Prüfungen. Die Lösung ist so einfach wie gewöhnungsbedürftig: Die *Schüler:innen wählen den Zeitpunkt der Überprüfungen selber*. Das können Sie mit sehr kleinem organisatorischem Aufwand umsetzen:

- Sie bieten mehrere Termine an, und die Schüler:innen wählen den Termin ihrer Wahl.
- Sie haben einen größeren Pool von Aufgaben, die für die Prüfung geeignet sind, allen voran die bereits vorbereiteten Prüfungs- bzw. Referenzaufgaben und die entsprechenden Lernaufgaben, die im Unterricht bereits bearbeitet wurden, allenfalls mit kleinen Änderungen. Wenn die Schüler:innen sich bereit fühlen, melden sie sich und schreiben ihre Prüfung. Dies kann leicht im regulären Unterricht geschehen, während die Klasse mit anderen Dingen beschäftigt ist.

Variante 3: Inhaltlich unterschiedliche Anforderungen

Das Leistungsvermögen der Schüler:innen ist unterschiedlich. Dies spiegelt sich in der summativen Beurteilung wider, da sie auf der kriterialen Norm basiert und die besonderen Umstände der einzelnen Schüler:innen oder der Klasse eben gerade nicht berücksichtigt. Infolgedessen vergrößert sich die Kluft, und leistungsschwache Schüler:innen werden zunehmend schlechter benotet, was sich wiederum negativ auf die Motivation, das Selbstkonzept und die Gesamtleistung auswirkt.

Wenn schwächere Schüler:innen bei hinreichender Anstrengung keine genügenden Noten erzielen können, ist etwas schief gelaufen: Alle Schüler:innen sollten die grundlegenden Anforderungen der Klasse erfüllen, weshalb sie auch als „grundlegend“ bezeichnet werden.

Was bedeutet das für Prüfungen? Legen Sie fest, welche grundlegenden Anforderungen *alle* Schüler:innen mit vernünftigem Aufwand erreichen können; geben Sie dafür eine genügende Note. Dann sagen Sie den Schüler:innen: „Ich weiß, dass alle diese grundlegenden Dinge beherrschen können. Okay, wenn ihr diesen grundlegenden Teil der Prüfung löst, wird die Note genügend sein.“

Bei einer Matheprüfung beispielsweise wissen die Schüler:innen, welche grundlegenden Aufgaben ihnen eine genügende Note bringen; alles, was darüber hinausgeht, steigert die Bewertung bis zur Höchstnote.

Variante 4: Selbstbeurteilung mit einbeziehen

Wenn Sie die Ziele, Aufgaben und Erfolgskriterien stets transparent machen, wie in diesem Buch wiederholt betont wird, lernen die Schüler:innen mit der Zeit, sich selbst genau einzuschätzen; schließlich erfahren sie ständig, inwieweit ihre Leistung von den Erfolgskriterien abweicht, was wiederum das Lernen und die Leistung fördert (Andrade & Valtcheva, 2009). Dies können Sie sich auch für Prüfungen zunutze machen.

Selbsteinschätzungen von Schüler:innen sind kein Ersatz für summative Beurteilungen durch die Lehrperson oder durch Prüfungen, und doch sind sie wichtig: Erhebliche Diskrepanzen zwischen den Beurteilungen von Mitschülern und Selbsteinschätzungen sind eine Art Seismograph für Ungereimtheiten, sei es in der Beurteilung selbst oder in den Umständen, die es den Schüler:innen nicht ermöglichen, ihr Wissen und ihre Fähigkeiten unter Beweis zu stellen. Sie sind daher gut beraten, wenn Sie die Schüler:innen gleichzeitig mit der Prüfung auch um eine Selbsteinschätzung bitten.

Bei einer schriftlichen Prüfung in der Klasse können Sie in der Praxis wie folgt vorgehen:

- Vor der Prüfung notieren die Schüler:innen auf dem Prüfungsbogen die *erwartete Note*, die ihrer Meinung nach ihren Fähigkeiten entspricht.
- Nach der Prüfung notieren die Schüler:innen auf dem Prüfungsbogen die *wahrscheinlich erreichte Note* und einen Kommentar dazu
- Anschließend schreiben Sie die nach der Korrektur der Prüfung erreichte Note daneben.
- Sie können gleichzeitig auch noch um weitere Rückmeldungen ersuchen, z.B. zur Fairness der Prüfung (siehe Anhang 2, Technik 11).

Wenn die drei Noten deutlich voneinander abweichen oder wenn die Bemerkungen ein ernsthaftes Problem offenbaren, sollten Sie mit dem Schüler:innen sprechen und versuchen herauszufinden, was der Grund dafür sein könnte und was nun zu tun ist.

3 Wie kann die Qualität und Fairness der summativen Verfahren weiter verbessert werden?

Erweitern Sie Ihr Repertoire zu Formen und Verfahren summativer Beurteilung:

Alternativen zu schriftlichen Prüfungen und Tests

In den letzten Jahrzehnten wurden viele Alternativen zu schriftlichen Prüfungen entwickelt, wie z.B. die Beurteilung von schriftlichen Arbeiten und Portfolios sowie von Einzel-, Partner- und Gruppenarbeiten im Unterricht oder die Beobachtung nach bestimmten Kriterien.

Verwenden Sie auch mehr offene Fragen und Problemstellungen

Wegen der leichen Überprüfbarkeit werden in Prüfungen eher einfache Fragen gestellt, die sich auf das Abrufen von Wissen und Fertigkeiten beschränken. Offene Fragen und Probleme hingegen ermöglichen es den Schüler:innen, ihr Verständnis, ihre Ideen und ihre Einsichten besser zum Ausdruck zu bringen.

Immer die kriteriale Norm, nicht den Durchschnitt manipulieren

Summative Beurteilungen müssen *immer* auf der kriterialen Norm basieren; daran führt kein Weg vorbei. Die Beurteilungskriterien sind also sachgebunden und nicht abhängig vom Klassendurchschnitt, der Leistungsentwicklung einzelner Schüler:innen oder anderen Einflussfaktoren. Konkret bedeutet dies, dass von vornherein klar ist, welche Leistung wie bewertet wird bzw. wie die Note zustande kommt. Wenn die Gesamtleistung über den Erwartungen liegt, ist das umso besser. Bleibt sie hinter den Erwartungen zurück, sollten Sie den Ursachen auf den Grund gehen und für diejenigen, die dies wünschen, eine Wiederholung der Prüfung in Betracht ziehen (siehe Variante 1 oben). Im Grunde völlig inakzeptabel ist die verbreitete Praxis, den Durchschnitt nachträglich durch Verändern des Maßstabs zu manipulieren.

Lassen Sie sich nicht auf mathematische Spiele mit Noten ein – Noten sollten fair sein, das ist alles

Nehmen wir ein paar Fragen als Beispiel:

- Sollen nicht abgegebene Prüfungsarbeiten mit der schlechtestmöglichen Note oder aber gar nicht gewertet werden?

- Was ist zu tun, wenn Schüler:innen an Prüfungstagen wiederholt abwesend sind?
- Welche Note gebe ich, wenn ich Schüler:innen beim Schummeln erwische?

Darauf gibt es immer eine formalistische Antwort, die fast immer ungerecht ist. Oder man kann gemäßigter reagieren und versuchen herauszufinden, was der Schüler, die Schülerin trotz der ungünstigen Umstände wirklich kann – denn genau darum geht es bei der Beurteilung.

In allen drei oben genannten Fällen wäre es völlig ungerecht, die schlechtestmögliche Note zu geben, denn eine Endnote muss die Fähigkeiten der Schüler:innen so genau wie möglich widerspiegeln, auch wenn man es nicht mag, wenn sie schummeln oder opportunistisch sind. Daher muss ein anderer Weg gefunden werden, um zu einer angemessenen Note zu gelangen, oder es ist auf eine Note ganz zu verzichten.